철기시대 한국과 연해주

– 크로우노프카 문화와 중도식토기문화의 비교연구 –

환동해고고학연구회 편

주류성출판사

크로우노프카-1 유적 전경(보스트레초프 제공)

크로우노프카-1 유적 발굴 전경(보스트레초프 제공)

보스트레초프 발굴의 크로우노프카-1 주거지(2002년, 보스트레초프 제공)

크로우노프카-1 유적의 노지 부분(보스트레초프 제공)

불로치카 유적 전경

불로치카 1호 주거지

불로치카 유적 출토 토기

불로치카 유적 출토 토기

와수리유적 21호 주거지

와수리유적 26호 주거지

와수리유적 출토 토기

와수리유적 출토 철제품

철기시대 한국과 연해주

– 크로우노프카 문화와 중도식토기문화의 비교연구 –

노혁진 · 홍형우 · 유은식 · 심재연 · 김재윤
강인욱 · A. L. 수보티나 · Yu. E. 보스트레초프

주류성출판사

철기시대 한국과 연해주

편 저 / 환동해고고학연구회
발행인 / 최병식
발행처 / 주류성 출판사
발행일 / 2009년 7월 15일
등록일 / 1992년 3월 19일 제 21-325호
주 소 / 서울특별시 서초구 서초동 1308-25 강남오피스텔 1309호
전 화 / 02-3481-1024(대표전화)
전 송 / 02-3482-0656
homepage / www.juluesung.co.kr
e-mail / juluesung@yahoo.co.kr

Copyright©환동해고고학연구회, 2009.

값 20,000원

ISBN 978-89-6246-020-9
세트 978-89-6246-019-3

잘못된 책은 교환해 드립니다.

철기시대 한국과 연해주

– 크로우노프카 문화와 중도식토기문화의 비교연구 –

발간사

  지난 몇 년간 한국고고학은 양적으로 엄청나게 팽창하면서 한반도 내의 문화사적 편년과 지역 간 교류관계에 집중했던 한국 고고학도 외형적인 규모에 어울리는 방법론적 연구, 주변과학의 통합연구, 인접 국가에 대한 관심 등 다양한 방면으로 연구의 선진화를 유도하는 움직임이 일고 있다.

  2000년 국립문화재연구소에서 노보시비르스크 소재 러시아과학원 시베리아분소 고고민족학연구소와 수추 섬 발굴을 하면서 러시아 극동지역에 대한 관심은 높아졌으며 이후 불로치카로 이어지는 연차 발굴로 러시아 연해주 지역에 대한 전공자들이 지속적으로 늘어갔다. 이에 연해주와 한반도의 관련성을 연구하려는 필자들은 자연스럽게 서로의 의견을 교환하게 되었고 늘어나는 연해주 지역의 자료를 좀 더 한국 고고학의 틀에서 해석해보자는 데에 의견을 같이 하고 지난 2007년 봄에 홍형우·심재연·강인욱이 뜻을 모아서 환동해고고학연구회를 만들게 되었다. 참여하는 사람들이 각각 서울, 대전, 춘천, 부산 등 전국 각지에서 활동하는 탓에 자주 모이지는 못하고 상반기에는 한국과 연해주의 관련성에 대한 연구를 공유하고 하반기에는 그해 여름에 발굴한 성과를 토론하기로 하고 모임을 가지고 있다. 한국과 연해주의 고고학적 관련성을 이야기하는 데에 강원도 지역의 고고학적 성과를 공유하는 것 또한 중요한 일이기에 연해주지역과 직·간접적으로 관계가 있는 강원도 지역의 전공자들도 같이 모이는 등 연구모임이 거듭되어 가면서 미진하나마 조금씩 연구의 지평을 확대하려고 하고 있었다. 이에 첫 번째 공동연구 주제로 철기시대 한국과 연해주의 관련성으로 정하고 연해주와 강원도 철기시대 발굴자료의 공유, 연구토론을 진행하게 되었다.

때마침 2007년도 한국고고학전국대회의 자유패널에 우리 모임의 발표가 선정되어서 연해주의 크로우노프카 문화와 강원도 중도식토기문화의 상호관계에 대한 연구회 성원들의 연구를 고고학계와 공유할 수 있었다. 편년의 차이, 구체적 비교 유물의 부재, 고고학 방법론의 차이 등 많은 문제가 미해결 상태였기 때문에 다소 이르지 않은가라는 지적도 있었다. 그렇지만 기존 한국 철기시대의 문화변동을 해석하는 시각이 중국과의 관련성에만 집중되어 있었기 때문에, 그동안 소외되었던 환동해지역을 중심으로 하는 문화 교류에 대한 관심을 환기시키고 새로운 자료를 공유하는 것만으로도 그 의의는 클 것이라는 바람으로 발표회를 준비했다. 다행히도 우리 연구회의 발표회에 대한 반응은 그리 나쁘지 않았으며, 새로운 시각에서의 접근도 필요하다는 중론인 듯 했다. 이에 필자들은 발표물을 단행본으로 내기로 결정하고 발표문을 보완하고, 새로이 논고를 추가해서 이번에 출판하게 되었다. 출판 작업 중에 우리 연구회는 2008년 4월 24일~28일간 러시아 블라디보스톡에서 열린 동북아세아문화학회 제16차 국제학술대회에 section으로 참여하여 러시아측 학자와 상호 간의 토론을 거치는 기회를 갖고 유물을 다시 한번 실견할 수 있었다.

연해주 지역 철기시대자료가 한국 중부지역과 유사하다는 점은 아마 연해주에서 크로우노프카 자료를 실견한 대부분의 학자들이 공통적으로 느끼는 점일 것이다. 기실, 1980년도에 발간된 춘천 중도의 보고서(이건무 외, 1980, 『중도』, 국립박물관 고적조사보고 제 12책, p.35)에서도 중도식무문토기의 계통을 한반도 동북지방 및 연해주에서도 찾아보려 한 시도가 있었다. 하지만 실물자료를 몰랐던 탓에 더 이상의 논의는 진행될 수 없었다. 이에 강인욱과 천선행은 2003년 이즈웨스토프카 자료를 재보고하며 두 지역의 관련성을 다시 한번 환기시키고(강인욱·천선행, 2003, 「러시아 연해주 세형동검 관계 유적의 고찰」, 『한국상고사학보』 42호), 노혁진이 2004년에 중도식토기의 기원을 구체적으로 연해주지역으로 지목하며 본격적으로 두 지역의 관계가 연구주제로 떠오르게 되었다(노혁진, 2004, 「중도식토기의 유래에 대한 일고찰」, 『호남고고학보』 제19집). 이에 지난 몇 년간 두 지역의 토기를 비롯한 철기시대의 유물상에 보이는 단순한 유사성의 확인에 그치지 않고 학위논문, 온돌 관련 자료, 공동발굴 등을 통해 더더욱 구체적으로 논의하려는 연구들이 계속되고 있다. 2006년에는 국립문화재연구소와 시베리아과학원 고고민족학연구소가 공동으로 특별전 "아무르·연해주의 신비"를 개최해서 실물자료를 한국에서 볼 수 있게 되었다. 그 외에 실제 연해주지역을 조사한 유은식(2004년)과 A.L. 수보티나(2005년)은 연해주와 한반도 초기 철기시대의 관련성에 대한 석사논문을 발표했으며, 홍형우는 극동지역의 초기철기시대에 관한 내용으로 러시아과학원 노보시비르스크 분소에서 2008년도에 박사학위 논문을 받았다. 또한 심재연을 중심으로 하는 강원도에서 활동하는 여러 고고학자들도 이 문제에 대해서 다양한 각도에서 연구를 진행하고 있다. 이 책도 지난 몇 년간의 연구를 한번 정리해주는 역할을 한다고 생각한다. 두 지역 간의 관련성은 고대사학계에서도 주목하고 있어서, 두 지역 간의 교류에 대한반도 온돌의 기원을 구체적으로 크로우노프카 문화에서 찾은 송기호의 저서 『한국 고대의 온돌 : 북옥저, 고구려, 발해』(2006년 출판)와 크로우노프카 문화의 확산과 강원도 지역의 濊係문화의 분포를 사서와 비교한 김창석의 논문(「고대 영서지역의 종족과 문화변천」, 『한국고대사연구』 51집, 2008년) 등이 출판된 바 있다. 고고학계에서도 역사기록과의 적극적인 비교·해석을 하려는 연구도 있었다. 2008년에는 간행된 『고고학으로 본 옥저문화』(강인욱·김재윤·클류예프·수보티나, 동북아역사재단 연구총서 37)에서는 크로우노프카 문화의 주민집단을 역사기록의 옥저와 구체적으로 비교하고 옥저문화권(크로우노프카 문화)와 읍루문화권(폴체 문화권)으로 세분하는 내용과 크로우노프카 문화의 기원 및 연구현황 등이 소개되었다.

이와 같이 한국의 고고학과 고대사학계에 철기시대 한국과 연해주의 관련성에 대한 연구가 증가하고 있다는 점은 무척 고무적이다. 특히 최근의 연구가 유사성을 단편적으로 제시하는 데에 그치지 않고 전파론적인 해석보다는 좀 더 구체적인 문화교류상을 그려나가고 광역의 문화권 설정을 통한 다양한 해석을 시도한다는 점에서 주목된다.

한편으로 철기시대에 대한 논의 제기는 한반도 선사시대의 문화발전과정을 지나칠 정도로 중국과의 관련성에만 초점을 맞추는 한국 고고학계의 분위기에도 새로운 시각을 제시할 수 있을 것으로 기대한다. 또한 한국 내에서 연해주는 중국과의 역사분쟁 여파로 다소 맹목적인 발해발굴과 그에 따른 보도기사만 발표될 뿐 실질적으로 고고학적 맥락에서 다루려는 노력은 거의 없었다. 이 책을 통해 천편일률적인 '발해의 연해주'라는 인식을 탈피하는 계기가 되길 바란다.

이 책은 2007년도 고고학회 패널 발표 후에 상당한 기간이 지난 후에 출판되게 되었다. 이는 1차적으로는 필자들의 게으름이 원인이었지만, 또 한편으로는 좀 더 많은 자료와 연구를 수록하고 싶었던 욕심도 한 원인이었다. 본 논문집에는 모두 8개의 논문이 수록되었다. 그중 5개의 논문은 2007년 고고학대회에서 발표한 내용을 수정한 것이다. 그 외에 3개의 논문이 추가되었는데, 김재윤의 논문은 2005년도에 서울대 고고미술사학과와 러시아과학원 극동분소에서 강인욱·클류예프와 함께 발굴했던 드보랸카-3 유적의 분석을 했다. 또 중도식토기와 크로우노프카 문화의 관계에 대한 본격적인 논의를 시작했으며, 환동해고고학연구회 모임을 물심양면으로 도와주시는 노혁진 교수님께도 원고를 부탁하게 되었다. 노혁진 교수님은 2008

년 11월 국립춘천박물관 세미나실에서 개최한 제5회 모임에서 [동로의 고고학적 함의]를 발표했고, 그 원고에 수정을 거쳐서 이번에 싣게 되었다. 한편 크로우노프카 문화를 연구하면서 러시아 측 연구 중에서 가장 많이 인용되는 문헌이 바로 보스트레초프의 기후변동에 따른 주민이동 모델이었다. 이에 강인욱은 2008년 7월 크라스키노 발굴현장에서 만난 보스트레초프 선생에게 기존에 발표된 논문 중 몇 개를 선정해서 번역 출판하겠다고 요청했다. 보스트레초프 선생은 흔쾌히 허락하면서도 상트-페테르부르그에서 심사할 국가박사논문을 작성 중이라 조금 바쁘지만 한국 학자들을 위해서 논문이 완성되면 종합적으로 선생의 견해를 정리해서 새롭게 논문을 써서 주겠다고 했다. 그리고 2008년 10월에 미공개였던 크로우노프카 유적 발굴 사진과 방대한 양의 논문을 보내주었다. 이에 러시아어를 하는 강인욱, 홍형우, 김재윤이 각각 번역을 해서 같이 싣게 되었다. 결과적으로 늦게 출판되었지만 좀 더 충실한 내용을 담게 되었나고 자위해본다.

불로치카 발굴 이후 지난 5~6년가 환동해고고학연구회는 크로우노프카 문화와 한반도 중도식토기문화의 관계를 밝히고자 노력했지만 솔직히 명료하게 밝혀진 것은 그리 많지 않은 것 같다. 북한이라는 거대한 지역이 공백인 현 상태에서 완벽한 결론을 도출하려 한다는 것은 어찌 보면 무리인지도 모른다. 게다가 필자들이 기대한 것 처럼 기원전으로 분명히 소급되는 중도식토기 관련 유적이 아직 제대로 확인되고 있지 않다는 점도 필자들의 연구에 약점으로 남아 있다. 하지만 한반도 고고학의 제문제를 좀 더 시야를 넓혀서 연해주와 길림지역의 자료를 같이 모아서 한데 논의하며 답을 찾아가는 시도는 계속 이루어져야 할 것이다.

환동해고고학연구회는 이 책의 출판을 기점으로 연구주제를 조금 더 확대할 계획이다. 2009년에는 동해안 지역의 신석기시대문화와의 관련성을 연구할 계획이며, 향후 발해와 말갈 문제, 청동기시대 등 연구 주제를 지속적으로 확대해서 새로운 자료와 연구를 한국 고고학계에 제공하여 한국 고고학계의 거시적인 연구에 이바지하길 바란다.

처음에 우리 연구회의 모임을 '환동해선사문화연구회'로 정하고 고고학회 패널을 발표했었다. 하지만 연구의 범위를 선사시대에만 한정시킬 필요는 없다는 중론이어서 '환동해고고학연구회'로 개명했으며 이 책도 바뀐 연구회의 이름으로 나가게 되었다.

서문은 우리 모임의 대표를 맡고 있는 홍형우가 써야 하나 얼마 전에 새로운 자리로 전근을 가는 등 황망하게 되어 부득이 출판의 뒷마무리를 강인욱이 맡게 되어서 이에 대신하여 서문을 쓰게 되었다. 아울러, 우리 모임의 발표를 지원한 최병현 전 한국고고학회 회장, 이청규 영남대 교수님께 감사의 마음을 전한다. 연구회 성원 중에서도 강원도 지역의 자료를 지속적으로 제공하며 실질적인 연구회의 주축인 심재연 선생님과 노혁진 교수님의 역할도 적지 않았다. 마지막으로 채산성이 없는 학술서의 발간을 흔쾌히 맡아서 정성스레 출판을 해주신 주류성 출판사 최병식 사장님과 황규호 국장님께도 감사의 뜻을 전한다.

필진을 대표하여
2009년 4월
강 인 욱

차 례

01

東路(East Road)의 考古學的 含意

노혁진

(한림대학교 사학과)

01

東路(East Road)의 考古學的 含意

I. 머리말

 과거에 인간이 개척하고 이용한 길은 그 목적에 따라서 여러 종류가 있다. 한니발이 로마를 공격하기 위하여 선택한 알프스 산맥을 넘는 길은 상식적으로는 개척이 불가능하지만 정복의 목적을 달성하기 위해서는 가장 효과적인 길이 될 수가 있다. 해로는 소수의 인원으로 많은 물자를 싣고 빠른 기간에 원거리를 오가야 하는 무역상들에게 가장 효과적인 길이라 할 수 있다. 그러나 이와 같이 특수한 목적을 지닌 길과는 달리 다수의 사람들이 평상시에 오랜 기간에 걸쳐서 이동하는 길이란 마치 동물 무리의 이동경로처럼 지형 지리적이고 생태학적인 차원에서 볼 때 가장 편리하고 자연스러운 길을 선택하게 된다. 즉, 생존에 직결되는 水源과 食量資源이 보장되고 걸어서 단기간에 이동하기에 가장 편한 지형 지리적 조건을 갖춘 길을 개척하고 이용하게 되기 마련이다. 따라서 한반도의 경우 水系와 山脈은 선사시대의 陸路의 형성과정에서 가장 중대한 변수가 되었을 것으로 상정하는 것은 충분한 근거를 지니고 있다.

이런 관점에서 볼 때 아시아 대륙의 극동에 자리 잡은 韓半島의 독특한 지형지세는 선사시대의 문화의 전파와 집단의 확산과정을 추적함에 있어서 시사하는 바가 크다. 한반도가 갖춘 지형 지리적 형세는, 우선 크게 중국 측의 長白山脈과 한국의 白頭大干에 의하여 동과 서로 대분된다. 太白山脈과 小白山脈으로 이어진 백두대간이 한국의 문화와 역사의 형성과정에서 차지하는 역할은 지대하다고 표현해도 과언이 아니다.

그 한 예를 든다면, 만약에 소백산맥이 없었다면 新羅의 삼국통일도 더 나아가서 신라의 탄생마저도 기대하기 어렵지 않았을까. 문화적으로도 정치적으로도 나아가서 기술적으로도 동시대의 百濟나 高句麗보다 뒤쳐졌던 맹아기의 신라를 소백산맥이 둘러치지 않았더라면 辰韓보다 국력이나 문화가 앞서 갔던 馬韓이 百濟에 공략 당했던 것보다 빨리 백제에 복속되었을 개연성이 크고, 소백산맥이 거두어 졌다면 군사력이 앞서간 고구려의 대군이 대륙으로부터 밀려내려 오는 것을 막아내기에는 역부족이었을 것이기 때문이다. 만약에 소백산맥이 평지였다면 신라의 모체 집단 스스로도 지리적으로 폐쇄된 보호지대 안에서 스스로의 독자성을 고수하고 강화시키려려 보다는 대동강-한강-금강-영산강-낙동강 선으로 이어지는 비옥하고 광활한 서-남부 벨트의 개방지대 안에 자연스럽게 동화되어 가면서, 당시 중국의 선진문명을 향유하기 위하여 정치적으로나 주민의 구성에 있어서나 개방적인 변모와 융합의 과정을 일찍부터 도모했을 것이라고 상정한다면, 한편으로는 이것이 그저 필자만의 허황된 결과론적 공상이라고 무시해 버릴 수도 있겠지만, 다른 한편으로는 수긍할 만한 일정한 역사적 의미가 있다고 여겨질 수 있다는 생각이 든다.

이런 의미에서 볼 때, 정치적이고 사회적인 요인보다는 생계경제적인 차원에서 지형 지리적이고 자연적인 요인의 영향이 더욱 컸을 것으로 보이는 선사시대의 문화 형성과정에 있어서 백두대간의 역할이 어떠하였을 것인지는 짐작이 되고도 남는다. 피상적 관찰에서 비롯하는 단순한 인상일 수도 있겠으나, 마치 아시아 대륙으로부터 큰 문화의 물결이 동쪽을 향하여 이동해 오다가 장백산맥 앞에서 펼쳐진 후에 다시 백두대간을 사이에 두고 동과 서로 진로를 선택하여 남하하거나, 아시아 대륙의 동북쪽과 서쪽에서 이동해 오는 서로 다른 갈래의 문화가 장백산맥과 백두대간 앞에서 필연적으로 각각 동과 서로 진로를 정하여 한반도로 진입하는 현상을 한국선사문화 형성과정에서도 반복적으로 관찰할 수 있는 점은 우연의 일치만은 아닐 것이다.

　백두대간 서부의 경우는 시베리아와 요령 지방으로 부터 육로를 통하여 '압록강-청천강-대동강-한반도 중부'의 동선을 따르거나 아니면 황해 연안의 해로나 해안선을 따라서 백두대간의 서부지역으로 이주하는 현상이나, 백두대간 동부의 경우 '연해주-두만강 유역-원산만'으로 이어지는 영동선을 따라서 한반도의 중부지방으로 진입하는 동선이나 둘 다 지형 지리적으로 볼 때 매우 자연스럽고 순조로운 동선일 수밖에 없고, 실제로 한국선사문화의 형성과정에도 이러한 동선이 잘 반영되어 나타나고 있다고 본다. '시베리아 - 서북지방 - 중부지방' 선으로 전개된 첨저 빗살문토기 전통의 문화와 '연해주 - 동해안 - 동남부지방' 선으로 전개된 평저토기 전통의 문화와 양 문화의 한반도 중부이남에서의 복합양상과, 서북지방의 각형토기문화와 동북지방의 공렬토기문화의 남하와 상호 복합 양상, 송국리식 토기문화와 요녕식 동검문화 요소와 점토대토기문화의 서해안을 통한 한반도 유입과 확산 동선, 戰國과 漢의 철기, 토기문화의 서북지방 경유를 통한 한반도 확산과 중도식토기문화의 '연해주 - 동해안 - 한강 유역'을 통한 중부지방 확산 등 한국문화의 형성과정에 있어서 시대적으로 큰 줄기를 이루는 문화들은 백두대간의 형세와 일정한 상관관계를 유지하면서 한반도 안으로 도래하고 한반도 안에서 서로 어우러져 갔음을 충분히 짐작할 수 있다.

　물론 백두대간이 항상 문화형성의 향방과 동선을 결정하였다는 '환경결정론' 과 같은 단순논리를 내세우려는 것은 아니다. 분명한 것은 한반도에 도래하는 큰 문화전통들은 예외 없이 한반도에 진입하기 위해서는 일단 백두대간의 동편루트나 서편루트 가운데 하나의 동선을 택하였음을 지적할 수 있다는 점이다. 환언하면 한반도 안으로 진입하는 첫 단계 또는 출발 단계에서는 백두대간 서편의 영서루트나 백두대간 동편의 영동루트의 어느 하나를 택하여 진입하였지, 동시에 두 곳으로 진입하지는 않았다는 사실에 주목하자는 것이다. 19세기에 들어서 서구문명과 일본의 아시아 대륙 침략이 나타나기 전까지 유사 이래 한반도에 출현한 모든 큰 문화의 흐름은 북에서 남으로의 동선을 따랐다는 점을 생각하면 백두대간의 역사적 함의는 지대한 것이다.

　그렇다고 해서 필자 자신도 백두대간이 한국선사문화의 형성과정을 결정하거나 주도하였다고 단정하고 싶은 것은 아니고, 그런 결정론적인 관점에서 환원론적인 문화 복원을 시도할 생각도 없지만, 백두대간의 기능이나 역할을 적정하게 살려서 그 개념을 설정함으로서 한반도 선사문화 형성과정에 대한 순조로운 설명과 가설의 설정이 가능하다고 본다. 이런 의미에서 필자는 한반도의 백두대간 이동의 루트를 東路(East Road)로 명명하여 그 것이 내포하는 고고학적 함의를 부각시켜보고자 한다. 이러한 동로 개념을 도출하고 제안하게 된 배경에는 평소 유적을 찾고 보기 위하여 백두대간의 중앙부에 해당하는 江原道의 山間과 水系를 따라 돌아다니면서 받은 그 독특한 지형 지리에 대한 인상과 함께, 최근 들어 그 고고학적 실상에 대한 연구가 활발하게 진전되고 있는 소위 중도식토기문화의 출현과 확산과정이 이러한 동로의 개념에 아주 잘 부합한다고 판단되었기 때문이다.

II. 중도식토기문화와 동로

최근 수년 동안의 일련의 연구와 조사의 결과 한반도 중부지방의 철기문화인 소위 중도식토기문화가 러시아 연해주의 크로우노프카 문화에서 유래하였다는 주장이 주거지의 형태와 구조 및 내부시설, 토기의 조합과 제특성, 철기 등 일련의 구체적이고 체계적인 고고학적 증거로 뒷받침을 받게 되었으며, 이러한 추세에 반하여 충분한 고고학적 증거의 제시를 통한 적극적인 반론이나 대안은 아직 제기되지 않고 있다.

여러 논문과 발표를 통하여 반복적으로 확인되고 있는 바와 같이, 凸자형의 주거지 평면, 부뚜막과 온돌 시설 등의 주거시설의 공통점, 소위 중도식 경질무문토기와 크로우노프카 문화의 대표적인 기형인 무문토기 외반구연 단경 평저호를 위시한 일련의 토기조합과, 나무그루터기형 손잡이나 해무리굽형 평저부 등 일련의 토기의 특성 간의 공통성, 장방형 주조철부 등의 부대유물 등 그 총체적인 공통성에 비추어 볼 때 크로우노프카 문화의 한반도 출현은 단순한 일부 문화요소의 유입이나 소개 또는 채택이나 수용의 차원에서 전개된 사건을 넘어서는 일정 규모의 집단의 확산과 이주의 결과로 보아야하는 수준과 정도의 고고학적 증거가 표출되어 가고 있다.

필자는 이러한 한반도 중부지방 철기문화의 유래를 크로우노프카 문화 집단의 도래현상으로 간주하면서 이러한 주거지와 토기 등 구체적인 고고학적 증거를 거론한 바 있지만, 사실은 그러한 물증 못지않게 앞서 제기한 동로에 대한 구상에 입각해서 백두대간 안에서 강원도가 차지하고 있는 역학적인 구도를 결합시킴으로서 크로우노프카 문화의 전파를 집단의 이주로 파악하고자 한 바 있다(노혁진 2004).

지금도 그러한 주장의 골격과 주된 내용은 달라지지 않았기 때문에 이

글의 주제인 동로를 부상시키기 위하여 일단 당시의 주장을 전재하면 다음과 같다.

"중도식토기, 즉 한반도의 중부지방에 분포하는 외반단경 심발형 무문토기는 크로우노프카 문화의 외반단경 심발형 무문토기로 연결되며, 이러한 독특한 무문토기전통은 한반도 동해안의 함경도와 강원도를 거쳐 남하하였고 태백산맥을 건너 북한강의 수계를 따라 한반도 중부권으로 확산하였다. 이러한 문화 확산의 경로와 그 과정은 강원도 동해안지역의 중도식토기유적과 그에 앞서는 무문토기문화기유적의 존재양상에 비추어 볼 때, 기존의 토착 무문토기 집단이 새로운 문화나 문화요소를 수용한 결과로 볼 수 없으며, 그러한 토기요소나 문화전통의 수용 차원을 넘어서 새로운 집단의 동해안 루트를 이용한 한반도 안으로의 확산현상으로 보아야 한다. 따라서 중도식 토기문화의 원주민은 연해주 일원으로부터 강원도 영동의 남부지역인 동해시에 이르는 동해안 일원의 '중도식토기 – 타날문토기 – 독특한 주거지– 철기' 등으로 구성되는 철기문화의 기층집단을 형성하였으며, 이를 바탕으로 각 지역별로 구분되는 정치체가 형성되었고 그러한 정치체가 북으로부터 옥저, 동예, 실직국 등으로 개별화 되었다는 것이 필자의 판단이다. 즉 이러한 독자적 정치체로 분화된 모체집단이 공유한 대표적인 전통이 외반단경의 무문토기이며, 이러한 기본 전통 및 공반문화 요소들이 지역–시기별로 분화되고 변화된 결과 연해주, 함경도, 강원영동, 강원영서 및 한강권 등 지역별로 토기양식, 공반 유물, 주거지구조, 취락입지, 철기요소 등이 차이를 이룩한 것으로 본다. 특히 강원도와 중부권에서 중도식토기와 공반되는 타날문토기 및 회색토기문화 요소는 한문화 요소가 유입된 것과 마찬가지로 타날문토기도 외래적 요소로서 구체적인 수용의 경로는 앞으로 구체화시켜야 하겠으나, 중도

식토기문화의 모체집단이 연해주로부터 강원도 동해안으로 이동하는 어

느 시점에서 수용한 것으로 보인다."(노혁진 2004, 97쪽)

즉, 어디까지나 '연해주 – 함경도 – 강원영동 – 강원영서의 남한강과 북한강 유역' 선으로 전개된 한반도의 철기문화는 동일한 문화전통을 지닌 종족적으로 단일한 집단이 확산하면서 기존의 지역별 토착문화와 중국으로부터의 외래요소를 받아드리면서 이룩한 것이라고 보는 것이 필자의 가설이다. 이러한 문화현상은 소위 서해안 전통의 첨저빗살문토기문화가 한반도 안에서 정착하고 확산하는 현상이나, 각형토기문화가 서북지방을 중심으로 영역을 확대하는 과정이나, 또는 공렬토기문화가 한반도 안에서 확산하는 과정과 동등한 수준의 현상으로서 일정한 문화전통을 지닌 종족집단의 존속 및 자체 발전과정이라고 보는 것이다. 즉 중도식토기문화는 그러한 과정에서 여러 가지의 행위적, 사회적 정치적 작용을 통하여 각 지역의 선주민들과의 교류와 융합, 또는 중국의 타날문토기와 철기 등의 문화요소를 수용하면서 문화수준이 개선되고, 생활풍습이 현지화 되고, 사회의 복합도가 증가하고 정치적인 구조가 변모되어 가면서 한반도 안에서 여러 사회로 분립하여 나아갔다고 보는 것이다.

이러한 관점에서 필자는 빗살무늬토기문화권이나 공렬토기문화권 또는 송국리토기문화권을 설정하는 방식과 마찬가지로 중도식토기문화권을 설정해서 사용하는 것도 필요하다고 본다. 이러한 문화권은 주민, 문화전통, 고고학적 유물조합과 유적의 성격에 있어서 한반도 밖의 연해주의 크로우노프카 문화에 직결되기 때문에, 환언하면 당시로서는 연해주와 한반도를 하나의 지리적 영역으로 삼아서 존재하고 확산된 하나의 집단이므로 크로우노프카 문화와 중도식토기문화로 이분하지 말고 당시의 주민의 관점에서 하나의 개념으로 문화권을 설정하는 것이 낫다고 생각된다. 그러한 문

화권의 명칭은 필자의 관심사인 동로의 명칭을 살려서 '동로철기문화권'으로 불러도 되고, 본 저서의 필자들이 공유하고 있는 테마인 환동해권의 명칭을 살려서 '환동해철기문화권'으로 불러도 무방할 것으로 생각된다.

이와 같이 동로문화권을 설정하였을 때, 동로문화권에 속하는 문화는 당연히 동로의 동선을 따라서 이동하고 전개되고 확산되어 갔다고 보는 것이다. 이러한 동로의 구체적인 동선을 동로철기문화권에 속하는 한반도의 유적들을 통하여 추적해 보도록 하겠다.

먼저, 동로철기문화권의 남쪽 범위는 백두대간에서 소백산맥이 분기하는 강원도의 '동해 - 삼척 - 태백' 지역과 부합하는 것으로 보인다. 현재 동해시 송정동에서 중도식 경질무문토기와 전국-한계의 타날문토기와 철기 등이 출토되는 취락이 발굴된 바 있는데(강릉대박물관 1999 ; 2000), 제한된 도로개설 구간 안에서 조사된 주거지는 40여기에 불과하지만 전체 취락안의 주거지의 총 숫자는 수백기가 넘을 것으로 추산되며 현재까지 강원 영동지역에서 확인된 철기문화취락가운데 최대 규모가 될 것으로 추정되는 유적이다. 이와 같이 발굴된 주거지의 숫자와 취락의 범위와 중복양상으로 미루어 볼 때 동해-삼척 일원에서 가장 큰 취락임이 분명하고 오랜 기간에 걸쳐서 존속하였던 것으로 간주되는데, 이러한 고고학적 정황은 이 일대가 '三國史記 卷第三十五 雜志 第四 地理 二'에 기술된 바와 같이 신라 파사왕대에 신라에 귀속된 悉直國의 터전이었을 가능성이 크다.

즉, 동로의 주 루트인 영동해안선을 따라 남하한 동로철기문화집단은 이 일대에 이르러 정주하여 하나의 사회를 이룩하여 독자적인 세력으로 성장하다가 기원후 1세기경에 신라에 귀속된 후에도 신라의 정치세력권 안에서 토착세력의 명맥을 유지해 간 것으로 추정된다. 동로철기문화집단의 남하가 이 지역에서 멈춘 이유는 바로 이 지점이 小白山脈이 시작되는 함백산과 태백산과 소백산으로 이어지는 고산준령의 최고봉지대에 속하는 동시에 이 지점에서 영동의 해안선이 차단되면서 현재의 강원도와 경상도의 지리적인 경계를 이루고 있으며, 이러한 자연지리적인 경계로 인하여 소백산맥 이남지대에서는 경주권을 중심으로 성장한 신라가 포항으로부터 영덕–평해–울진의 선을 따라 북상하여 세력을 확대하였던 형국 때문인 것으로 추정된다. 즉 삼척일원에 터전을 이룩한 동로철기문화권에 속하는 집단이 동해와 울진의 사이에서 북상하는 신라와 영역의 경계를 이룩한 것이다. 혹시 앞으로 울진–포항 선에서 까지 송정동의 주거양상과 동일한 동로철기문화집단의 주거지가 발견된다면 동로철기문화권의 남한계는 더욱더 내려갈 것이지만, 현재의 고고학적 증거는 앞서의 실직국의 성장과정과 신라의 영역확장과정의 상호관계를 반영하는 것이라는 생각이 든다. 연해주로부터 함경도 동해안을 거쳐서 이곳 동해까지 주민이 이동하는 속도나 기간에 대하여는 이러한 동선 상에서 발견되는 유적의 절대연대비교를 통하여 앞으로 차근차근 따져볼 과제가 되겠으나, 한 가지는 분명하다고 보는데, 그것은 연해주로부터 동해시 송정동에 이르는 동로의 main route는 종족적으로 하나의 집단에 속하는 일정한 규모의 주민집단이 확산하여 곳곳에 분산 정착한 결과의 일부분이라는 것이다.

이러한 영동해안선을 따르는 동로의 main route와 함께 동로문화권의 확산루트 상에 나타나는 또 하나의 특징은 백두대간을 넘어가는 횡단루트(cross route)의 개통이다. 필자가 상정하는 동로의 도로망은 함경도에서 동해에 이르는 main route의 다수 지점에서 백두대간을 횡단하여 백두대간의 서부지역으로 진출하는 횡선이 연결된다는 것인데, 이러한 연결망의 설정과 추적이 다름 아닌 동로철기문화 또는 한반도의 중도식토기문화의 동선으로 확인이 가능하다고 보는 것이다.

안타깝게도 북 강원도 지역을 포함한 함경남도와 함경북도에 대한 유적 조사와 유물관찰, 지형 지리에 대한 현지답사가 불가능한 시대 상황으로 인하여 연해주에서 원산을 지나 강원도의 고성군에 이르는 동선에 대한 구체적인 추적이 불가능하지만, 최근에 강원도 일원에서 활발하게 진전된 철기문화유적에 대한 조사결과는 상기 횡단루트에 대한 수긍할만한 수준의 추론을 허용해주고 있다.

잘 알려진 바와 같이, 백두대간 서부지방에서 중도식토기문화유적의 주된 분포지는 남한강과 북한강 유역과 그 지류역이다. 그 가운데서도 특히 강원도 내의 양 강 유역에서 유적이 집중적으로 분포하고 있다. 경기도나 충청도를 포함한 서해안 지방이나 소백산맥으로 둘러쳐진 영남지방의 내부와는 달리 강원도의 지형 지리는 독특한 특색을 지니고 있는데, 춘천에서 북한강은 소양강과 북한강으로 갈라지고, 북한강의 상류는 계속해서 서북쪽으로 이어지다가 백두대간의 계곡으로 접어들고, 소양강은 인제군으로 올라가다가 역시 백두대간의 계곡으로 이어진다. 북한강의 발원지로부터 백두대간의 허리를 넘어가면 통천-고성 일원에 도달하고, 소양강의 발원지로부터 백두대간을 넘어가면 고성-간성 일원으로 이어진다.

남한강의 경우도, 상류를 거슬러 올라가면 영월-평창-정선의 계곡으로 이어지다가 백두대간의 산간으로 접어들게 된다. 정선계곡에서 백두대간을 넘어서면 앞서 살펴본 송정동유적이 위치한 동해-삼척 권으로 연결된다.

이러한 춘천에서 백두대간에 이르는 북한강 상류의 수계와 원주-영월-평창-정선 권에서 백두대간에 이르는 남한강 상류권 수계의 공통된 특징은, 이러한 수계를 이용하지 않고는 주민의 이동을 통한 문화전파가 불가능하다는 점이다. 즉 강원도 권역안의 남, 북한강에 관한한 험준한 산악지형과 그 형세로 인하여 이러한 수계를 벗어난 주민집단의 이동과 확산은 불가능하기 때문에 강원도의 경우, 모든 문화의 선싸와 집단의 이동은 산맥 사이사이에 흐르는 수계의 연결망을 따라서 전개될 수밖에 없다는 사실을 주목해야 한다.

이러한 강원도의 독특한 산맥과 수계는 강원도 권역에서 발견되는 소위 중도식토기문화의 확산과정 또는 그 주민의 이동과정의 동선에 대하여 다음 둘 중 한 가지를 선택할 수밖에 없음을 보여주고 있다.

즉, 연해주의 크로우노프카 문화와 한반도의 중도식토기문화로 구성되는 동로철기문화가 연해주에서 앞서 설명한 동해안의 main route를 따라 남하하였고, 다시 백두대간을 건너서 백두대간 서부지역으로 진출하였다면, 그 동선은 북한강과 남한강의 경우 상류에서 하류로 전개되던지 아니면 하류에서 상류로 전개되던지 양자 가운데 하나일 수밖에 없다는 사실이다.

먼저 하류에서 상류로의 동선을 검토해보자. 북한강과 남한강은 경기도의 양평 양수리에서 합수하여 서울로 흐른다. 따라서 북한강과 남한강의 상류역에서 철기문화유적이 분포하고 있으므로 하류-상류 동선에 따르면 양수리 밑의 한강 하류에서 올라와 양수리에서 두 강의 줄기를 따라 확산한 것으로 보아야한다. 그렇다면 '연해주 - 함경도 동해안'을 따라 내려온 철기문화집단은 어디를 통하여 한강 하류역으로 진입한 것일까. 이 경우 가장 적합한 동선은 추가령지구대가 된다. 즉 동로철기문화집단은 원산만 일대에서 연변-철원을 거쳐 포천일원의 임진강 유역에서 한강 하류역으로 접어들어 다시 한강의 상류를 향하여 확산한 것으로 동선이 정해진다. 일제강점기에 이와 동일한 동선을 따라서 경원선 철로가 개설되었었고, 사실상 이러한 동선은 백두대간을 cross하는 가장 용이하고 유리한 동선이라는 사실에는 이론이 있을 수 없을 것이다. 그러나 이러한 동선의 대부분은 현재 북강원에 속하여 고고학 조사가 중단된 지 오래이고, 이러한 동선 안에서 철기문화유적의 존재가 알려진 것도 없는 상태이다. 그러나 최근 들어 철원군 와수리에서 철자형주거지와 중도식 무문토기가 출토된 주거지가 발굴된 사실에(강원문화재연구소 2006) 비추어 볼 때, 동로철기문화집단이 추가령지구대의 원산만에서 철원평야에 이르는 구간을 cross route로 이용한 것은 분명한 것 같다.

그러나 문제가 되는 대목은 철원지역으로부터 한강의 하류와 북한강과 남한강에 이르는 구간의 확산루트이다. 이 구간에 대하여는 앞으로 강의 수계에 분포하는 유적의 확실한 연대추정결과를 토대로 동선의 향방을 보다 뚜렷하게 설정해 나가야 하겠지만, 한강 하류역의 서울을 포함한 경기도 중서부권 안에서는 북한강과 남한강의 상류역에서 나타나고 있는 양상과 같은 주거지와 토기로 구성된 뚜렷한 문화복합상을 갖춘 철기문화유적이 발견되지 않고 있다. 과연 이러한 현상이 서울을 중심으로 한 한강 하류역에 대한 조사부족에서 기인한 것인지 아니면, 그럴만한 사정이 있었기 때문인지, 지금 단정적인 결론을 맺고 싶지는 않다. 그러나 당시의 시대상황에 비추어 볼 때 후자의 개연성이 높다. 즉, 이 시기에는 이미 한강 하류역을 중심으로 백제의 건국세력이 정주하여 세력권을 이룩하였음으로, 추가령지구대로 내려온 동로철기문화집단은 철원지역을 무대로 한강하류역의 백제 집단과 상호 일정한 사회적, 정치적 관계를 형성함으로서 이러한 상호관계가 역시 이 일대를 중심으로 일정한 상호간의 영역 구분 또는 대치 형국으로 나타났을 것으로 보는 것이다. 이러한 형국은 마치 동해안을 따라 남하하던 동로철기문화집단과 북상하는 신라세력과의 세력관계가 동해-삼척일원에서 상호 일정한 지리적인 형세를 이룩한 것과 유사한 현상이라는 생각이 든다.

상황이 이렇게 되면, 현재 청평 대성리(기전문화재연구원 2004)와 가평 마장리(김원용 김원용)와 이곡리(최무장 1979), 그리고 북한강 상류역의 춘천 중도(국립중앙박물관 1980; 1982), 천전리(강원문화재연구소 2005 ; 한림대박물관 2006), 신매리(한림대박물관 2004 ; 강원문화재연구소 2005), 우두동(강원문화연구소 2006), 율문리(강원문화재연구소 2005) 등지에서 집중적으로 발견되고 있는 철기문화가 출현하게 된 동선에 대한 설명이 요구되는데, 이러한 동선에 대하여는 두 갈래로 상정이 가능하다.

하나는, 추가령지구대 라인을 통하여 내려온 집단이 한강 하류역을 경유하지 않고 바로 한강중–상류역으로 진입하여 북상하는 루트이다. 즉, 철원지방에서 현재 유적분포로 나타나고 있는 대성리–청평 권으로 진입하여 춘천권으로 북상하는 루트가 된다. 현재 청평에서 북한강에 합수하는 조종천을 따라 올라가서 운악산의 동편 줄기에 해당하는 굴치령을 넘어서면 포천으로 이어지는데 바로 이러한 동선을 따라서 철원에서 포천을 거쳐 조종천을 따라서 북한강으로 접어드는 코스이다. 최근 조종천 유역에서도 무문토기유적과 철기유적이 발견되고 있는 사실(한림대박물관 2007)이 이러한 동선의 개설 가능성을 열어주고 있다.

다른 하나는, 이와는 정반대의 동선을 상정하는 것이다. 즉, 동로철기문화집단이 '연해주–동해안'에 이르는 main route를 따라 백두대간 이동지대를 남하하면서 한 곳이 아닌 여러 지점에서 백두대간을 넘는 cross route를 개설하였다고 보는 것이다. 이러한 cross route가운데 가장 지형 지리적으로 유력한 것이 '원산–철원' route가 되는 것이지만, 이것 말고도 여러 지점에서 cross route가 존재하였다고 보는 것이다. 따라서 '춘천–가평–청평' 선으로 전개된 북한강 동선의 시발점은 북한강의 최상류가 되는데, 최상류의 계곡을 넘어서 '통천–고성–간성' 일대로 이어지고, 환언하면 통천–고성–간성 어디에서 백두대간을 넘어서 북한강의 최상류로 접어들어 수계를 따라서 남하하였다고 보는 것이다. 북한강의 상류는 춘천에서 협의의 북한강과 소양강으로 갈라지는데, 전자는 파로호를 지나 수직으로 평화의 댐과 북강원의 금강산댐으로 북상하면서 회양군의 산악지대로 접어든다. 이러한 동선은 너무나 험준하기 때문에 역사시대에도 사람이 이용할 수 없는 곳이다. 따라서 이 코스로 동로철기문화집단이 백두대간을 넘어왔을 가능성은 희박해 보인다.

그러나 소양강 루트의 경우는 사정이 다르다. 소양강을 따라 북상하면서 인제군 서화를 지나 인북천을 따라서 계곡을 따라 북상하는 동선은 역사적으로도 강원도에서 금강산을 도보로 여행하여 내금강과 장안사에 이르는 길이 열려 있었던 지역으로서 계곡의 끝에 가서 거진으로 넘어가거나 그 이전에 진부령계곡을 따라 간성으로 넘어갈 수도 있다. 이런 점에서 필자는 소양강 루트를 이용한 백두대간 횡단코스가 개설되었을 가능성을 지목하고자 한다.

문제는 춘천권 이북의 상류역에 해당하는 소양강 유역권에 해당하는 인제, 원통, 서화 일대에서는 아직 철기문화유적이 발견되지 않고 있는 점이다. 그런데 남한강 상류역의 경우를 보면, 그 최상류역인 정선군의 아우라지(강원문화재연구소 2007)와 예미리(강원문화재연구소 2007) 등지에서 철기주거지가 발견되고 있다.

이러한 남한강 최상류의 상황을 참작하면 북한강권의 소양강 최상류 역에서도 철기유적이 발견될 가능성은 열려 있다. 이런 면에서 볼 때 소양강으로 합수하는 지천인 인북천 변에 해당하는 서화면의 월학리에서 공렬토기 주거지가 확인된 사실(한림대박물관 1994)을 주목할 필요가 있다. 필자는 한반도의 동북지방에서 내려온 공렬토기문화의 확산과정에 대하여도 동로 철기문화와 아주 유사한 동선을 제시한 바 있는데(노혁진 1994), 정말로 공렬토기문화인들이 이미 이러한 '거진-간성'에서 백두대간을 넘어 소양강의 최상류로 진입하는 동선을 개척하였다면, 이후의 철기문화인들도 동일한 루트를 개설하는 것은 그렇게 어렵지 않았을 것이다.

그럼에도 불구하고 과연 그들이 백두대간을 넘었다는 증거가 있느냐고 물으면 이를 입증하기는 매우 어려울 것이다. 문제의 거진-간성에서 소양강 상류의 월학리까지의 직선거리가 불과 25km임에도 불구하고 만약에 이 정도의 간격을 지닌 두 지점 사이가 평야지대이거나 강의 수계 상에 놓여 있거나 추가령지구대처럼 통로지대 안에 놓여있지 않기 때문에, 이 두 지점의 연결선상에 놓이는 백두대간의 고준한 산중에서 사람들이 이동한 물증을 찾아내야 하기 때문이다. 따라서 철기문화뿐만 아니라 인제 월학리의 공렬토기주거지에 대하여도 추가령지구대를 통하여 원산에서 철원으로 확산한 선행집단이 북한강의 하류역에서 상류역으로 북상한 결과라고 까지 주장하고 나오더라도 이를 부인할 수 있는 결정적 반증은 쉽지 않다.

그러나 이 문제는 언젠가는 해결되게 되어 있다. 아직은 절대연대를 알 수 있거나 절대연대측정치를 지닌 유적이 적어서 비교가 어렵지만, 유물의 상대편년이나 형식비교와 같은 방법이 아니라 통계적으로 객관적인 신빙성을 지니는 수준의 절대연대 측정치가 축적되면 그 윤곽은 밝혀질 것으로 예상된다. 그러나 지금도 한 가지 분명한 사실은 백두대간을 횡단하여 북한강의 상류역으로 진입한 고고학적 사례가 이미 존재하고 있다는 점이다. 비록 시기는 공렬토기 집단이나 동로철기문화집단보다 훨씬 상회하지만, 양양 오산리유적으로 대표되는 동해안의 평저토기문화집단이 북한강의 상류로 진입한 것을 보여주는 사례인 춘천시의 교동 동굴유적을 이 대목에서 거론하지 않을 수 없다(김원용 1963). 교동 동굴에서는 영동 평저토기전통에 속하는 소위 조합식 석제어구 한 점이 5점의 평저 토기와 함께 출토되었는데, 그러한 토기는 영동 평저토기의 특징인 무문양, 아가리국한 단사선문, 그리고 소형의 고리형 파수부가 동체부에 달린 토기 등 전형적인 영동형 평저토기전통의 구색을 갖춘 유물조합이다. 이러한 유물조합은 추가령지구대나 철원을 포함하는 경기도와 한강의 하류역과 강원 영서를 통틀어서 유일한 사례로서 고성 문암리유적(국립문화재연구소 2004)과 양양 오산리유적 등 영동 평저토기유적의 분포에 비추어 볼 때 고성과 양양 사이의 어느 지점에서 백두대간을 넘어서 북한강의 상류역으로 진입하였음을 입증하는 증거로 간주할 수 있는 것이다. 즉, 백두대간을 횡단하여 북한강이나 남한강의 최상류역으로 진입하는 일은 생각만 있으면 불가능한 일이 아니며, 이미 그러한 횡단의 시도가 교동 동굴인의 시기에 실현되었으며, 따라서 그 이후로도 동일한 시도가 진행되었을 개연성은 충분하고, 그러한 대표적인 사례가 공렬토기 집단과 동로철기문화집단에 의한 횡단이라고 필자는 판단하는 것이다.

이러한 여러 가지 정황증거와 함께 한반도의 전체 지형도를 통관할 때, 공렬토기 집단이나 철기문화집단이나 유독 추가령지구대만을 통하여 이동하여 다시 북한강과 남한강의 모든 수계의 말단에 이르기까지 확산되었다고 보는 것은 매우 부자연스럽고 이상한 구도를 지닌 그림이라 아니 할 수 없다.

이러한 백두대간의 횡단루트는 추가령지구대와 북한강 상류역 노선뿐만 아니라 동일한 논리에 입각해서 남한강 상류역 노선까지도 존재하였다는 것이 필자의 판단이다. 나아가서 연해주에서 원산만에 이르기 전에도, 예를 들면 함흥일원에서 서북지방으로 진출하는 동선도 충분히 존재하였을 개연성이 높다고 판단한다. 그러한 추정의 고고학적 증거로서는 공렬토기 요소가 평북의 강계 공귀리(김용간 1958)와 영변 세죽리(김영우 1964)에까지 미치고 있는 점을 거론할 수 있다.

이상과 같이 필자가 전개한 동로철기문화의 한반도 확산의 동선은 처음부터 끝까지 항상 일방적으로 단방향으로 전개되었다는 것은 결코 아니다. 동로철기문화집단이 동로를 따라 남하하면서 백두대간을 여러 지점에서 횡단하여 백두대간 서부지역으로 확산하는 첫걸음들, 즉 개통의 첫 동선들이 그러하였다는 것이다. 일단 여러 동선이 개척된 이후부터는 여러 가지 행위적, 정치적, 교역적, 생계경제적인 이유와 사정으로 인하여 이미 개척된 동선 안에서 오고 가는 다양한 활동과 사건이 전개되었다고 보는 것이다.

Ⅲ. 동로의 고고학적 함의

필자가 한반도의 중도식토기문화의 출현에 대하여 갖고 있는 기본적인 입장은, 연해주의 크로우노프카 문화를 담당한 집단이 백두대간의 동부루트를 따라 남하하여 현재의 강원도와 경상도의 경계지대인 소백산맥 시발지점까지 확산하였으며, 동시에 추가령지구대를 비롯한 3개 이상의 지점에서 백두대간을 횡단하여 북한강과 남한강 권으로 진입하여 수계를 따라서 확산하면서 분산 정착하였으며, 그러한 과정에서 공렬토기 집단을 비롯한 선주민 집단이나 한강하류권의 집단들과 일정한 관계를 형성하였고, 서북지방에서 도래하는 중국의 전국-한 계 문물을 받아드렸다고 보는 것이다. 이런 의미에서 '연해주-백두대간 이동'과 '남-북 한강권'을 아우르는 동일종족 집단이 이룩한 문화권의 설정이 가능하고 이를 동로철기문화권으로 설정하는 깃이다.

그런데 이렇게 설정된 동로문화권은 비단 철기문화의 확산뿐만 아니라 이와 연계된 여러 가지 고고학적 추론을 유도해 주고 있다. 그것을 열거하면 다음과 같다.

첫째는, 이러한 동로의 main route와 cross route로 짜여 지는 동로의 동선은 철기문화 이전의 공렬토기문화의 확산동선과도 아주 잘 부합한다는 사실이다. 다만 공렬토기문화의 경우는, 소백산맥의 시발점을 넘어서 울진과 포항을 비롯한 경주권까지 진출하였을 개연성이 높다는 것을 이러한 동선 상에서 발견되고 있는 공렬토기유적들이 뒷받침해주고 있다. 그러나 철기문화의 경우는 이미 경주권을 중심으로 소백산맥 이남지대를 신라의 선주세력이 차지하고 있었던 결과 소백산맥을 경계로 이러한 세력과 일정한 관계를 유지하면서 더 이상 남하하지는 않은 것으로 보인다.

이런 맥락에서 볼 때, 최근 특히 강원도 지역 안에서 유적 발견이 증가하고 있는 돌대문토기의 확산 동선도 주목이 된다. 두만강 유역에서 확인되고 있는 돌대문토기가 남쪽에서 올라온 것이 아니라면 당연히 두만강 유역의 돌대문토기는 남하하게 되었을 것인데, 그렇다면 이 집단도 필자가 제시한 동로의 route를 따라서 한반도 안에서 확산되었을 충분한 개연성이 있다고 보는 것이다. 이러한 시각에서 볼 때 특히 강원도의 경우 정선 아우라지(강원문화재연구소 2007)와 같은 남한강의 최상류역과 춘천 천전리(강원문화재연구소 2005 ; 한림대박물관 2006) 등 북한강의 상류역에서 확인되고 있는 돌대문토기의 분포양상이 공렬토기문화의 분포양상과 상당히 중첩되는 양상을 보이는 점이 예사롭지 않다. 현재 한반도 돌대문토기의 확산과정에 대하여는 압록강 유역 경유설(천선행 2005)과 두만강 유역 경유설(김재윤 2003)이 모두 주장되어 있지만, 전자의 입장에서 보면 과연 어떠한 동선을 따라서 한 갈래가 두만강 유역으로까지 전파되고 다른 갈래는 압록강 유역으로부터 서해안지방의 어느 지역을 경유하여 남한강과 북한강의 최상류역까지 진입할 수 있었는지 구체적인 동선을 제시할 수 있어야 할 것이다.

둘째는, 동로철기문화의 토착문화요소인 소위 경질 외반구연 무문토기 단경호류와 결합한 중국계 토기의 결합문제이다. 연해주의 크로우노프카 문화와 비교할 때 한반도의 중도식토기문화에 소위 전국계의 타날문토기 전통과 한식 토기 전통이 강하게 나타나고 있다. 이러한 현상은 상대적으로 전국과 한의 세력권의 관점에서 볼 때 연해주보다는 한반도가 거리상 가까운 지대에 속하고 따라서 그 영향을 상대적으로 근거리에서 강하게 받은 결과일 것이다. 그 결과 압록강-청천강-서북지방 선으로 전개된 전국계 세력의 영향과 낙랑군 설치이후 한의 영향력이 서북지방으로부터 함흥과 원산만에 이르는 지역으로 파급된 결과 특히 강원 영동권과 남-북한강권 동로철기문화유적에서와 같은 복합양상으로 나타나는 것으로 추정된다. 그러나 이 문제도 앞으로 좀 더 구체적으로 접근하여 밝혀야할 과제라 아니할 수 없다. 과연, 그러한 타날문토기의 수용과정이 서북지방에서 함흥-원산 지역으로 전개되는 과정과 황해도-경기 서북부를 거쳐 한강 하류역으로 전개되는 과정의 분별이 쉽지 않다. 결국은 이 문제도 북강원에 대한 조사 불가와 함께 경기북부와 황해도에 대한 조사 불가에 가로막힌 과제이다. 이런 의미에서 남북한이 대치하고 있는 현재의 상황에서는 백두대간 동부의 함흥에서 원산에 이르는 부분과 백두대간 서부의 황해도에서 철원에 이르는 부분, 즉 한반도의 허리부분에서 많은 새로운 문제와 함께 해결의 실마리들이 발견되리라고 기대하는 수밖에 없다.

셋째로는, 민족 또는 종족 규정의 문제를 언급해야겠다. 기록에 의하면 필자가 설정한 동로철기문화권 안에는 북으로부터 읍루, 옥저, 동예, 실직국과 설화적 요소가 강하지만 춘천권의 맥국 등 여러 명칭을 지닌 사회집단에 대한 기술이 전해오고 있다. 필자의 입론에 의하면 동로철기문화권의 기본집단은 종족적으로 하나로 산주해야 하는 동일 집단으로 보고 있다. 물론 이들이 각 지역별로 분립하여 각 지역의 지형 지리적 – 생태 환경적 상황에 적응하면서 독자적인 사회를 확립하였을 것이지만, 기록상에 나타나는 어떠한 특정 종족의 명칭으로도 동로철기문화 집단을 지칭하는 것은 맞지가 않는다. 즉, 일정한 시공간적 범위를 확보하고 일정한 고고학적 유물, 유적의 정형을 보이는 고고학적 문화단위를 역사상의 특정 민족이나 종족 집단으로 치환시키거나 단순 대입하는 것은 그 논리적 근거가 취약하거나 잘못된 순환논리라고 본다. 예를 들면, 크로우노프카 문화를 옥저나 읍루로 간주할 경우, 강원영동의 동류문화와 강원영서의 동류문화를 무엇으로 간주할 것이며, 각 집단을 구분하는 고고학적 차이를 무엇으로 설정하고 정의할 것인가. 이와 같이 고고학적 유형을 민족이나 종족으로 규정함에 있어서 역사적인 기술과 고고학적인 문화양상 간의 인과적으로 일치되는 체계적인 설명을 제시할 수 없는 경우, 단순 대입이나 환원 논리로 섣부른 결론을 유도하는 것은 지양해야 한다.

마지막으로, 동로의 전개과정은 한국선사문화 형성과정의 흐름과 상통하는 면을 지니고 있다. 즉, 소위 삼시기법의 시대구분으로 한국선사문화의 형성과정을 구분하면, 동로의 동선은 신석기시대의 경우 평저토기문화와 청동기시대의 돌대문토기문화와 공렬토기문화와 철기시대의 중도식토기문화와 부응하고, 그 반면에 백두대간 서부의 동선은 신석기시대의 빗살문토기문화와 청동기시대의 각형토기문화와 청동기문화, 그리고 철기시대의 타날문토기 전통과 각각 대응하고 있다. 이러한 대비는 아직은 다분히 의도적인 구도임을 부인할 수 없지만, 백두대간을 주축으로 전개된 한반도 선사문화 형성과정의 순조로운 접근과 사실 복원을 위하여 유익하고 사용 가치가 큰 발상이라는 생각이 든다.

IV. 맺음말

요약하면, 연해주의 크로우노프카 문화와 한반도의 중도식토기문화의 기본전통을 공유한 사회집단 또는 종족집단의 확산과정에 있어서 백두대간이 차지하는 역할을 기준으로 동로를 설정하고, 동로의 main route와 cross routes를 추적하고자 하였다. 나아가서 그러한 동로의 확산망을 따라 진행된 문화의 변동 또는 진전이 이루어진 지리적 영역을 동로철기문화권으로 설정하여 그 구체적인 전개과정을 추적하고자 하였다. 그러한 과정에서 동로는 철기문화뿐만 아니라 한반도 선사문화형성의 전 과정에 있어서 항시적으로 체계적인 역할을 지니고 있음을 지적하였다. 앞으로 북강원 지역을 포함한 북한 전 지역에 대한 남한 수준의 유적조사와 유물관찰 및 현지답사를 통하여 그러한 동로문화권의 실상에 더욱 근접하게 될 것을 예상하고, 더 나아가서 시공적으로 동로의 상하 연장선상에서 전개된 선사와 고대문화의 생성과 발전, 확립에 이르는 전 과정에 대한 연구가 한반도와 그 인근 지역을 넘어서 환 동해권의 광역으로 확대되어 가기를 기대한다.

[참고문헌]

강릉대학교박물관

1999 「동해시 송정동 중심도로 건설지역 문화유적 긴급발굴조사 지도
위원회의 자료」.

2000 「동해시 송정동 중심도로 건설지역 문화유적 발굴조사 지도위원
회의 자료」.

강원문화재연구소

2005 『춘천 신매리 유적』 -신매리 10번지 유적, 신매리47-1번지 유적-.

2005 『동면-신북간 도로확장 및 포장 공사구간내 유적 발굴조사 4차 지
도위원회의 자료집』.

2005 『춘천 율문리 생물산업단지 조성사업부지 유적』.

2006 『철원 와수리 유적』 -철원군 서면 와수리 신벌지구경지정리사업
지구 내 시굴조사-.

2006 『춘천 우두동 유적』 -춘천 우두동 직업훈련원 진입도로 확장구간
내 유적 발굴조사 3차 지도위원회의 자료 -.

2007 『정선 아우라지 유적』 -정선 아우라지 관광단지 조성부지 내 2차
발굴조사-(3차 지도위원회의 자료).

2007 『정선 예미리 유적』 - 국도 38호선9연하-신동간) 도로 확포장공
사구간내 유적발굴조사 보고서.

국립문화재연구소

2004 『고성문암리유적』.

국립중앙박물관

1980 『중도』- 진전보고 Ⅰ -.

1982 『중도』- 진전보고 Ⅱ -.

기전문화재연구원

2004 「경춘선 복선전철 사업구간(제4공구)내 대성리유적 발굴조사」(현
장설명자료 19).

김영우

1964 「세죽리 유적 발굴중간보고2」, 『고고민속』 64-4.

김용간

1958 「강계시 공귀리 원시유적에 대하여」, 『고고민속』 58-4.

김원용

1963 「춘천교동 혈거유적과 출토유물」, 『역사학보』 20.

1971 「가평마장리 야철주거지」, 『역사학보』 50,1합집.

김재윤

2003 「한반도 각목돌대문토기의 편년과 계보」, 부산대석사학위논문.

노혁진

1994 「공렬토기 문화특색의 전파망」, 『이기백선생고희기념 한국사학논
총(상) -고대편,고려시대편-』, 일조각.

2004 「중도식토기의 유래에 대한 일고」, 『호남고고학보』 19호, 2004,
97~112.

천선행

2005 「한반도 돌대문토기의 형성과 전개」, 『한국고고학보』 제57집.

최무장

1979 「가평이곡리철기시대주거지 발굴조사보고서」, 『건국대인문과학논
총』 12.

한림대학교박물관

1994 「유적지표조사보고」, 『한림대학교박물관보』 제2집.

2004 『춘천 신매대교부지 문화유적 발굴조사 보고서』.

2006 『춘천 천전리 121-16번지 내 문화유적 발굴조사 약보고서』.

2007 『가평 덕현리 유적』 - 청평-현리 도로건설공사(C지구)중 매장문
      화재 발굴조사 보고서 - ; 부록: 청평-현리 도로건설공사예정구
      간(A,B,C지구) 문화재 시굴조사 보고서.

02

연해주 초기철기시대의
연구현황과 과제

홍형우

(문화재청)

02

연해주 초기철기시대의 연구현황과 과제

I. 머리말

러시아 극동지역의 고고학, 특히 연해주의 초기철기시대가 한국학자들 사이에 크게 주목받기 시작한 계기는 크로우노프카 문화와 한반도 중부지방의 중도식무문토기와의 관련성이 알지면서부터일 것이다. 특히 국립문화재연구소에서 러시아 연구기관과 공동으로 조사한 연해주 불로치카 유적의 발굴은 이 지역에 대한 관심과 연구에 상당한 일조를 한 것으로 평가된다(국립문화재연구소, 2004, 2005, 2006).

흑룡강성의 단결문화와 두만강 유역을 하나의 문화로 묶어 단결-크로우노프카 문화로 부르기도 하는 크로우노프카 문화는 유물에서는 나무그루터기 혹은 柱狀으로 불리는 파수가 부착된 발형토기와 호를 비롯하여 고배, 시루, 주조철부, 유견석부 등을, 유구에서는 '呂'자 및 '凸'자형 주거지와 그 내부 시설로 쪽구들(온돌, 칸) 등을 특징으로 한다. 한강의 중상류지역을 중심으로 한 중도유형문화에서도 이러한 요소들이 공통적으로 보이는 바, 최근 들어 양 지역의 관련성에 대한 논저가 꾸준히 발표되고 있다(이건무 외,

1980, 강인욱 · 천선행, 2003, 노혁진 2004, 홍형우 · 강인욱 2004, Subbotina A. 2005, 유은식 2006, 홍형우, 2006, 정석배, 2007, 김재윤, 2007, 심재연, 2007).

 돌이켜보건대, 러시아의 극동지역은 선사시대이래로 한국과 밀접한 관련이 있는 것으로 알려져 왔다(김원룡, 1973). 그럼에도 불구하고 이 지역은 오랜 동안 우리에게는 닫혀있었으며, 관련자료 역시 제3국을 통해서만 단편적으로 확보할 수 있었을 뿐이었다. 그러나 1990년 9월의 한국과 구소련 간의 외교관계의 정상화는 양국의 고고학 교류가 시작되는 계기가 되었다. 직접적인 학자 간의 교류는 노보시비르스크 시에 소재한 러시아과학원 시베리아지부 고고학민족학연구소가 1990년 알타이의 데니소바 기지에서 열었던 국제학술대회에 한국 학자들이 참여함으로서 시작되었다고 볼 수 있다(최몽룡 · 이헌종, 1994). 이후 국립문화재연구소가 1990년대에 동북아시아의 고고학문제를 각 시대별로 진행한 '문화재연구 국제학술대회' 등 일련의 국제학술대회들은 이 지역에 대한 관심을 불러일으키는 중요한 계기를 마련하였다. 최근 들어 이러한 관심과 연구는 더욱 활발해져 러시아의 여러 지역에서 소위 '한 · 러 공동 발굴조사'가 진행되고 있다. 관심분야 역시 다양하여 신석기는 물론 청동 · 철기시대에서 발해까지 거의 전 시대로 확대되고 있다[1].

 일련의 공동발굴조사와 연이은 발굴보고서 발간은 국내학계의 연구지평을 러시아 지역까지 넓히는 계기를 마련하였다는 점에서 중요한 의미를 가진다. 뿐만 아니라 공동발굴은 학자들의 왕래 및 자료의 교환이 활발해지고, 나아가 우리와 인접한 지역 고고학에 대한 연구사적 배경과 연구의 현

---

1) 한 · 러공동발굴조사 현황은 정석배교수가 잘 정리한 바 있으며, 최근의 현황을 추가하여 정리하면 [표 1]과 같다.

[표 1. 한국 · 러시아 공동발굴 현황]

발굴기관(한국)	발굴기관(러시아)	유적명	연도	지역	시대
국립문화재연구소	러시아과학원 시베리아지부 고고학민족학연구소	수추 섬 유적	2000 2001 2002	아무르강 하류	신석기
		불로치카 유적	2002 2003 2004	연해주 남부 (파르티잔스크)	신석기~ 초기철기
		트로이츠코예 유적	2007	아무르강 중류	신석기~ 말갈, 발해
		돌고예 오제로	2008	아무르강 중류	초기중세
	러시아과학원 극동지부 역사학 고고학민속학연구소	소콜로프카	2007	연해주 동남부(라조)	철기~ 말갈,발해
		콕샤로프카-1	2008	연해주 중북부	발해
한국전통문화학교	극동국립기술대학교	체르탸티노-5 유적	2003 ~ 2008	연해주 서남부 (악자브리스크)	초기철기~ 발해
연해주문화유적조사단 고려학술문화재단	러시아과학원 극동지부 역사학 고고학민속학연구소	아브라모프카Ⅲ 유적	1993	연해주 서남부(하롤)	말갈
		코르사코프카 절터	1993	연해주 서남부 (우수리스크)	발해
대륙연구소	극동대학교	남우수리스크 절터	1993	연해주 서남부 (우수리스크)	발해
		크라스키노 고분군	1993	연해주 남부(하산)	발해
고려학술문화재단	극동대학교	마리야노프카 성터	1995	연해주 중남부 (키롭스키)	발해
제주문화예술재단	러시아과학원 시베리아지부 고고학민족학연구소	노보페트로프카 Ⅲ 유적	2003	아무르강 중류	신석기
		그로마투하	2004	아무르강 중류	신석기

발굴기관(한국)	발굴기관(러시아)	유적명	연도	지역	시대
서울대학교	러시아과학원 극동지부 역사학 고고학민족학연구소	드보랸카	2005	연해주 서남부 (한카)	신석기말 ~ 초기철기
부경대학교	러시아과학원 극동지부 역사학 고고학민족학연구소	바라바시	2007 ~ 2008	연해주 남부 (하산)	초기철기
대륙연구소('94) 한국미술사연구소('98) 고구려연구회('01,'02) 동북아역사재단(고구려 연구재단)('02~'08)	러시아과학원 극동지부 역사학 고고학민족학연구소	크라스키노 성터	1994 1998 2001 2002 2004~ 2008	연해주 남부 (하산)	발해

황의 파악 및 주요하게 다루는 주제들을 좀더 깊이 있게 이해할 수 있는 토
대를 마련하여 주고 있다는 점에서 의미를 더한다.

이러한 맥락에서 이 글에서는 연해주의 초기철기문화의 연구 현황과 과
제를 다루고자 한다. 더불어 현재 연해주 현지 학자들의 최근 연구 경향과
관심은 어떤 곳에 있는지를 살펴보고, 이를 통해 앞으로 전개될 연해주 초
기철기문화의 향후 과제를 도출해 보기로 한다.

II. 연해주 초기철기시대의 연구현황

1. 연해주 초기철기시대와 '고금속시대'

연해주에서 최초의 고고학적 발굴이 실시된 것은 128년 전인 1880년의
일로, M.I. 얀콥스키에 의한 시데미강 하구에서의 발굴이었다. 다음해인
1881년 I.S. 폴랴코프는 셀랴하만 포시예트에서 유적을 발굴을 하고, M.I.

얀콥스키와 함께 시데미 문화로 구분하였다. 이 문화는 다시 1972년에 얀콥스키 문화로 개명되었다(브로댠스키, 2004). 그러나 1952년까지만 해도 이 문화는 신석기시대로 편년되었다. V.K. 아르세니예프가 우수리스크에서 청동기시대를 간취하기는 하였으나, 청동기시대는 오랫동안 더 이상 알려지지 않았다. G.I. 안드레예프는 1952년부터, A.P. 오클라드니코프는 1953년부터 표트르 벨리키 만(피터 대제만)에 있는 패총과 주거유적들을 청동기시대로 편년하였으며, 60년대 중반까지도 이어졌다.

1960년에 A.P. 오클라드니코프는 페스차느이 반도에 소재한 주거유적에서 2개의 주조철부를 포함한 10개의 철기를 발굴하였다. 이 보다 좀 앞선 1957년에 그는 차피고우[2]라는 새로운 문화를 발견하였는데, 청동기시대로 생각되었던 주거유적에서 철기가 출토된 바 있다. 이에 A.P. 오클라드니코프는 그의 유명한 저서 "태고의 연해주(Далеком прошлом Приморья)"에서 '하린-페스차느이-차피고우-센키나 샤프카'[3]라는 층위적 서열을 매겼다(오클라드니코프, 1959). 이러한 순서는 90년대까지도 지속되었다.

1980년대에 들어 연해주 지역의 고금속시대에 대한 일련의 논문들이 발표되었다. 청동기시대에는 시니가이 문화(브로댠스키, 1987), 리도프카 문화(디야코프, 1983), 마르가리토프카 문화(청동기시대..., 1987)를 귀속시키고, 초기철기시대에는 얀콥스키 문화(안드레예바 외, 1986), 크로우노프카 문화(브로댠스키, 1984), 폴체 문화(브로댠스키 1987)가 편년되었다. 그러나 연해주에서 청동기시대가 존재하는가 하는 점은 아직까지도 학문적 논란의 중심에 있다(홍형우, 2006).

---

2) 지금은 크로우노프카 문화로 불린다.
3) 하린은 시니가이 문화, 페스차느이는 얀콥스키 문화, 차피고우는 크로우노프카 문화, 센키나 샤프카는 폴체 문화에 속한다.

'고금속기시대(古金屬器時代)'라는 용어는 아마도 우리들에게는 생소한 것이지만, 연해주고고학에서는 자주 사용되는 특별한 용어이다. 이러한 용어가 사용되는 것은 청동제작 기술이 결여된 채 청동제의 유물이 단편적으로 출토되는 점, 청동과 철기가 나타나는 시점이 비슷한 점 등이 이 지역의 특징이기 때문이다. 물론 여기에는 연해주 고고학에서 이용되는 고유의 규칙이 적용된다. 최근에 청동기시대 문화와 초기 철기시대 문화의 동시 존재가 입증되기 시작하였다. 즉 이러한 점이 "고금속기시대"란 용어를 낳게 되었고, 연대적으로 기원전 2000년기 말에서 기원전 1000년기 말까지를 망라하게 되었다. 하지만 '고금속기시대'라는 용어는 '청동기시대'와 '초기철기시대'란 전통적인 개념은 그대로 두고 병행하여 사용하는 것이다(클류예프, 2007).

따라서 연해주의 크로우노프카 문화를 이해하기 위해서는 연해주에서 초기철기시대로 편년되는 얀콥스키 문화와 폴체 문화는 물론 청동기시대로 편년되는 3개의 문화(시니가이, 리도프카, 마르가리토프카 문화)도 함께 살펴보아야 할 것이다. 하지만 이 3개의 문화는 연해주에서 크로우노프카 문화보다 앞선 지역문화로서 연구사적인 관련성과 함께 문화의 기원과 확산 등의 문제에서 연관성은 있을 것이나, 이 글에서는 크로우노프카 문화와 직접적인 관련성이 더 높은 얀콥스키 문화와 폴체 문화에 대하여만 언급하겠다.

다만, 약간의 이해를 돕기 위해 마르가리토프카 문화에 대한 최근의 연구 성과의 예를 들면 다음과 같다. 종전에는 마르가리토프카 유적이 연해주 청동기시대 초두를 장식한 것으로 생각되었다. 그러나 마르가리토프카 유적의 토기들은 금속기 문화들에서 나타나는 고유한 특징이 존재하지 않는 것을 보여주고 있다. 소성온도, 토기 기형의 특징, 기본문양 등 마르가리토프카 문화 토기의 기본적인 특징은 이 문화를 연해주의 신석기시대로 재고하게 하였다(I.S. 쥬시홉스카야 1996; O.B. 얀쉬나 2001). 2000년에는 연해주의 남동 해안가에서 새로운 마르가리토프카 문화유적들이 연구되었는데, 층위학, 유물의 형식학적 분석은 이러한 결론에 맞는 방사성탄소연대를 얻게 되었다. 마르가리토프카 문화에 대한 다른 학자들의 연구도 비슷한 결과를 보여준다(J. 캐시디, N. 코노넨코, I. 슬렙쵸프, I. 폰그라토바 2003). 이들의 연구를 통해 마르가리토프카 문화는 신석기 시대에서 고금속기시대로의 전환기임이 밝혀지고 있다.

이러한 예를 여기에서 언급한 것은 연해주의 초기철기시대 또는 고금속시대는 이제까지 많은 연구 성과를 거두었음에도, 마르가리토프카 문화에서처럼 아직도 많은 문제점들을 갖고 있으며, 이에 대한 논의 역시 재지의 학자들에 의해 활발히 재검토되고 있음을 알리고자 함이다.

2. 연해주 초기철기시대의 제 문화의 연구현황

1) 얀콥스키 문화

얀콥스키 문화는 연해주 초기철기문화 중 가장 빠른 문화이며, 분포지역은 연해주 남부로 내륙과 동해안을 따라 분포한다. 예전에는 지역적으로나 시기적으로 크로우노프카 문화와 차이가 있는 것으로 파악하였으나, 지역적, 시기적으로 겹치는 경우가 많아 일정 부분 공존하였을 가능성이 높다. 최근에는 크로우노프카 문화의 기원과 관련짓기도 한다.

얀콥스키 문화유적이 처음 발견된 것은 1880~1881년이다. 현재까지 120개 이상의 유적이 발견되었으며, 이 중 발굴된 것은 주거유적 17기, 고분유적 3기, 동굴유적 1기, 패총유적 4기이다. 분포범위는 연해주의 남부지역으로, 주로 동해안을 따라 연해주 라조지구 프레오브라제니야에서부터 북한의 웅기까지이다. 주거유적은 흔히 패총을 동반한다. 페스챠느이, 셀

레흐, 브리네르, 비노그라드느이, 세스트라(나호드카 시), 수이푼 강, 한국의
초도 등지에서 주거유적이 무덤과 패총을 동반한다. 그러나 이 3개가 세트
를 이루는 유적이 발굴된 예는 아직까지 없다. 완전히 발굴된 유적으로는
소규모 주거유적인 올레니 A(오클라드니코프, 브로댠스키, 1968)가 있으며, 비
교적 넓게 발굴된 유적으로는 페스차느이(오클라드니코프, 1963), 올레니 B,
말라야 포두세치카(안드레예바, 1962), 발렌틴(안드레예프, 안드레예바, 1959), 슬
라뱐카1, 2(안드레예바, 쥬시홉스카야, 1975) 등이 있다. 2007년에 한국과 공동
으로 라조지구 소콜로프카 유적에서 제사유적이, 하산지구 바라바시 유적
에서 주거유적이 새롭게 발굴되었다[4].

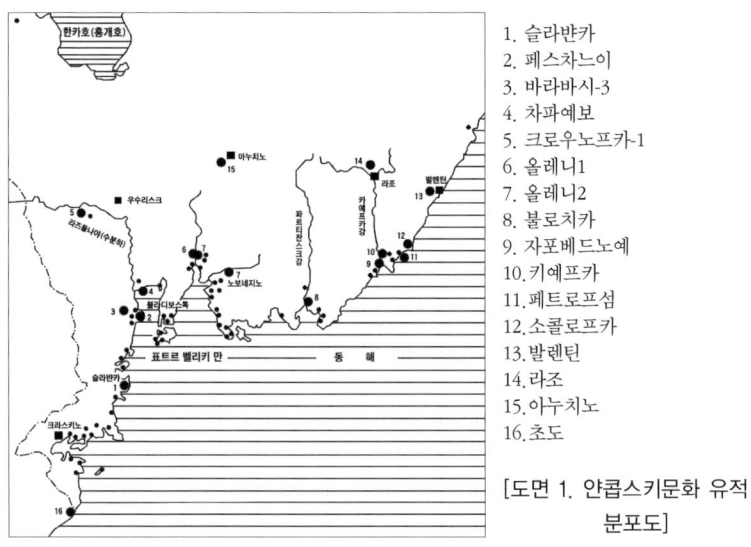

1. 슬라뱐카
2. 페스차느이
3. 바라바시-3
4. 차파예보
5. 크로우노프카-1
6. 올레니1
7. 올레니2
8. 불로치카
9. 자포베드노예
10. 키예프카
11. 페트로프섬
12. 소콜로프카
13. 발렌틴
14. 라조
15. 아누치노
16. 초도

[도면 1. 얀콥스키문화 유적
분포도]

4) 소콜로프카 유적은 국립문화재연구소가, 바라바시 유적은 부경대가 러시아 극동연
구소와 공동으로 발굴하였다.

(1) 주거유적과 주거지

얀콥스키 주거지는 반수혈과 지상식으로 나뉜다. 올레니 A에서는 2가지 유형의 주거지가 모두 발굴되었다. 올레니 B에서 주거지 3기가 발굴되었는데 전체 면적은 83㎡이며, 그중 하나에서는 벽을 따라 내부에 토기가 있는 14개의 구덩이가 발견되기도 하였다.

18개의 주거지가 완전히 발굴된 올레니 A 유적의 주거지 면적은 10에서 70㎡까지이나, 대부분은 17에서 34㎡ 사이였다. 주거지 전체 면적의 합은 475㎡으로 대략 100~120명이 살았던 것으로 추정된다. 몇몇의 주거지에서 출입구에는 가공하지 않은 판석이 놓여 있었다. 니브흐인을 연구한 Ch. M. 타크사미는 이 돌을 니브흐 인들의 "그 아래 문지방의 주인이 산다"라는 것과 비교한 바 있다. 오래 거주한 반 수혈주거지는 해안가는 물론 내륙에서도 발견된다. 대형 주거유적으로는 하만, 비노그라드느이, 글라드카야 강하구 등지에서 발견되었다. 셀레흐 만에서 발견된 정교하게 마연된 토기들과 올레니 A 유적에서 가장 큰 주거지에서 발굴된 토기들 그리고 치로크 만에서 발견된 토기 세트들은 이 부분이 공공의 의례적인 장소였을 가능성을 추정케 한다. 동굴유적 역시 의례와 관련된 것일 가능성이 높다.

(2) 유물

유물들은 다양한 재료로 만들어졌다. 마제석기의 대부분은 목공용으로, 자귀, 끌, 도끼 등이다.

편암제 화살촉의 대부분에는 세로 홈이 나 있다. 편암제 석기로는 낚시바늘, 수확용 칼, 긁개, 칼 등이 있다. 이밖에 어망추, 망치돌, 모루돌, 갈돌, 금속용 숫돌, 마연구, 한 두면이 마연된 자갈돌, 구멍 뚫린 돌들이 있고, 관옥과 곡옥도 있다. 주목되는 석기로는 단검과 창끝을 들 수 있는데, 이들은 청동기를 모방한 것들로서 T자형 병부와 세로 등대가 있으며 주로

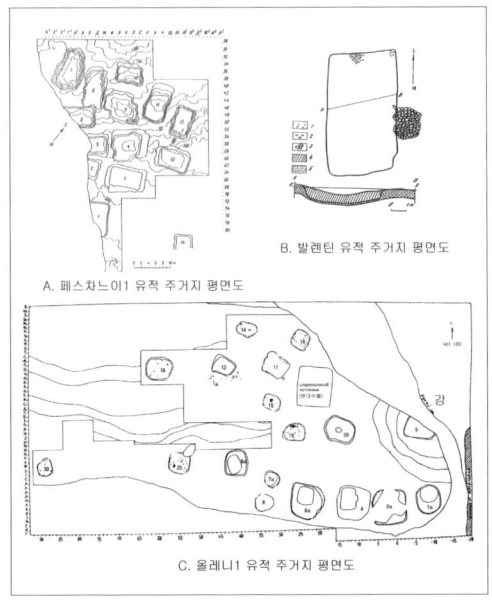

A. 페스차느이1 유적 주거지 평면도

B. 발렌틴 유적 주거지 평면도

C. 올레니1 유적 주거지 평면도

A. 페스차느이1 유적
   (오클라드니코프, 1963)
   1-5 : '56년 발굴
   6-14 : '60년 발굴
B. 발렌틴 유적
   (안드레예바, 1986)
   1.숯, 2.소토, 3.돌, 4.사질부식토
   5.자갈돌 포함 사질토
C. 올레니1 유적
   (브로단스키, 1987)
   1a와1, 2a와2, 4, 6a와6,
   7a와7, 9a와9 : 얀콥스키,
   크로우노프카문화 주거지 중복

[도면 2. 얀콥스키문화 주거지]

녹색을 띠는 석재로 만들어졌다. 얀콥스키 문화의 석검은 남부 시베리아의 타가르 문화의 연향을 받은 것으로 간주되기도 하였으나, 최근에는 한반도의 유병식 석검과 관련하여 기원문제를 다루기도 한다.

철기는 1960년 페스차느이 유적에서 A.P. 오클라드니코프에 의해 처음으로 10개의 철기가 발굴된 바 있다. 최근까지 얀콥스키 주거지에서는 30여개의 철기가 발견되었다. 대부분은 주조철기로 일찍이 아무르강 유역의 동시대 문화인 우릴 문화와의 유사성이 비교된 바 있다[5].

구리와 청동 제품은 상당히 드물다. 올레니 A와 M에서 형태를 알 수 없

---

5) 2007년 부경대학교에서 러시아과학원 극동분소의 클류예프와 공동으로 발굴한 바르바시 유적 주거지 바닥면에서 다량의 철제유물(8점)이 발굴된 바 있다.

는 편이 나온 바 있으며, 에카테리노프카에서 드리개가 발견되었고, 포시예트 주변인 타브리찬카와 올레니 A에서 나온 거울 편은 구리제품이다.

얀콥스키 문화와 그 이전 혹은 동시기의 다른 문화에서도 재지적인 제작의 흔적은 발견되지 않았다. 따라서 오랫동안 연해주의 금속들은 제조되지 않고 모두 외부에서 들어온 것인가 하는 의문점이 있어 왔다. 여기에서 고금속기시대와 관련된 논쟁이 시작된다.

얀콥스키 문화에서 가장 많은 비중을 차지하는 것은 역시 토기이다. 토기는 I.S. 쥬시홉스카야에 의해 연구된 바 있다. 말라야 포두세치카 유적에서는 2개의 방이 있는 단순한 형태의 토기 가마 3개가 발굴된 바 있다. 가마에는 대략 10개의 토기가 놓여 있었다. 태토는 재지적인 점토를 사용하였으며, 모래가 50%까지 섞여있고 내화토와 석립이 혼입되어 있다. 태토는 지역적으로 차이가 있다. 3~4cm의 점토대를 쌓아 만들었으며, 기벽은 곱게 정면되었고, 표면에 얇은 점토막이 덮혀 있다. 표면은 마연되었는데, 일부는 적색과 흑색으로 마연되어 있다. 토기의 형태는 다양하다. 유경호(암포라형), 발형토기, 병형토기, 잔발, 완, 고배 등이 있다. 고배는 연해주에서는 처음 나타나는 것으로, 단각과 장각이 모두 보인다. 셀라흐 만에서 발견된 고배와 올레니 B에서 발굴된 파수부 토기편에 새겨진 문양이 유명하다. 토제 방추차에도 다양한 문양이 새겨져 있다.

(3) 지역성

얀콥스키는 몇몇 지역유형으로 나뉜다. 학자에 따라 2, 3, 4개의 유형으로 나누는데, 여기서는 4개의 유형으로 나눈 D.L. 브로댠스키의 의견을 따라 검토해본다.

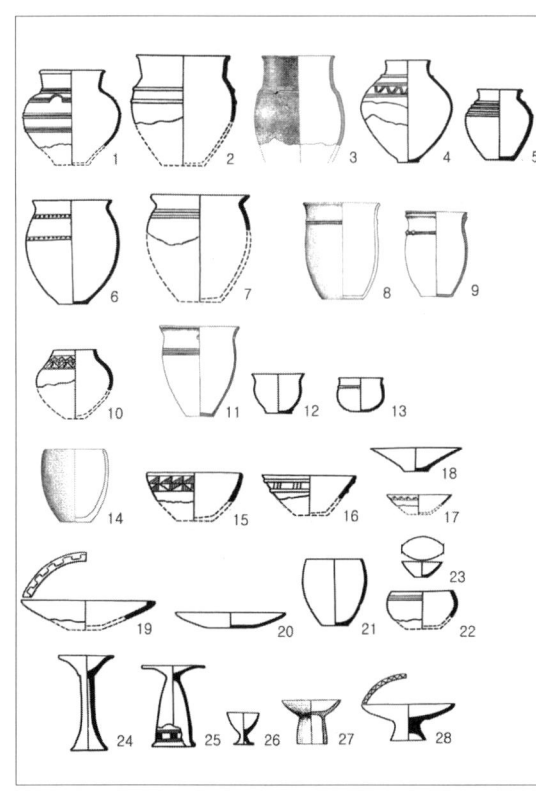

Ⅰ : 호형토기
  1.장경호(I-1-가) (1,2)
  2.장경호(I -1-나) (3)
  3.단경호(I -2) (4,5)
  4.외반구연호(I -3) (6,7)
  5.발형토기(I -4) (8,9)
  6.내만경외반구연호(I -5)
(10)
  7.광구외반구연호(I -6)
  (11,12)
  8.어깨있는 외반구연호(1 I -
  7) (13)

Ⅱ : 발 · 완
  1.발(II-1) (14)
  2.완(깊은형)(II-2-가)(15,16)
  3.완(얕은형)(II-2-나)(17,18)
  4.접시(II-3) (19,20)
  5.내만발(깊은형)(II-4-가)
  (21,22)
  6.단면 타원형 완(II-5) (23)

Ⅲ : 고배
  1-가. 장각고배(원통형)(III-1-
  가) (24)
  1-나. 장각고배(종형)(III-1-
  나) (25)
  2-가. 단 각 고 배 (완 형 배
  신)(III-2-가) (26)
  2-나. 단각고배(낮은완)(III-
  2-나) (27)
  2-다. 단각(접시형고배)(III-
  2-다) (28)

[도면 3. 얀콥스키 문화 토기]

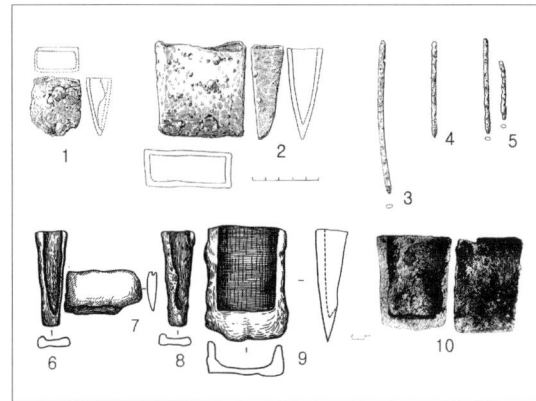

1,2 : 주조철부(페스차느이1)
3~5: 철심(페스차느이1)
6,7 : 굴치구편(말라야 포두세치
카)
7,9 : 주조철부(말라야 포두세치
카)
10 : 철부사진(말라야 포두세치
카)

[도면 4. 얀콥스키 문화 철기]

① 페스차느이 유형

토기의 기벽은 중간 두께이며, 태토의 혼입물은 굵은 편이다. 기벽에 흔히 문양이 있다. 유적은 두만강에서부터 우수리만까지 분포한다.

② 올레니 유형

토기 태토의 혼입물이 작고, 기벽이 얇으며, 문양에 차이가 보인다. 몇몇 석기 역시 독특하다. 분포 범위는 페스차느이 유형과 일부 겹치기도 하는데, 우수리만의 올레니, 말라야 포두세치카, 푸탸틴 섬과 멀리 떨어진 동쪽의 페트로바 섬 유적이 여기에 속한다.

③ 발렌틴 유형

주로 타제 석기가 많으며, 유견 석부도 보인다. 토기는 거칠며, 두형토기는 보이지 않는다. 문양은 거의 없으며 돌대나 유종이 있는 경우가 많으며, 적색 또는 흑색 마연토기는 없다. 유적은 주로 연해주의 동남부 해안가에 위치한다. 발렌틴과 멜코보드나야 유적이 여기에 속한다.

④ 내륙 유형

비교적 최근에 분리된 것으로 바다에서 떨어진 내륙 쪽에 위치하며 패총을 동반하지 않는다. 브로댠스키가 아누치노, 루다놉스카야, 노보고르데예프카 성 유적을 발굴 한 이후 분리한 유형이다. 브로댠스키에 의하면 이 유형은 얀콥스키 문화와 크로우노프카 문화가 결합된 특징을 보여준다. 예를 들어 구멍 뚫린 편암제 칼, 납작한 도끼와 자귀, 갈돌, 토기에서의 홈처럼 그은 선문, 구멍과 유상돌기의 붙임은 얀콥스키 전통에 속하며, 유견 석부, 납작한 방추차, 토기의 저부와 파수는 크로우노프카 전통에 속한다고 본다. 토기편으로 만든 어망추와 삼각형태의 파수부 토기가 독특하다. 이

유형의 유적들은 서쪽으로 연해주의 한카호 지역과 접해있다. 크로우노프카, 세미파트나야의 중간층과 무스탄크의 상층에서 보인다. 따라서 브로댠스키는 이들을 아누치노 문화로 분리할 수 있다는 견해를 피력하고, 기원전 2천년기 말에서 기원전 1천년기 중반까지로 보았다.

(4) 무덤

야콥스키 문화의 무덤은 말라야 포두세치카(21기), 차파예보(17~18기)라는 2개의 유적에서 발굴되었다. 이밖에 셀라흐 만에서 5기의 무덤과 초도에서 무덤이 알려져 있다. 또한 2000년도 보이스만 II유적 상층에서 A.N. 포포프가 야콥스키 주거지를 발굴하였는데, 그 바닥에서 2개의 인골을 발굴한 바 있다.

말라야 포두세치카 유적에서는 주거지 바닥 아래, 토기 가마 아래, 주거지 사이와 주거유적 경계부분에 인골이 묻혀있었다. 차파예보에서 16~17구의 인골은 주검을 위해 축조한 구조물 같은 곳에 묻혀 있었고, 1구는 패총내에 있었다. 두향은 말라야 포두세치카에서는 북향을, 차파예보에서는 동-남향을 하고 있었으나, 두 유적 모두 발이 물쪽을 향하고 있었다. 2구의 인골이 인접한 경우에는 서로 반대 방향을 하기도 한다. 2인합장, 다인장, 2차장 등 다양하나, 대부분 앙와신전장이다. 무덤 구덩이는 깊지 않으며, 판석으로 둘러쌓은 경우도 있다. 차파예보에서는 2개의 기둥 위에 널빤지가 깔린 경우도 있다. 부장품으로는 1~3개의 구슬이나 걸개 같은 장신구, 토기(음식과 함께)가 있으며, 별도로 끌, 방추차가 들어 있는 경우도 있으며, 1개의 무덤에서는 20개의 어망추와 골제품이 있는 경우도 있다. 차파예보의 무덤중 하나에서는 5개의 화살촉이, 셀라흐 만에서는 완, 잔발, 방추차, 석제 끌과 칼, 석검이 부장되어 있었다. 몇몇 무덤에서는 불피운 흔적도 있었다. 인류학자인 I.I. 고흐만은 차파예보 무덤 중 하나를 바이칼

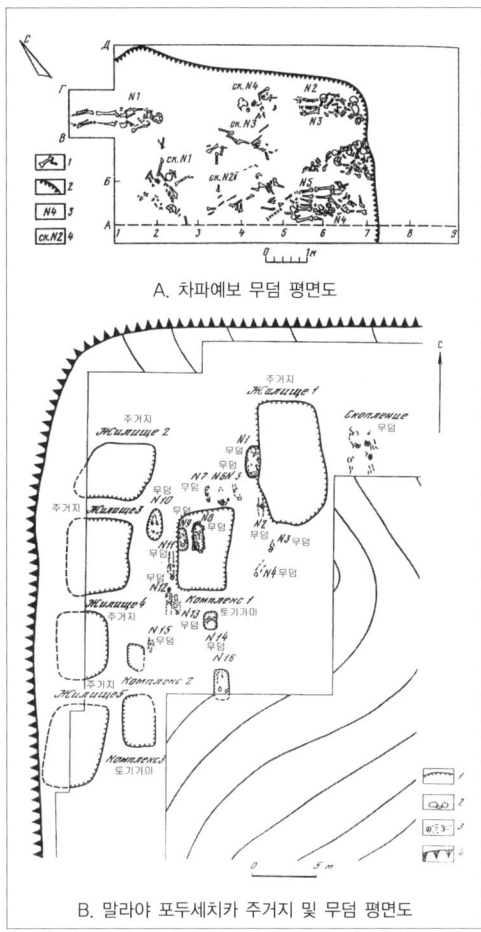

A. 차파예보 무덤 평면도

B. 말라야 포두세치카 주거지 및 무덤 평면도

A. 차파예보 유적
  (안드레예바, 1986)
  1. 뼈, 2. 수혈경계, 3. 신전당
  4. 뼈집적군
B. 말라야 포두세치카 유적
  (안드레예바, 1986)
  1. 수혈경계, 2. 돌, 3. 무덤
  4. 절벽

[도면 5. 얀콥스키 각종 무덤]

의 인류학적 유형으로 보기도 한다. 그러나 그를 제외하고 아직까지 얀콥스키 인들에 대한 인류학적 연구는 거의 이루어져 있지 않다.

(5) 편년

V.P. 마르가리토프는 첫 번째 발굴 이후 얀콥스키 문화를 기원전 8~7세기로 본 적이 있다. 60년대는 기원전 2천년기까지 올려보는 시도가 있었다.

대체로 얀콥스키 문화의 연대는 기원전 11~8세기에서 기원전 5~4세기로 보는 것이 일반적이다. 하지만 학자에 따라 다소 차이가 있는데, 예를 들어 D.L. 브로댠스키는 기원전 8세기에서 기원전 1세기로 보고 있으며, A.P. 데레뱐코는 아무르 유역의 우릴 문화와 동시기에 존재한 철기문화로 간주한다. 또한 얀콥스키 문화의 마제석검의 상대편년과 나진 초도유적에서의 얀콥스키 토기와 공반된 무문토기를 호곡 4기와 동시기로 보고 이를 기원전 1천년기 중반으로 편년하기도 한다(曰杵勳, 2004).

얀콥스키 문화에서 측정된 C-14 연대는 다음과 같다.

[표 2. 얀콥스키 문화 방사성탄소연대 측정자료]

유적	출토위치	시료	시료명	연대	보정연대
슬라뱐카 1		목탄	ЛЕИ-2496	2830±40	1130~900BC
올레니 D	트렌치 90cm	목탄	СОАН-1538	2710±25	910~820BC
자아사노프카2		목탄	OS-2675	2600±50	990~820BC
자아사노프카2		목탄	Beta-124173	2480±50	800~400BC
말라야 포두세치카		목탄	МГУ-499	2430±50	770~410BC
올레니 A	20호 주거지	목탄	СОАН-1537	2195±25	370~190BC
올레니 A	14호 주거지	목탄	СОАН-1535	2155±25	360~120BC
올레니 A	16호 주거지	목탄	СОАН-1536	2150±20	110~10BC
올레니 A	19호 주거지	목탄	ДВГУ-ТИГ-84	2048±278	790BC~530AD
페트로프 섬	2a 주거지	목탄	СОАН-1542	2050±20	110~10BC
라구나 탈미		굴	AA-20947	3360±60	
베즈베르호보1		굴	МГУ-728	2900±80	
라즈돌나야		굴	AA-20946	2820±50	
차파예보		굴	AA-20945	2745±75	
자이사노프카3		굴	МГУ-937	2730±350	
포시예트-르이바자		굴	Ки-3174	2700±45	
게카 만		굴	МГУ-708	2370±100	
베즈베르호보		굴	ДВГУ-ТИГ-78	2200±260	

유적	출토위치	시료	시료명	연대	보정연대
베즈베르호보		굴	ДВГУ-ТИГ-77	1890±160	
베즈베르호보		굴	ДВГУ-ТИГ-77	1490±120	
자이사노프카2		굴	Ки-3168	2180±60	
자이사노프카2		굴	Ки-3172	1900±40	
자이사노프카2		굴	Ки-3173	1450±45	
아반가르트		굴	МГУ-1075	2050±250	

2) 크로우노프카 문화

1956년 A.P. 오클라드니코프가 처음으로 차피고우 유적들을 발굴하여 알려졌다[6]. 1957년 차피고우 유적과 세이퍄트노예 유적을 발굴한 오클라드니코프는 이 유적을 얀콥스키 문화와는 구분되는 새로운 철기시대문화로 설정하고, 그 특징을 다음과 같이 언급하였다. 즉 기벽의 양쪽에 그루터기 문양의 손잡이가 있는 질두원추형 토기, 원추형의 높은 굽이 있는 원추형 완-컵(두형토기), 좁은 목이 있는 암포라형 토기, 45도로 외반한 넓은 구연이 있는 절두원추형 토기, 이 밖에 크로우노프카 문화의 전형적인 유물로 어깨형 도끼-망치, 장방형의 유공부 철부, 철제 자귀, 철제 도자를 들었으며, 전체적으로 이 문화를 기원전 5~3세기로 편년하였다(A.P. 오클라드니코프, D.L. 브로댠스키, 1984)[7].

---

6) 1972년 지역 명을 중국식에서 러시아식으로 바꾸면서 강 이름인 차피고우가 크로우노프카로 바뀌면서, 문화명도 바뀌었다.

7) 크로우노프카 문화의 연구사에 대하여는 최근에 정석배 교수가 정리한 바 있다(정석배, 2007). 대부분은 정교수의 논문을 참조하면 될 것이나, 이 글에서는 논지의 전개상 중요한 요소들에 대하여만 간략하게 언급하겠다.

(1) 분포지역

크로우노프카 문화의 분포지역은 한카호에서부터 동해안까지 연해주 남부에 폭넓게 분포한다. 전체적으로 5개 지역으로 나뉜다. 한카호 주변과 두만강 위쪽 하산지구[8]를 제외하면 얀콥스키 문화의 분포지역과 큰 차이가 없다. 더욱이 앞서 살펴본 바와 같이 얀콥스키 문화가 최근 내륙형, 아누치노 유형이 분리되면서 얀콥스키 문화도 내륙에서 발견되는 일이 많아 향후 두 문화의 전체적인 분포지역은 상당부분 겹칠 가능성이 많을 것으로 파악된다. 다만 현재까지 얀콥스키 문화의 유적들은 해안가에 보다 집중적으로 분포하나, 크로우노프카 문화의 유적들은 해안은 물론 내륙의 강가에 보다 많이 분포하는 점에서 차이가 발견된다. 자세한 분포 양상은 〈도면 6〉와 같다.

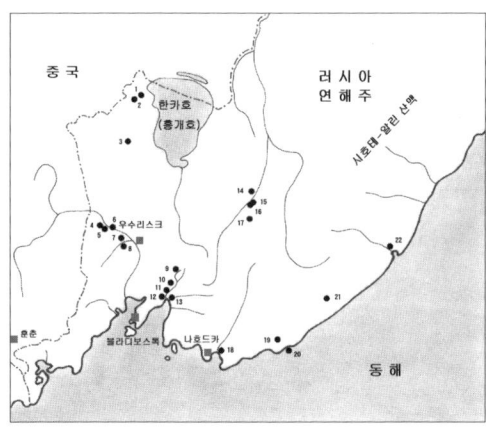

1. 세이퍄트노예-Ⅰ   2. 세이퍄트노예-Ⅲ
3. 드보랸카   4. 체르냐찌노
5. 콘스탄티노프카   6. 센키나 샤프카
7. 코르사코프카   8. 크로우노프카
9. 므노고우도브노예   10.이즈웨스토프카
11.알레니A   12.무이스 체레파하
13.말라야 포두세치카   14.노보고르데예프카
15.아누치노1   16.아누치노4
17.아우로프카   18.불로치카
19.키예프카   20.페트로프섬
21.소콜치   22.시니예 스칼르이

[도면 6. 크로우노프카 문화
유적 분포도]

---

8) 연해주 최남단이며 두만강 유역과 경계를 접하고 있는 하산지구에서 아직까지 크로우노프카 문화가 발견되지 않고 있다. 현재로서는 조사가 덜 되어 발견하지 못한 것일 수도 있다.

(2) 주거유적과 주거지

크로우노프카 유적은 130여 곳이 알려져 있으며 거의 대부분이 주거유적이다. 주거유적들은 강변의 테라스(크로우노프카 1, 코르사코프스코예 2 등), 작은 산 위 혹은 경사면(세이퍄트노예, 올레니 A, 불로치카, 키예프카, 아누치노 1, 노보고로데예프카 등)에 위치하며 주변에 넓은 들판을 가진다는 공통점이 있다. 예외적으로 동해안의 섬(페트로프)에 위치한 유적도 있다.

Yu.E. 보스트레초프의 연구에 따르면 크로우노프카 문화의 유적 분포는 한카호, 남부 내륙, 동해안 지역 등 크게 3지역으로 나뉘는데, 각각 언덕진 삼림 초원지역(농경과 목축 등 생산경제와 사냥과 채집 같은 소비경제의 발전에 접합한 지역), 평원의 강 유역(농경과 목축에 적합, 사냥 채집은 보완적인 지역), 동해안 지역(생산 경제에 열악한 지역)이 그것이다.

주거지의 평면 형태는 정석배의 분석에 따르면 주거지 49기 중 36기가 평면 형태를 확인할 수 있는데, 장방형 계통은 20기, 타원형 1기, 오각형 1기, 방형 3기, '凸' 자형 9기(크로우노프카 I 의 '67~'68년 9호, 올레니 A의 2 · 4호, 키예프카의 1 · 2 · 3 · 4 · 5 · 6호), '呂' 자형 2기(크로우노프카 I 의 '67~'68년 7호, '84년의 1호)로 파악된다.

주거지 내부의 취사 혹은 난방 관련시설로는 무시설(수혈식) 노지, 위석

[도면 7. 불로치카 1호
주거지 평면도 및
화덕 단면도]

수혈식 노지, 부뚜막식 노지(크로우노프카 I 2002-3년 3호), 석상형 노지-아궁이, 그리고 구들이 있고, 주거지 내부에서 노지 시설이 전혀 없는 경우도 확인된다. 석상형 노지-아궁이는 구들의 시원적인 형태로 생각되며, 구들은 평면 'ㄱ'자 형과 'ㄷ'자형으로 나뉘는데, 'ㄱ'형에는 외구들, 쌍구들 삼구들이 있고, 'ㄷ'자형은 외구들이 있는 것으로 파악한다.

(3) 무덤

크로우노프카 문화에서 확인된 무덤 유적은 없다. 다만 이즈웨스토프카 언덕에서 발견된 석상분이 크로우노프카 문화로 거론된다. 이 무덤에서는 사람의 턱뼈, 세형동검 2점, 동모 1점, 동경 1점, 동착 1점, 동사 1점, 석부 1점, 검파두식 1점이 함께 출토된 것으로 보고되어 있고, 현재 유물은 아르세니예프 주립박물관에 있다. 이 유적은 처음에는 얀콥스키 시대로 보고되었으나, 석상이라는 형태가 얀콥스키 문화에는 없으나 크로우노프카의 상자형-노지와 유사하며, 동검과 동모가 올레니 A 2호주거지와 시니예 스칼르이 유적의 것과 유사한 점 등(브로댠스키, 디야코프 1984, 콘코바 1989, 브로댠스키, 2003, 클류예프 2006, 강인욱 외 2003)과 함께 공반된 토기가 크로우노프카의 구연부편인 점을 들어(강인욱 외 2003) 크로우노프카로 편년하기도 한다.

한편 D.L. 브로댠스키는 1994년과 1995년에 크로우노프카에서 150m 떨어진 곳에서 우수리스크 학생에 의해 발견된 크기 70×60×40

[도면 8. 이즈웨스토프카 유적 출토 동검, 아르세니예프 박물관 소장]

cm와 94×65cm의 돌 상자와 그 주변의 파괴된 돌 상자, 그리고 대형 돌들을 남방형 지석묘를 연상시키는 것으로 파악하여 이 문화의 무덤으로 추정한 바 있으나, D.L. 브로댠스키 스스로도 확신을 가지지는 못하였다(브로댠스키, 2003).

(4) 유물

크로우노프카 문화에는 야금술과 관련된 유구와 유물이 있다. 유구는 페트로프 섬 1호 주거지, 크로우노프카 I 1967~1968년 9호 주거지, 올레니 A의 2호 주거지, 시느예 스칼르이 '주조 작업장'에서 확인된다. 관련 유물로는 토제 도가니, 슬레그, 풀무 대롱, 국자, 청동 덩이, 금속 방울 등이 있다.

토기는 무문의 평저이다. 색조는 갈색 내지 흑갈색을 띠며 드물게 회색도 있다. I.S. 쥬시홉스카야에 따르면 태토는 정선되었으나, 크기 1.5~2.5mm에서 4~5mm까지의 석립이 혼입된 경우가 많으며 가끔은 상당히 큰 석립도 혼입된 경우가 있다. 기벽은 두꺼운 편이다. 점토대를 쌓아 붙여 토기를 만들었는데, 외측면에서 점토대를 접합하였다(얀콥스키 토기는 안쪽에서 접합하였다). 기벽은 정면되고, 곱게 마연되었는데, 대부분 내외면이 모두 마

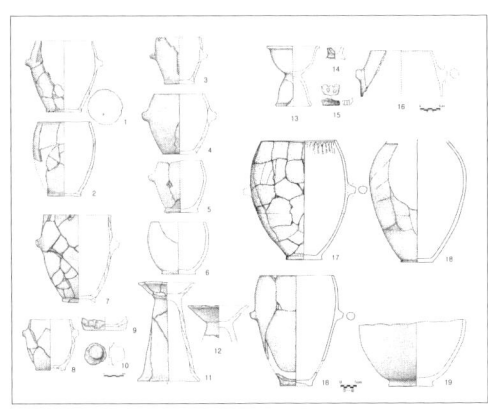

1~4 : 1호 주거지
5 · 6 · 17~19 : 15-나 주거지
7~12 : 14호 주거지
13~16 : 18호 주거지
17~19 : 15-나 주거지

[도면 9. 불로치카 유적 출토 크로우노프카 문화 토기]

연되었다. 토기의 약 20%가 홍의를 입혔다. 크로우노프카 I과 코르사코프카 II 유적과 같이 연해주 남부 내류지역에서는 토기 기벽에 슬립을 입힌 다음 치밀하게 마연하여 고른 '거울' 같이 광택 나게 하기, 소성시에 토기에 탄소를 공급하는 '연기 씌움'을 통해 토기에 어두운 색조가 나게 하기, 소성 후에 표면을 흑연으로 문지르기 등과 같은 고급 기법들이 적용되었음을 지적한 바 있다. 토기의 기종은 대옹, 발형토기, 내만 또는 외반 구연호, 완, 시루, 두형토기 등이 있다. A. 수보티나는 연해주 전체의 크로우노프카 토기를 대상으로 기종 혹은 기종 간의 비율을 산출한 바 있다(수보티나, 2005).

석기는 주로 마제석기로 농공구류가 압도적으로 많다. 가장 특징적인 석기로는 유견 석부가 있으며, 가장 많은 것은 어망추이다. 유견석부는 타제로 모양을 만들고, 날부분은 곱게 마연하였다. 그밖에 마제 칼, 도끼, 갈판, 숫돌, 자귀, 석촉 등이 있다. 특히 크로우노프카 문화의 유견석부는 요동지방에서 발생하여 연해주 지역으로 파급된 것으로 보기도 한다(下條信行, 2000).

금속 유물은 얀콥스키 문화에 비하여 2~4배 이상 많이 출토된다. D.L. 브로댠스키에 의하면 1000㎡당 40개의 금속유물이 발굴된 바 있으며, 철기와 청동기의 종류도 다양해진다.

주조철부는 장방형으로, 날은 볼록날로 비대칭을 이룬다. 기벽은 얀콥스키 문화에 비하여 얇다. 가장 긴 길이가 120mm, 가장 긴 폭이 98mm(호곡동 출토)이다. 주조 자귀는 폭이 좁고 납작하며 길이 37~70mm, 폭 27~32mm, 두께 4~5mm이다. 철

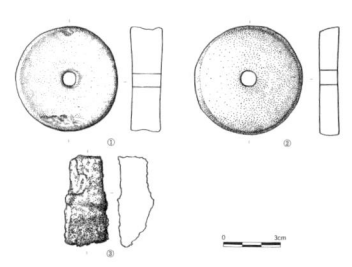

[도면 10. 불로치카 1호 주거지 방추차 및 철제자귀]

제 칼은 슴베 달린 것과 구멍 뚫린 반원형 두 종류가 있다. 청동제품으로는 올레니 A에서 출토된 그릇, 페르로바 섬에서 출토된 낚시 바늘, 구슬, 걸개, 방울 등이 있다. 크로우노프카의 횡단면 장방형의 주조철부와 기저부가 오목한 삼각 만입 철촉은 한반도의 초기철기시대의 유적에서 다수 출토되는 것과 유사성이 많다(유은식, 2006).

토제품으로는 각종 방추차가 있으며, 뼈 제품도 바늘, 갑주, 단검, 낚시바늘, 장신구 등 다양하다.

(5) 편년

크로우노프카 문화의 편년은 층위, 오수전, 자바이칼의 이볼긴 성의 주거유적의 유사성, 만주 지역과의 비교 등 다양하게 이루어진 바 있다.

A.P. 오클라드니코프와 D.L. 브로댠스키는 이즈웨스토프카 석상묘와 청동유물을 한반도와 비교하여, 크로우노프카 문화의 상한을 기원전 5세기를 넘을 수 없으며, 대체로 기원전 3세기에서 기원후 1세기로 추정하였다(오클라드니코프, 브로댠스키, 1984). D.L. 브로댠스키와 V.I. 디야코프는 두형토기가 타쉬트익 문화에도 보인다는 사실, 키예프카 유적의 방사성탄소연대가 1980±50년인 점, 구들과 유공 철부 등과 같은 유물이 흉노의 유물에도 보인다는 점, 세형동검, 투겁창, 조문경 등과 같은 청동유물이 기원전 3세기에서 기원전후까지 집중된다는 사실, 구멍 뚫린 철제 도자가 연해주 지역에서 기원전 3세기 이전에는 보이지 않는다는 점, 그리고 선비가 서기 93년에 흉노를 괴멸시켜 크로우노프카 문화 지역으로의 퓰체 인들의 도래를 초래하였을 가능성 등을 근거로 크로우노프카 문화를 기원전 3세기~기원후 1세기로 편년하였다(브로댠스키, 디야코프, 1984). 그 밖에 쥬시홉스카야는 기원전 4세기~기원후 1-2세기로 편년하였고, 보스트레초프는 기원전 5세기 말~기원후 2-3세기로 편년하였다.

[표 3. 크로우노프카 문화 방사성탄소연대 측정자료]

유적	출토위치	시료	시료명	연대	보정연대	비고
세미퍄트나야		목탄	РУЛ-165	3110±80	1430~1020BC	
콘스탄티놉스코예-1	3구역 구덩이	목탄	ГИН-6962	2530±90	820~410BC	
노보고르데옙스코예 성		목탄	ТИГ-243	2480±85	790~410BC	
아누티노-1		목탄	Кн-3166	2430±50	760~400BC	
코르사코프스코예-2		목탄	Кн-3619	2420±50	760~400BC	
코르사코프스코예-2	1구역	목탄	ГИН-8288	2080±70	360BC~60AD	쿠즈민 외, 2003
크로우노프카-1		목탄	ЛЕ-2635	2280±40	400~210BC	
크로우노프카-1		목탄	ЛЕ-2634	2190±40	380~130BC	
올레니 A	7층, 6호주거지	목탄	ДВГУ-ТИГ-82	2180±260	830BC~380AD	
올네니 A	7층, 4호주거지	목탄	ДВГУ-ТИГ-81	1980±50	50BC~530AD	
키예프카	1호주거지	목탄	МАГ-367	1980±50	100BC~110AD	
키예프카목탄			ЛЕ-4184	1820±80	20~390AD	
페트로프 섬	3층, 2호주거지		СОАН-1543	1770±25	140~340AD	
불로치카	깊이 50~60cm	목탄	СОАН-312	2005±40		브로단스키, 1984
불로치카	1호주거지, 바닥	목탄	SNU03-549	2050±40	60BC	
불로치카	8호 주거지 바닥	목탄	SNU04-607	2280±40	380BC 혹은 260BC	
불로치카	15-나호 주거지	목탄	СОАН-6224	1710±40	240~410AD	
불로치카	15-나호 주거지	목탄	СОАН-6225	2150±60	360~50BC	
불로치카	15-나호 주거지	목탄	СОАН-6226	2150±80	390~1BC	

방사성탄소연대 등 절대연대 자료를 근거로 한 편년 역시 다양하다. D.L.
브로단스키는 기원전 420년~기원후 180년으로 편년하였다(브로단스키, 1984).
Ya.B.쿠지민 등은 연해주 지역의 모든 초기철기시대와 중세의 자료를 토
대로 기원전 820년~기원후 340년 혹은 기원전 9세기~기원후 4세기로 편
년하였다(쿠지민 외, 2003. 157~164쪽). A. 수보티나는 절대연대 측정결과를
통해 한카호 부근은 기원전 13세기, 수분하 유역은 기원전 6~4세기, 수분
하 유역 일부와 해안 유적들은 기원전 3~기원후 1세기로 보았다.

(6) 생계경제

크로우노프카 문화의 생계경제는 농경과 목축이었으며, 해안가에서는 어
로가 추가된다. Yu.E. 보스트레초프는 플로테이션 방법을 이용하여 키예
프카에서 수수(просо), 보리를, 세미퍄트노예에서 밀을, 크로우노프카에서
수수(чумиза), 원추 차례꽃 수수(мтельчатое прос), 보리(голозерный ячмень) 키
작은 밀(карликовая пшеница), 보리(ячмень)를 채집한 바 있다. 불로치카 1호
주거지 바닥에서는 양귀비씨가 다량 출토된 바 있다(국립문화재연구소, 2003).
N.D. 오보도프는 크로우노프카에서 출토된 동물 뼈를 분석하여 돼지, 개,
소, 말, 큰 우제류와 야생동물로 사슴, 큰사슴, 점박이 사슴, 멧돼지, 새 등
을 구분하였다. 한카호 주변과 남부 내륙 그리고 동해안 일대 등 지역적인
환경의 차이에 의해 생계 경제가 달랐을 것이라는 Yu.E. 보스트레초프의
분석은 앞서 살펴본 바와 같다.

3) 폴체 문화

폴체 문화의 분포범위는 극동지역에서 고금속기시대의 다른 어떤 문화
보다도 넓다. 아무르강 유역에서는 중류에서부터 하류인 니콜라예프카 시
부근까지 분포한다. 중국에서도 이 문화는 우수리강과 송화강 유역에서 확

인되는데 완연하(蜿蜒河) 유형이 그 것이며, 곤토령(滾兎嶺)과 풍림(風林)문화에서도 폴체 문화의 요소가 확인된다. 연해주에서는 블라디보스토크에서부터 올가 만까지 분포하는 것으로 알려졌으나, 최근에 우수리강 중류인 레소자보드스크 지구 및 연해주 동북부인 비킨 강 지구에도 확인되고 있어 연해주 북동부를 제외한 거의 전역에 분포하고 있을 가능성이 높다.

아무르에서 폴체 문화는 1935년 A.P. 오클라드니코프에 의해 수행된 체계적인 학술조사에서 처음 확인되었으며, 이후 A.P. 데레뱐코에 의해 지속적인 조사가 이루어졌다. 연해주에서는 20세기 초에 처음으로 유적이 조사된 바 있으며, 발굴은 1955~1956년 A.P. 오클라드니코프와 N.N. 자벨린에 의해 우수리스크 주변 센키나 샤프카 언덕에서 처음 이루어졌다. 하지만 연해주에서 폴체 문화로 처음 명명된 것은 1970년 A.P. 오클라드니코프와 V.E. 메드베데프에 의한 불로치카 유적 발굴이후이다.

70년대까지 연해주에는 모두 20여 개의 폴체 문화유적이 발견되었는데, 이 중 6개의 유적 – 쎈키나 샤프카, 불로치카, 시니예 스칼르이, 키예프카

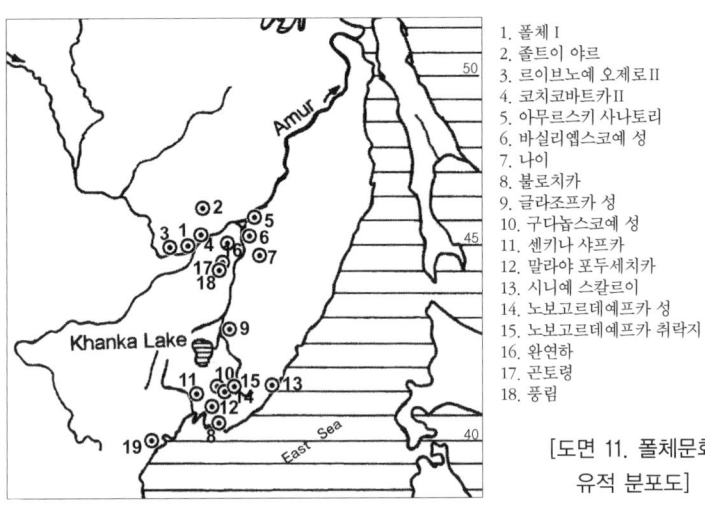

1. 폴체 I
2. 졸트이 야르
3. 르이브노예 오제로II
4. 코치코바트카II
5. 아무르스키 사나토리
6. 바실리엡스코예 성
7. 나이
8. 불로치카
9. 글라조프카 성
10. 구다놉스코예 성
11. 쎈키나 샤프카
12. 말라야 포두세치카
13. 시니예 스칼르이
14. 노보고르데예프카 성
15. 노보고르데예프카 취락지
16. 완연하
17. 곤토령
18. 풍림

[도면 11. 폴체문화
유적 분포도]

항만, 말라야 포두세치카(상층), 루다놉스코예(중간층) - 이 발굴되었다. 이후 연해주 지역에서는 크루글라야 성, 크루글라야 취락지, 아우로프카 성, 글라조프카 성 등이 발굴되었다. 2003~2005년에는 국립문화재연구소가 불로치카 유적을 발굴한 바 있다.

(1) 주거유적과 주거지

연해주의 폴체 문화 주거유적의 가장 큰 특징은 고지성 집락을 이룬다는데 있다. 보통 아래가 늪지로 둘러싸여 있고 한쪽은 가파른 경사가 진 천혜의 방어지를 주거지로 선택한다. 다만, 키예프카 한 유적만이 예외로, 해안가에서 100m 떨어진 섬에 위치한다. 취락지의 한쪽에는 보통 토루가 형성되어 있는 경우가 많으며, 몇몇 유적에서 확인되는 도로를 폴체 문화로 간주하기도 한다(시니예 스칼르이, 루다놉스코예, 말라야 포두세치카, 브로댠스키, 1984).

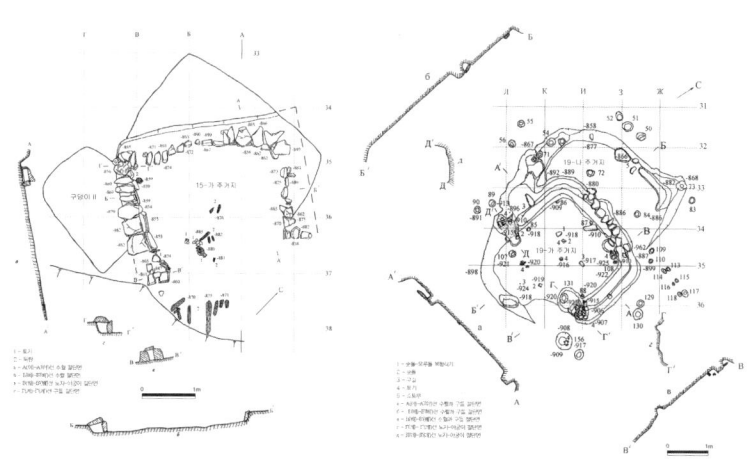

[도면 12. 연해주 폴체문화 주거지]
(불로치카 15-가 · 19-가 주거지, 15-나 · 19-가와 중복)

주거지는 평면 방형 또는 장방형의 반수혈주거지이며, 내부에 구들시설이 있는 것이 많다. 면적은 대략 10~35㎡가 대부분으로 작은 편이다. 내부시설 중 구들은 평면 'ㄱ'자형과 'ㄷ'자형을 이루며, 모두 외구들식이다. 구들의 벽체는 판석, 점토, 주거지 벽체 등 다양하게 조성하였다.

연해주의 폴체 문화와 아무르의 폴체 문화 주거지를 D.L. 브로댠스키는 다음과 같이 비교한 바 있다. 즉 1)작은 주거지 - 아무르에서는 100㎡ 이상인 경우가 많다; 2)구들의 존재 - 아무르에는 구들이 없다; 3)작은 취락 유적 - 시니예 스칼르이를 제외하고는 대체로 유적 전체의 면적이 작다.

(2) 유물

① 토기

연해주와 아무르를 이어주는 요소이다. I.S. 쥬시홉스카야의 연구에 따르면, 태토에는 50~70%의 정선된 모래로 이루어져 있으며, 내화토가 혼입된 경우도 있다. 소성은 800~900℃로서 얀콥스키와 크로우노프카 문화 토기보다는 높다. 최근에 아무르(폴체 등 3유적)와 연해주의 유적(불로치카, 글라조프카)의 토기를 분석한 필자는 불로치카 유적의 토기 3점에서 내화토 이외에 유기물이 첨가된 것을 확인하였으며, 굵은 석립이 상당수 포함되어 있는 것도 확인하였다. 또한 열중량분석(термогравиметрия)과 X선그래프분석을 시도하여 아무르와 연해주 토기를 비교한 바 있다(홍형우 외 2004).

연해주의 폴체 문화의 토기는 7개의 형식으로 나뉜다. 호, 광구호, 발형 토기, 잔발, 완, 외반구연호, 접시(또는 뚜껑)가 그것이다. 아무르 지역에 비해 연해주에서는 외반구연호의 비율이 높아지는 것이 특징이다(홍형우, 2006).

토기에는 문양이 없는 것도 상당수 포함되어 있으며, 문양은 격자타날문,

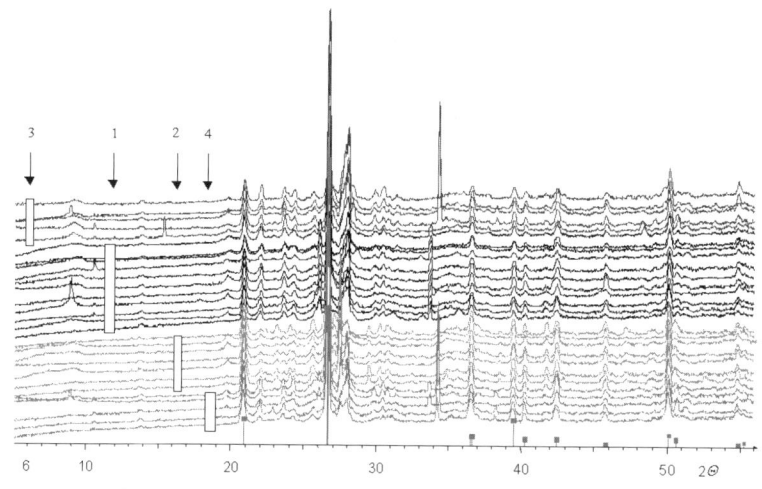

[도면 13. 아무르와 연해주의 폴체문화 열중량분석 비교표]
(1-폴체Ⅰ, 2-글라조프카, 3-졸트이 야르, 4-아무르스키 사나토리)

유사지누분, 유사조문과 그를 모방한 문양, 덧띠, 선조문이 많고, 원형 압
인문, 자돌문, 단사선문, 단치구 압인문, 두립문 등도 보인다. 무문의 경우
곱게 마연한 것이 많아, 크로우노프카 문화와의 관련성이 보인다. 토기는
주로 암회갈색, 갈색이나 밝은 적갈색을 띠는 것도 있다. 토기는 폭 약 5~9
㎝의 점토대를 쌓아 올려 성형하였으며, 구순과 구연의 내·외면은 회전
판을 이용하여 조정하였다.

철기와 청동기, 주조철부, 다양한 철촉, 철창, 철도자, 철심 등 다양하다.
불로치카 유적에서는 철촉과 철창(17호 주거지) 철도자 2점(17호와 19-가호 주
거지), 철심 4점(6, 17, 19-가호 주거지)이 출토된 바 있다. 글라조프카 유적에
서는 철기가 특히 많이 출토되었는데, 미늘달린 철촉과 삼각만입 철촉, 나
선형 철심, 슴베달린 철도자 등 다양한 철제품이 출토된 바 있다(콜로미예
츠, 2005). V.A. 크라민체프의 분석에 의하면 글라조프카 성에서 출토된 철
기들은 '다마스크' 강철의 형태와 일치하는 것으로 나타나 상당히 발달한

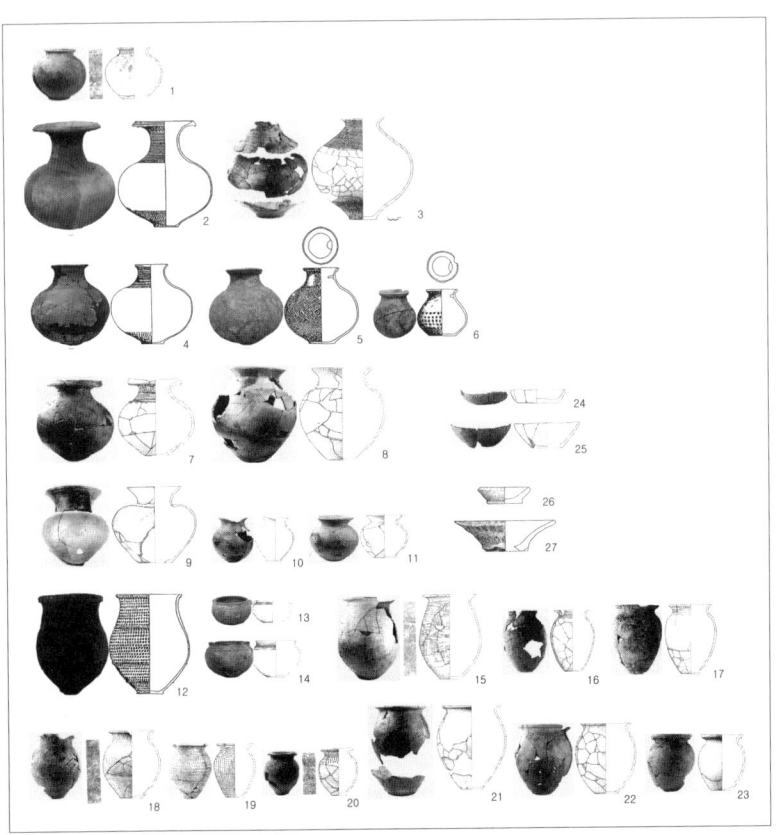

Ⅰ. 단경호(1) / Ⅱ-1. 광구호1(2,3,7) / Ⅱ-2. 광구호2(4-6) / Ⅱ-3. 광구호3(8-11) / Ⅲ. 발형토기(12,15)
Ⅳ. 잔발(완)(12,13) / Ⅴ. 외반구연호(16-23) / Ⅵ. 접시(24,25,26) / Ⅶ. 뚜껑(27)
1,3,7-11,15-27 : 불로치카 출토
2,4-6,12-14 : 글라조프카 출토

[도면 14. 연해주의 폴체 문화 토기]

철기로 확인된다고 한다(크라민체프, 2002). 청동기는 방울, 구슬, 단검 편 등
이 발견된 바 있는데, 콘코바의 분석에 따르면 주석이 20%, 납이 9% 인 것
으로 나타났다.

② 석기와 골기

석기는 화살촉, 어망추, 숫돌, 다양한 장신구 들이 있고, 골기로는 갑주 등이 있다.

(3) 편년

A.P. 데레뱐코는 아무르의 폴체 문화를 3시기로 나누었다. 즉 1)졸트이야르, 기원전 7~4세기; 2)폴체, 기원전 4~1세기; 3)쿠켈데보, 기원후1~4세기.

연해주의 폴체 문화에 대하여는 D.L. 브로댠스키가 방사성탄소연대 측정 결과를 토대로 기원후 2~4세기로 본 바 있다. S.A. 콜로미예츠는 아무르강 유역의 폴체 문화와의 비교와 방사성탄소연대를 참조하여 연해주 중북부는 기원전 3세기로, 남부의 시니예 스칼르이를 이와 비슷하거나 약간 늦은 시기로, 그 외 남부의 유적을 기원전후에서 기원후 3세기까지로 편년하였다. 불로치카를 발굴한 필자는 연해주의 폴체 문화를 기원전 3 · 2세기에서 기원후 4세기까지로 본 바 있다(홍형우 2006).

[표 4. 연해주의 폴체문화 방사성탄소연대 측정자료]

번호	유적, 층위	연대	시료번호	시료	보정연대	비고
1	폴체 I	2930±80		목탄	980±80 до н.э	데레뱐코, 1976
2	폴체 I	2350±40		목탄	400±40 до н.э	
3	폴체 I	2470±60		목탄	520±60 до н.э	
4	시카치 알랸			목탄	VII до н.э	
5	타흐타	2385±75		목탄	415±75 до н.э	
6	타흐타	2280±100		목탄	310±100 до н.э	
7	불로치카	2005±40	COAH-312	목탄	100 BC~70AD	쿠즈민 외 2003
8	불로치카	1820±30	COAH-311	목탄	120~250AD	

번호	유적, 층위	연대	시료번호	시료	보정연대	비고
9	불로치카	1570±55	COAH-310	목탄	350~610AD	
10	불로치카	2015±45	AA-32667	유기물	350 BC~20AD	
11	글라조프카 성	2310±40	COAH-3949	목탄	510~210BC	
12	글라조프카 성	2190±50	COAH-3951	곡물	390~120BC	쿠즈민 외,
13	글라조프카 성	2070±50	COAH-3950	목탄	340BC~50AD	2003
14	센키나 샤프카	1840±40	AA-32668	유기물	1~380AD	
15	말라야 포두세치카 상층	1750±50	МГУ-498	목탄	140~390AD	
16	불로치카(2호주거지, 바닥)	2070±40	SNU03-550	목탄	177BC~4AD	
17	불로치카(2호주거지, 바닥)	1850±40	SNU03-551	목탄	74~249AD	국립문화재
18	불로치카(테라스)	2060±40	SNU03-553	목탄	172BC~25AD	연구소,
19	불로치카(3호주거지, 바닥)	1800±70	COAH-5266	목탄	75~396AD	2003
20	불로치카(5호주거지, 바닥)	1970±90	COAH-5267	목탄	193BC~243AD	
21	불로치카(7호거지, 바닥)	2170±60	SNU04-605,	목탄	378~87BC	
22	불로치카(7호주거지, 바닥)	2260±40	SNU04-608	목탄	323~201BC	
23	불로치카(7호주거지, 구들)	2040±60	SNU04-606	목탄	199BC~82AD	
24	불로치카(7호주거지)	1,460±40	COAH-5668	목탄	535~661AD	국립문화재
25	불로치카(11호주거지, 바닥)	1680±50	SNU04-609	목탄	241~442AD	연구소,
26	불로치카(11호주거지, 바닥)	2,120±45	COAH-5669	목탄	211~38BC	2004
27	불로치카(11호주거지, 바닥)	2,200±90	COAH-5670	목탄	404~37BC	

번호	유적, 층위	연대	시료번호	시료	보정연대	비고
28	불로치카(16호주거지, 바닥)	1530±50	COAH-6135	목탄	426~622AD	
29	불로치카(18호주거지)	2080±80	COAH-6136	탄	233BC~76AD	
30	불로치카(15-가 주거지, 바닥)	1690±75	COAH-6221	목탄	210~538AD	국립문화재 연구소, 2005
31	불로치카(15-가호 주거지, 바닥)	2110±60	COAH-6222	목탄	233BC~4AD	
32	불로치카(21호주거지)	2460±55	COAH-6227	목탄	762~407BC	

(4) 생계경제

연해주와 아무르 모두 농경과 목축 경제이다. 거의 모든 유적에서 수수 (просa)와 보리(ячмень)가 수습된다. 가축으로는 돼지, 크고 작은 우제류, 말 등이 있다. 금속의 사용은 크로우노프카 문화보다 출토량도 많고 다양하며, 보다 발전된 단계로 보인다. 이는 아무르 지역과 관련된 것으로 파악 된다.

Ⅲ. 연해주 극동연구소와 최근의 연구 성과

러시아 과학원 극동지부 역사학고고학민속학연구소(이하 극동연구소)는 고고학은 물론 민속학, 동방학, 전체 역사를 연구하는 종합적인 인문과학 연구소이다. 극동연구소가 설립된 이후 현재까지의 발전과정과 최신의 연구경향을 소개하고, 고금속분야에서는 어떤 주제를 가지고 연구하고 있는가를 살펴보겠다. 이를 통해 최근 연해주의 현지 학자들의 연구 경향과 관심분야를 이해할 수 있는 기회가 될 것으로 기대한다[9].

1. 극동연구소의 발전과 최근 연구경향

극동연구소 설립 이후 지난 35년간 고고학은 가장 중요한 분야로서, 몇 단계의 현저한 발전 기간이 있었다.

첫 번째는 1971년에서 1994년까지이다. 이 기간에 연구소에서 고고학 분야가 '선사고고학분과'와 '중세고고학분과' 라는 2개의 분과로 분리되었다. 이러한 분과의 분리는 극동연구소의 연구원들이 일반 연구자로서뿐 아니라 전문적인 고고학자로서 교육되는 기반이 되었다.[10] 현대 학문의 연구는 전문화와 세분화하는 경향이 있는데, 극동연구소에서 고고학분야 분과의 세분은 연구분야의 문제점들을 보다 심도 깊게 연구하고 새로운 방법을 창출하여 그 대상과 주제를 넓히는 현대 고고학의 발달과 그 궤를 같이 한다.

두 번째 단계는 1993~1994년에 시작되는데, 이러한 현대 학문의 발전 경향을 반영하기 위해, 기능적인 특별한 연구실이 신설되고, 선사와 중세 분과에서 각기 다른 문제점들이 보다 심도 있게 연구되어진다. 이 기간에 특히 주목되는 것은 주변 국가들과 많은 공동 프로젝트를 수행한 것이다. 극동연구소의 고고학은 한국을 비롯하여, 일본, 미국, 중국, 호주, 몽골 등의 세계 각국의 전문가들과 함께 연구되고 있다. 연구에 있어서 우호관계의 형태는 다양하여 공동 발굴, 전문가의 실습, 대학원생 교육, 국제학술대회, 연구결과물을 공동 저자로 출판하는 것 등이 있다.

마지막 발전과정은 지난 10년간이다. 이 기간의 특징은 두 가지로 나눌

---

9) 이 장은 N.A. 클류예프가 2007년에 국립문화재연구소에서 발표한 자료를 재구성한 것이다.

10) 러시아의 연구소는 우리와는 체계가 다르다. 한국의 국립문화재연구소는 순수 연구기관인 반면, 러시아과학원 산하의 연구소들은 교육기관으로서 (석)박사를 배출한다.

수 있다. 첫째는 고고학분야가 구석기시대에서 중세시대까지 보다 특성화되어 여러 세분된 문제를 활발히 연구하게 되었다는 점이며, 두 번째는 현재 학문 수준에서 고고학 연구에 자연과학의 연구방법과 결과를 널리 이용하는 것이다. 자연과학의 보다 적극적인 활용은 과거에는 불가능했던 정보를 활용할 수 있게 하였다.

이 기간 주목되는 새로운 연구경향은 다음과 같이 네 가지로 정리된다.

첫째는 극동 고고학에서 토기제작 전통에 자연과학방법을 적극 활용하여 독자적인 분야가 되었다는 점이다. 토기의 형식학과 더불어 자연과학적 방법과 실험 고고학을 활용한 토기제작과 관련된 연구는 선사시대의 공간과 시간의 역학관계와 선사시대 사회구조 맥락 속에서 어떻게 생산 활동이 이루어졌는가를 관찰할 수 있게 한다. 현대의 발전 시기 가운데는 토기 연구 분야에서 이른바 혁명적인 발전이 있었는데, 이것은 특수한 특징으로서 유물을 유형화하는 것이다. 이는 토기 내부적인 본질에 관한 해석이다(I.S. 쥬쉬호프스카야, E.I. 겔만의 연구가 그 예이다).

두 번째는 고고문화 연구에서는 생태학 연구방법을 자연과학 방법의 넓은 응용의 한 방면으로 채용하였다는 점이다. 특히 Yu.E. 보스트레초프의 연구는 지역 고고학계뿐만 아니라, 러시아 전체 고고학계에서 새로운 한 분야로서, 그의 연구 결과를 통해 신석기시대에서 철기시대까지 연해주 주민의 문화적 진화경향을 설명하고, 이것이 주변 환경변화와 관계됨을 밝혀내었다.

세 번째는 실험고고학과 사용흔 분석 분야이다. 이 분야의 발달은 미세현미경을 이용해서 얻은 지식을 통해 최근 상세한 연구로서 수준 높은 도약을 가능케 하였다. 이러한 현미경 관찰법은 각기 다른 도구의 기능에 관한 것뿐만 아니라 도구가 무엇을 위해서 어떻게 이용되었는가를 설명 가능케 했다(N.A. 코노넨코의 연구가 그 예이다).

네 번째는 지역 학계를 벗어나는 중요한 학문적 결과를 얻는 것이다. 이에는 남극동지역에서 최초단계 인간의 점유와 이용, 식물재배에 대한 연구를 들 수 있다. 즉 농경의 계보, 새로운 양식의 토기 출현 문제와 초기 중세시대 국가 발달 등에 대한 것이다.

2. 고금속기시대의 최근 연구성과

이제 고금속기 시대의 최근 10년간의 성과를 살펴보자

이 기간동안 고금속기시대에는 다음과 같은 유적들이 연구되었다. 자이사노프카-2, 크로우노프카-1, 아누치노-4 · 14, 드보랸카-1, 달리니 쿠트-15, 베트로두이, 쿠날레이 성곽유적 등이 그것이다. 최근 연구는 한층 강화된 유물의 정밀한 분석을 통하여, 이미 알려진 사실을 기반으로 고고문화의 분리와 특정문제에 대한 새로운 시각을 열게 하였다. 청동기시대유적은 기원전 2000년기와 기원전 1000년기 경계에 연해주 대륙 북동부에서 형성되고 퍼진 것으로 설명되어진다. 청동기-철기가 함께 연해주에서 등장한 것이다. 문화적 관점에서 이것은 몇 개의 그룹으로 나누어지는데 연해주 동부에는 리도프카-티페바이 문화와 수보로바 문화가 있고, 연해주 대륙부에는 아누치노-시니가이 문화와 체르냐찌노-2 문화가 있다. 이 문화 공동체에 대한 각각의 연구에서 시니가이-리도프카 문화(I.S. 쥬시홉스카야 1996)이거나 아누치노-수보로보-리도프카 문화(O.B. 얀쉬나 2001)로 각각 명명하게 되었다.

극동연구소의 고고학 연구에서 확실한 업적은 연해주의 고금속기시대 문제에 대한 것이다.(Yu.E. 보스트레초프, I.S. 쥬시홉스카야, N.A. 클류예프, E.B. 시도렌코, O.B.. 얀쉬나의 연구). 이는 토기를 제작한 태토를 분석한 결과 산출되었다. 즉 토기 태토는 두 가지 방법으로 준비되었는데, 점토에 석립을 혼입한 것과 점토에 담수 연체동물의 껍질을 이용한 것이 그것이다. 연해주

문화에서는 태토에 담수 연체동물의 껍질을 혼입하는 것은 특징적이지 않아서 이를 계보가 다른 것으로 보고 있다(I.S. 쥬시홉스카야, 1996, 2004).

L.B. 콘코바는 분광분석(分光分析)과 금속 조직학적 분석으로 연해주와 아무르 지역의 유적에서 출토된 청동제품을 연구하였다. 연구 결과 남부 극동은 카라숙 청동기의 동쪽 경계에 들어가는데, 지역 출토 금속기의 계보가 이 지역에 없었다는 것을 밝혔다(L.B. 콘코바 1989). 그래서 연해주의 유적에서는 청동제품이 드문 것으로 본다. 최근 N.A. 클류예프는 아누치노-14 유적에서 청동제 작은 편 3개를 확인하고 학계에 보고하였다. 이렇게 확인된 유물은 이 지역에서 청동기시대유적 연구의 전 기간에 걸쳐서 확인된 두 번째 것이다.

연해주의 고금속기시대 고고학에서 '백미'라고 할 수 있는 것이 있다. 연해주에서 새로운 문화유형이 분리되었는데, 그중에서 한 유형이 연해주의 북서부에 위치함을 밝혀내었다[11]. 달리니 쿠트-15 유적의 발굴 결과 유물의 형식학적 복합체를 분리할 수 있게 되었다. 이 유형의 특징은 토기의 문양으로, 기본적으로 경부에 횡방향의 작은 점열문이 시문되는데, 이 점열문은 가는 침선들과 함께 나타나기도 한다. 또한 문양은 토기 경부에 수직으로 지그재그 형태로 그어지기도 한다(N.A. 클류예프, A.V. 가르코빅 2002).

N.A. 클류예프는 연해주 서부지방에 위치한 드보랸카-1 유적에서 2006년에 두개의 중요한 유물을 확인하였다. 이 유물은 청동제 단추와 청동제 펜던트이다. 드보랸카-1 유적은 2004년에서 2006년까지 발굴되었는데, 발

---

11) 이제까지 알려진 연해주의 고금속기시대의 문화는 모두 연해주의 남부에 치우쳐 있다. 북서부에 하나의 문화가 분리되었다는 것은 큰 의미를 갖는다. 사실상 연해주의 북서부는 남부와는 달리 산악지대가 많아 그 동안 조사가 상대적으로 활발하지 못한데 그 한 원인이 있다.

굴 결과 석관묘, 석제 시상대, 토광묘 등의 무덤유적으로 인골이 함께 발굴되었다. 연해주의 무덤은 대부분 초기 중세시대의 것으로, 이 보다 이른 시기의 인골이 확인된 유적은 아주 드물다. 드보랸카-1 유적은 토기의 기술이나 형식학적 특징으로 보아서 초기중세시대보다는 고금속기시대에 가까운 것으로 판단할 수 있다. 이 유적에 대한 연구는 더 진행되어야 할 것이나 아마도 드보랸카-1 유적에서 얻어진 결과는 중국 동북지방과 비교할 수 있고, 또한 한반도와도 비교가 가능할 것이다. 이러한 연구의 증거는 출토된 유물이 연해주와 이웃한 중국 길림성의 청동기시대 무덤과 아주 비슷하다는 것에 기반한다. 연대는 기원전 2000년기이다.

지난 10년간 연해주 신석기시대와 고금속기시대 연구에 관한 극동연구소 고고학자들의 연구성과는 2005년 『선사와 중세시대의 러시아 극동 : 새로운 자료, 문제점, 가설』이라는 단행본으로 출판되었다. 이 책에는 연해주지역 고고학의 중요한 문제들이 수록되어 있다. 극동과 시베리아의 최고 전문가들이 참여했으며, 러시아의 연해주 지역 전체 선사와 중세시대 고고학의 기본적인 문제들에 대해서 심도 싶은 논의가 구체적으로 행해진 것이다.

IV. 연해주 초기철기시대의 연구 과제

연해주 초기철기시대의 연구가 시작된 것은 이미 오래 전의 일이며, 크로우노프카 문화의 유적이 발굴된 지도 50년이 지났다. 그러나 여전히 해결해야할 과제는 많으며, 이에 대하여는 러시아 학자들뿐 아니라, 국내에서도 여러 차례 거론된 바 있다(최몽룡, 이헌종, 1994, 홍형우, 강인욱, 2004, 홍형우, 2006, 정석배, 2007). 이를 필자 나름대로 정리하면 다음의 7가지로 나눌 수 있다.

1. 철기의 기원과 발전

연해주에서 처음으로 철기가 확인된 것은 페스차느이 유적으로 1호 주거지에서 4점의 철심과 2점의 철부가 확인되었다(오클라드니코프, 1963). 금속학적 분석에 의하면 2점의 철부는 주조한 것으로, 한 점은 토제용범을 이용하여 회주철(灰鑄鐵)로 만들었고, 다른 한 점은 금속제용범을 이용하여 백주철(白鑄鐵)로 만들었다(모그다노프-베레좁스카야외, 1963). A.P. 오클라드니코프는 이 유적을 기원전 2천년기말~기원전 1천년기 초로 편년하였으며, 철기의 발생시기는 이 유적의 Ⅱ기에 해당하는 기원전 9~10세기로 보았다(오클라드니코프, 1963, 175~178쪽). 이후 얀콥스키 문화의 편년이 정치화되면서 새로운 유물이 축적되어 연해주 남부에서 철기가 보급된 시기에 관한 연구가 진행되었다(안드레예바, 1977; 브로댠스키, 1983 등). 현재 얀콥스키 문화의 존속기간은 대체로 기원전 11~8세기에서 기원전 5~4세기로 보는 것이 일반적이다(안드레예바 외, 1986, 187~190쪽). 하지만 학자에 따라서는 기원전 1세기까지도 내려 보기도 한다. 얀콥스키 문화에서는 대체로 소량의 철제품들이 발견된다. 아직까지는 이 문화에서 제철유구가 발견된 적은 없지만(안드레예바, 1977, 51~53쪽), 제철용구 중 하나인 마연도구가 발견된 적은 있다(안드레예바, 1986. 159쪽).

이후 크로우노프카 문화는 존속기간이 기원전 1천년기 후반에 해당하는데, 역시 철기의 양은 그리 많지 않으나 얀콥스키 문화보다는 증가한다. 철기의 종류도 철도, 철부 등이 있으며 청동제련의 흔적이 발견된 바 있다(극동의 역사, 1989, 114~115쪽). 다음 시기에 해당하는 폴체 문화에서는 이러한 경향이 더 심화된다.

철기의 발생과 그 이용은 무엇보다도 생산도구에서 혁명적인 변화를 가져왔는데, 그 배경은 기원전 2천년기 유라시아 평원에서의 청동기시대의 시작 및 청동기 생산의 중심지로서의 역할과 관련된다(데레뱐코, 1969, 94~99

쪽), 극동의 남부도 예외는 아니었을 것이나, 이러한 경향이 연해주에서는 희미하게 나타난다. 연해주지역에서 청동기는 매우 소량이 발견될 뿐이며, 수입된 흔적이 보인다(브로댠스키, 1987, 129~168쪽, 디야코프, 1989, 223쪽, 코니코바, 1989, 32~41쪽). 수입된 것이라면 아마도 남부 시베리아-자바이칼을 거쳤거나(디야코프, 1979, 82~87쪽, 오클라드니코프, 1953, 10쪽, 1954, 252~253쪽), 중국-자바이칼을 거쳤을 것이다(데레뱐코, 1969, 98쪽). 연해주와 아무르에서는 전통적 의미의 청동기시대는 보이지 않는 것으로 파악된다. 대부분의 연구자들은 극동지역에서 청동기가 널리 보급되지 않은 원인 중 하나가 극동지역 남부에 고대인들이 채광할 청동광산이 부족하다는 점에 동의한다(아느세니예프, 1947, 271~312쪽, 오클라드니코프, 1959, 117쪽, 데레뱐코, 1969, 99쪽).

극동지역 남부에서 이렇게 일찍 철기가 등장한 요인과 철기가공의 기원에 관하여는 일찍이 많은 연구자들이 관심을 가진 바 있다. 그중 데레뱐코는 이 지역에서 철기의 발생은 기원전 2천년기에 형성된 고도의 생산경제와 관련이 있는 것으로 보고 2가지 가설을 제기하였다. 첫째는 철기 제련기술이 소아시아에서 중앙 및 중부아시아를 걸쳐 동아시아까지 전파되었을 가능성이다. 그러한 일련의 사건은 유목민족 간의 넓은 교류로 볼 때 충분히 가능성이 있다. 두 번째로는 이 지역에서 자체적으로 철기생산이 시작되었다는 것이다. 생산경제가 고도로 발전 한 점, 청동제련기술을 알고 있었다는 점, 접근이 용이한 철광산이 대량 존재한다는 점 등 여러 정황이 이 가설을 뒷받침한다(데레뱐코, 1973, 244쪽). 최근에는 극동지역 남부가 독자적인 철기의 생산 중심지였으며, 이로부터 주변지역으로 전파되었다는 견해가 설득력을 얻고 있다(S.P. 네스테로프). 그러나 여전히 중국의 영향을 강조하는 견해도 남아 있다(大貫靜夫, 1998 등). 따라서 철기의 분석 등이 더 많이 요구된다. 이 문제는 크로우노프카 문화의 형성 즉 기원이 어디에 있는 가하는 문제와도 밀접한 연관이 있다.

2. 극동고고학의 시대구분

이는 앞의 청동기와 철기시대의 문제와 맥을 같이한다. 즉 청동기시대를 따로 나눌 수 있는가의 문제이다. 이는 단지 시대구분의 문제만은 아니며, 연해주의 경우 청동기시대로 편년된 3문화(시니가이, 리도프카, 마르가리토프카)를 비롯한 연해주 전체 고금속 문화에 대한 재검토를 요구한다.

3. 초기철기시대 각 문화의 분포와 편년

앞서 언급한 바와 같이 연해주의 초기철기시대는 3개의 문화로 나누어지며, 얀콥스키-크로우노프카-폴체라는 순서는 확인하였다. 그러나 각 문화는 상당부분 공존하였을 가능성이 높으며, 각 문화의 중심연대도 지역별로 차이가 있어 보인다. 또한 지역별로 기존에 알려진 유형들이 혼합된 형태가 계속 발견되는데, 앞서 살펴본 바와 같이 연해주 동부에 리도프카-티페바이 문화와 바바로바 문화, 그리고 연해주 내륙부에 아누치노-시니가이 문화와 시니가이-리도프카 문화, 아누치노-수바로보-리도프카 문화 등등 연해주에서 지역적인 그룹들이 속속 확인되고 있다. 따라서 보다 세밀한 연구가 절실하다.

4. 주민 이주의 문제

주민의 이주에 대한 가설은 먼저 아무르와 연해주의 폴체 문화에서 시작되었다. A.P. 오클라드니코프는 처음으로 센키나 샤프카 유형의 연해주 유적을 아무르와 동시대로 간주하고, 아무르인들이 남 연해주로 남하했다는 가설을 제기한다(오클라드니코프, 1959, 166~167쪽). 또한 아무르와 연해주 철기문화인들은 당시 극동지역에 폭넓게 영향을 미쳤으며, 나아가 일본의 야요이문화에 영향을 주었을 가능성을 일찍이 제기하였다(오클라드니코프, 1954, 255~256쪽). 이 가설은 나중에 더 정교화되어 "아무르로부터 '그루터기 손잡이' 토기문화인 차피고우(크로우노프카)人의 연해주 수찬과 수이푼지역으로"의 이주를 제기하였다(오클라드니코프, 글린스키, 메드베데프, 1972. 72쪽). 이 가설을 더 발전시킨 사람은 A.P. 데레뱐코이다. 그는 폴체 문화가 연해주와 일본열도로 이동한 시기를 기원전 4-3세기로 보았다(데레뱐코, 1972, 269~271쪽, 1973, 270쪽, 2000). 최근 S.A. 콜로미예츠는 연해주 폴체 문화의 기원, 확산 경로, 지역문화에 대한 새로운 의견을 제기하였다. 즉 그는 연해주 폴체 문화는 중 · 북부지역에 처음으로 기원전 4~3세기에 출현하며, 다른 학자와는 달리 우수리 지역이 아닌, 연해주 동남부지역으로 확산됨을 주장하였다. 이후 폴체 문화는 다시 연해주 남부지역으로 확산되며, 이때 남부지역의 이 시기 문화는 중북부와 남동부유적과 다른, 폴체와 크로우노프카 문화가 결합된 '올가' 문화로의 분리 가능성을 제기하였다(콜로미예츠, 2001, 136쪽). 폴체 문화의 일본 야요이 문화에 영향을 남동부에서 육로가 아닌 해로의 가설을 제기하며, 그 시기를 기원전 4~3세기로 보았다(콜로미예츠, 2001, 114~115쪽).

크로우노프카 문화의 주민들의 이주에 대하여는 Yu.E. 보스트레초프의 연구가 있다. 그는 이주의 원인을 기원전 2500~2000년 전의 한랭화와 자원압박으로 설명한다. 크로우노프카의 핵심지역을 연해주 내륙지역으로 산정하고, 이주 방향을 1)남쪽 두만강 하구 방향; 2)동쪽과 남동쪽 방향 3)동쪽 방향으로 설정하며, 그 시기는 기원전 2~1세기로 보았다(보스트레초프, 2005). 노혁진은 중도식무문토기의 기원지로 연해주 크로우노프카 문화를 지목하고, 새로운 문화의 도래현상으로 보아 주민이동의 경로를 함경도와 강원도를 거쳐 태백산맥을 건너 한반도 중부권으로 확산된 것으로 지적한 바 있다(노혁진, 2004).

5. 사회 · 경제적인 분석

연해주 초기철기시대에는 공동체 경제에서 개인소유와 재산상의 불평등의 출현을 전제로 한 농경-목축 경제로의 전환으로 보고 있으며, 수공업 생산이 출현한 것으로 보고 있다(안드레예바, 1977, 184~185, 189~193쪽). A.P. 데레뱐코와 D.L. 브로댠스키 역시 농경과 목축, 특히 농경의 비중이 높았음을 지적하였다. 大貫靜夫는 폴체 문화에 대해 곡물의 가옥내 저장과 농공구의 부재를 지적하면서 생계경제에서의 비중이 높지 않은 것으로 평가하였으나(大貫靜夫, 188쪽), 臼杵勳은 돼지뼈 및 돼지 점토상, 집락의 증가 및 인구의 증가 등을 들어 농경이 중요한 역할을 하였을 것으로 추정하였다 (臼杵勳, 2004, 37~38쪽). 한편 V.E. 메드베데프는 이 지역에서 국가 출현의 문제를 거론하였다(메드베데프, 1989, 1990). 호르(Xop)강과 우수리강의 성들을 폴체 문화 마지막 단계로 편년하고, 사회-경제적 성격에 있어서의 변화와 관련된 새로운 복합체의 출현으로 보았다. 즉 "폴체인들의 성장한 계급분화는 국가 출현의 맹아로 작용했다"고 보았다(메드베데프, 1989, 123~125쪽). 향후 크로우노프카 문화를 비롯한 각 문화의 정밀한 사회 · 경제적인 분석이 요구된다.

6. 역사적 복원

연해주 고고학에서 사회 구조와 더불어 민족구성에 관한 연구에서 빼놓을 수 없는 부분이 바로 역사 기록과 고고학의 비교 연구이다. 예를 들어 얀콥스키를 읍루로, 크로우노프카를 옥저로, 폴체를 읍루 혹은 치구루(置溝婁)로 보는 견해 등이 있다. 이는 숙신-읍루-물길-말갈로 이어지는 퉁구스-만어족과 고아시아족의 문제(데레뱐코, 1976, 272~275, 데레뱐코, 2000)와 연결되기도 하는데, 연해주 최초의 국가인 발해와 그 주민을 이루는 말갈의 문제와도 깊은 관련이 있다.

V. 맺음말

연해주는 러시아 극동지역의 최 남부에 위치한다. 면적은 남한보다는 크고 한반도보다는 좀 작다. 이렇게 넓은 지역에 인구는 불과 200만을 넘지 않는다. 러시아 고고학의 역사가 오래되었고 극동지역에 대한 고고학적 관심 역시 오래되었다고는 하나, 현재까지도 관련 기관(연구소)이나 대학에서 고고학을 연구하는 연구자는 그리 많지 않다. 유적조사는 동북지역의 험한 산간지역을 제외한 평탄한 중남부를 중심으로 크고 작은 강을 따라 집중되어 있다. 크로우노프카 문화를 비롯한 초기철기시대의 대부분의 유적 역시 강줄기를 따라 있거나 혹은 해안가에 집중적으로 분포하고 있다.

필자는 지난 1999년도 한·러 공동발굴 협의서(안)을 들고 처음으로 러시아 극동지역을 방문하였다. 이후 공동발굴이 성사되어 2000년부터 현재까지 매년 한 해의 거의 대부분을 러시아 땅을 밟으며 생활하고 있다. 특히 2006년부터는 연해주에 분포하는 고금속시대에서 발해까지의 유적에 대한 지표조사를 집중적으로 실시하고 있다. 연해주의 곳곳을 돌며 느끼는 술회중 하나는 연해주의 자연과 식생은 한반도와 너무도 닮았다는 점이다. 그 속에서 생활했던 고대인이 남긴 문화도 한반도와 깊은 관련이 있지 않을까 생각하게 되며, 지표와 시굴 구덩이에서 마주치는 유물들은 그러한 생각에 확신을 더하게 한다. 물론 그중 하나가 크로우노프카 문화이다.

현재 연해주에는 많은 외국 고고학자들이 활동한다. 일본, 중국은 물론 멀리 미국, 호주에서도 연해주의 러시아 학자들과 공동연구 및 공동조사를 실시하고 있다. 이 중 가장 활발히 활동하는 나라는 역시 한국이다. 발해를 중심으로 러시아 학자들과의 공동조사가 최근 들어 많아졌다. 국립문화재연구소를 비롯하여 한국전통문화학교, 동북아역사재단, 고려학술재단, 부경대학교, 고구려연구재단 등이 연해주에서 활동 중이다. 하지만 앞서 지적한대로 러시아의 전공자나 전문연구기관은 한정되어 있다. 주된 관심분야가 발해이던 초기철기시대이던 혹은 더 이전이던 이제는 좀더 계획적이고 체계적이며 전문적인 접근이 절실함을 느낀다.

이제까지 크로우노프카 문화와 관련하여 연해주의 초기철기시대에 대한 연구현황과 과제를 나름대로 정리하여 보았다. 연해주 현지에서 조사를 직접 실시하는 한 연구자로서, 국내만이 아닌 인접지역에 대한 관심과 이해가 더욱 깊어지기를 기대하고, 외국과의 공동연구가 좀더 체계적으로 심화되기를 바라는 마음으로 맺음말을 대신하고자 한다.

[참고문헌]

강인욱 · 천선행

2003   「러시아 연해주 세형동검 관계유적의 고찰」, 『한국상고사학보』 42.

김원룡

1973   『韓國考古學槪說』, 일지사.

노혁진

2004   「중도식토기의 유래에 대한 일고」, 『호남고고학보』 19.

대한민국 국립문화재연구소 · 러시아과학원 시베리아지부 고고학민족학연구소

2004   『연해주 불로치카 유적 I』(제4차 한 · 러공동발굴조사).

2005   『연해주 불로치카 유적 II』(제5차 한 · 러공동발굴조사).

2006   『연해주 불로치카 유적 III』(제6차 한 · 러공동발굴조사).

송기호

2006   『한국 고대의 온돌. 옥저, 고구려, 발해』, 서울대학교출판부.

유은식

2006   「두만강유역 초기철기문화와 중부지방 원삼국 문화」, 『숭실사학』
        제19집.

2006   「연해주 초기철기문화와 한반도 중남부지방과의 관련성 -크로
        우노프카 문화를 중심으로-」, 『아무르 · 연해주의 심비』(한 · 러
        공동발굴특별전 도록), 국립문화재연구소.

이건무 외

1980   『中島』 I, 국립중앙박물관.

정석배

2006   「연해주의 청동기시대 연구현황에 대한 소고」, 『선사와 고대』 25.

2006   「한 · 러 공동 문화유적 발굴조사에 대한 연구사적 검토」, 『고고

학 시간과 공간의 흔적』(여고 김병모 선생 정년퇴임 기념 논문집), 학연문화사.

2007   「연해주의 초기철기문화와 한반도 -크로우노프카 문화를 중심으로-」, 『오르도스 청동기문화와 한국의 청동기 문화』, 한국고대학회.

지건길 · 한영희

1982   『中島』Ⅲ, 국립중앙박물관

최몽룡 · 이헌종

1994   「러시아고고학의 연구현황과 과제」, 『한국상고사학보』15.

홍형우

2006   「아무르강 유역 및 연해주의 철기시대」, 『아무르 · 연해주의 심비』(한 · 러 공동발굴특별전 도록), 국립문화재연구소.

홍형우 · 강인욱

2004   「러시아 극동지역 철기시대 연구의 제문제-폴체 문화를 중심으로-」, 『동북아 청동기시대 문화 연구』, 주류성.

Subbotina A.

2005   『철기시대 한국과 러시아 연해주의 토기문화 비교연구 -경질무문토기를 중심으로-』, 서울대학교 대학원 문학석사학위논문.

I.V. 보그다노프-베레조프스카야, B.B. 긴츠부르그

1963   「페스차느이반도 주거유적지 출토 철부」, 『고고학연구자료집』112호, 모스크바, pp. 352~354.

Андреев Г.И.

Побрержье южного Приморья в Ⅲ- Ⅰ тыс. до н.э.: Автореф. дис. ...канд. ист. наук М., 1959.(안드레예프 게.이., 1959, 『기원전 Ⅲ-Ⅰ 천년기의 연해주 남부 해안』, 박사학위논문 요약문, 모스

크바 나우크.)

Андреева Ж.В.

Древнее Приморье. Москва, "Наука", 1970, -с. 148.(안드레예바 줴.
붸., 1970, 『고대의 연해주』, 모스크바, "나우카".)

Андреева Ж.В.

Приморье в эпоху первобытнообщинного строя. Железный век.
Москва, "Наука", 1977, -240с.(안드레예바 줴.붸., 1977, 『원시공
동체사회 시기의 연해주, 철기시대』, 모스크바 "나우카".

Андреева Ж.А., Жущиховская И.С., Кононенко Н.А.

Янковская культура. Москва «Наука», 1986, -216 с.(안드레예바 줴.
아., 쥬시홉스카야 이.에스., 코노넨코 엔.아., 1986, 『얀콥스키
문화』, 모스크바 "나우카".)

Болотин Д.П.

Михайловская культура в Западном Приамурье// Российский
Дальний восток в древности и средневековье (открытия, проблемы,
гипотезы). Владивосток, "Далнаука", 2005, -с 357-380. (볼로틴
에.엘., 2005, 『서부 아무르 유역의 미하일로프카 문화』, 『고대
와 중세의 러시아 극동지역(개요, 과제, 가설)』, 블라디보스토크,
"달나우카".)

Бродянский Д.Л.

Южное Приморье в эпоху освоения металла(II - I тыс. до н.э.).
Автореф. дис. ... канд. ист. наук. Новосибирск, 1969.(브로댠스키
데.엘., 1969, 『금속시대의 연해주(기원전 II – I 천년기)』, 박사
학위논문 요약문, 노보시비르스크.)

Бронзовый век Приморья (синегайская культура). В кн.

Палеометалл северо-западной части Тихого океана. Владивосток, 1982, -С 4-17.(브로댠스키, 에.엘., 1982, 「연해주의 청동기시대(시니가이문화)」, 『태평양 북서부의 고금속시대』, 블라디보스토크.)

Введение в дальневосточную археологию. Владивосток, 1987, -276 с.(브로댠스키, 데.엘., 1987, 『극동 고고학 개론』, 블라디보스토크.

Археология приморья. Краткий очерк. Владивосток, 2004, -с. 88.(브로댠스키 데.엘., 2004, 『연해주의 고고학, 개요』, 블라디보스토크.)

Люди и проблемы дальневосточной археологии(очерки, эссе, статьи, доклады). 2004, Новосибирск, Издательство ИАЭ СО РАН, -с. 292.(브라댠스키 데.엘., 2004, 『극동 고고학의 인물과 과제』, 노보시비르스크.)

Бобринский А.А.

Гончарство Восточной Европы. Москва, "Наука", 1978, -с. 272.(보브린스키, 아.아., 1978, 『동유럽의 토기제작』, 모스크바, "나우카".)

Вострецов Ю.Е.

Типология железных предметов вооружения послелния Синие Скалы// Материалы по археологии Дальнего Востока СССР. Владивосток, 1981, -С. 26~34.(보스트레초프 유.예., 1981, 「시니예 스칼르이 유적의 철제 무기의 형식」, 『소련 극동 고고학 자료』, 블라디보스토크.)

Взаимодействие морских и земледельческих адаптаций в бассейне Японского моря// Российский Дальний восток в древности и средневековье (открытия, проблемы, гипотезы). Владивосток, "Далнаука", 2005, -с 159-186.(보스트레초프 유.예., 2005,「태평양 연안의 해양 및 농경 적응의 상호작용」,『고대와 중세의 러시아 극동지역(개요, 과제, 가설)』, 블라디보스토크, "달나우카".)

Вострецов Ю.Е., Жущиховская И.С.

1987   Экологичекий фактор и заселение Приморья в железном веке // Местоды естественных наук в археологии. М. Наука. С.25~28.(보스트레초프 유.예., 쥬시홉스카야 이.에스., 1987,「철기시대 연해주의 생태환경」,『고고학에서의 자연과학적 방법』, 모스크바.)

Глушков И.Г.

Керамика как археологический источник. Новосибирск, 1996,-С. 328.(글루시코프 이.게., 1996,『고고학 자료로서의 토기』, 노보시비르스크.)

Деревянко А.П.

Ранний железный век дальнего востока(курс лекций часть Ⅱ). 노보시비르스크, 1972, -C 275.(데레뱐코 아.페., 1972,『극동의 초기철기시대(강의자료 Ⅱ)』, 노보시비르스크.)

Ранний железный век Приамурья. Новосибирск, "Наука", 1973, -354c.(데레뱐코 아.페., 1973,『아무르유역의 초기철기시대』, 노보시비르스크, "나우카".)

Приамурье (1 тысячелетие до нашей эры). Новосибирск, "Наука", 1976, -384 c.(데레뱐코, 아.페.,『아무르 유역(기원전 Ⅰ천년기)』, 노보시비르스크, "나우카".)

Польцевская культура на Амуре. Новосибирск, ИАЭ СО РАН, 2000, -68 c.(데레뱐코, 아.페., 2000,『아무르의 폴체문화』, 노보

시비르스크.)

Дьяков В.И.

Приморье в эпоху бронзы. Владивосток, 1989.(디야코프 붸.이.,
1989, 『청동기시대의 연해주』, 블라디보스토크.)

Многослойное поселение Рудная Пристань и периодизация
неолитических культур Приморья. Владивосток, "Дальнаука",
1992.(디야코프 붸.이., 1992, 『다층위 주거유적 루드나야 프리
스탄과 연해주 신석기시대』, 블라디보스토크, "달나우카".)

Дребущак В.А., Дребущак Т.Н., Мыльникова Л.Н., Хон Хен У, Болдырев В.В.,
Деревянко Е.И.

Результаты термогравиметрических и ренгеогавфических
исследований древней керамики российского дальнего востока //
Проблсмы археологии, этнографии, анторполоии сибири и
сопедельных мерриторри. Том Х часть II, издательство института
археологии и этнографии СО РАН нососибирск, 2004, -с.
215~217.(드레부삭 붸.아., 드레부삭 테.엔., 므일리코바 엘.엔.,
홍형우, 볼드이레프 붸.붸., 데베뱐코 예.이., 2004, 「러시아 극
동 고대토기의 열중량분석과 X선그래프분석 결과」, 『시베리아민
주변지역의 고고학, 민족학, 인류학의 제문제』, 노보시비르스크.)

Жущиховская И.С.

Очерки истории древнего гончарства Дальнего Востока России.
Владивосток, 2004, -С. 312.(쥬시홉스카야 이.에스., 2004, 『러시
아 극동지역 고대 토기생산의 역사 개론』, 블라디보스토크.)

История Дальнего Востока СССР с древнейших времен до XⅦ века. Москва,
"Наука", 1989, 375.(『소련 극동의 역사 -고대부터 17세기까지-』, 1989. 모

스크바.)

Клюев Н.А.

2006   Анучинский район Приморского края в древности и средневековье.
Владивосток. -c 120(클류예프 엔.아., 2006, 『고대와 중세의 연
해주 아누치노』, 블라디보스톡.

Коломиец С.А.

Керамический комплекс многослойного памятника Сенькина
Шапка// История и археология дальнего востока - к 70-летию
Э.В.Шавкунова. Владивосток, 2000, -c 49-52.(콜로미예츠 에스.아.,
2000, 「센키나 사프카 다층위 유적의 토기 복합체」, 『극동의 역
사와 고고학 – 사프쿠노프 탄생 70주년 기념』, 블라디보스토크.)

Коломиец С.А.

Памятники польцевской культурной общности Юга Дальнего
Востока России// Российский Дальний восток в древности и
средневековье (открытия, проблемы, гипотезы). Владивосток,
"Далнаука", 2005, -c 381-393.(콜로미예츠 에스.아., 2005, 「러시
아 극동 남부지역의 폴체 문화공동체의 유적들」, 『고대와 중세
의 러시아 극동지역(개요, 과제, 가설)』, 블라디보스토크, "달나
우카".)

Конькова Л.В.

Бронзолитейное производство на юге Дальнего Востока
СССР(рубеж Ⅱ - Ⅰ тыс. до н. э.- ХⅢ век н. э.). Ленинград "Наука",
1989, -C. 124.(콘코바 엘.붸., 1989, 『소련 극동지역 청동주조 생
산(기원전 Ⅱ – Ⅰ 천년기에서 13세기까지)』, 레닌그라드, "나우
카".)

Кузьмин Я.В., Коломиец С.А., Орлова Л.А., СулерзицкийЛ.Д., Болдин В.И., Никитин Ю.Г.

Хронология культур палеометалла и средневековья Приморья(Дальний Восток России)// Археология и социокультурная антропология Дальнего Востока и сопредельных территорий(материалы XI сессии археологов и антропологов Дальнего Востока). Благовещенск, 2003. -c. 156-164.(쿠즈민 야. 붸. 외, 2003, 「연해주 고금속과 중세 문화의 연대기」, 『극동과 주변지역의 고고학과 사회문화인류학(극동 고고학과 인류학의 10차 회의 자료)』, 블라고베셴스크.)

Мартынов А.И.

Археология. Москва, 2000, -C. 440.(마르트이노프 아. 이., 2000, 『고고학』, 모스크바.)

Мыльникова Л.Н., Нестеров С.П.

Талаканская культура раннего железного века в Заподном Приамурье// Российский Дальний восток в древности и средневековье (открытия, проблемы, гипотезы). Владивосток, "Далнаука", 2005, -c 357-380.(므일리코바 엘. 엔., 네스테로프 에스.페., 2005, 「서부 아무르 유역의 초기 철기시대 탈라칸 문화」, 『고대와 중세의 러시아 극동지역(개요, 과제, 가설)』, 블라디보스토크, "달나우카".)

Мыльникова Л.Н., Нестеров С.П.

Михайловстая культура и ее происхождение// Российский Дальний восток в древности и средневековье (открытия, проблемы, гипотезы). Владивосток, "Далнаука", 2005, -c 394-408.(므일리코

바 엘.엔., 네스테로프 에스.페., 2005, 「미하일로프카 문화와 그 기원」, 『고대와 중세의 러시아 극동지역(개요, 과제, 가설)』, 블라디보스토크, "달나우카".)

Нестеров С.П., Гребенщиков А.В., Алкин С.В., Болотин Д.П., Волков П.В., Кононенко Н.А., Кузьмин Я.В., Мыльникова Л.Н., Табарев А.В., Чернюк А.В.

　　Древности Буреи. Новосибирск, 2000, -С. 352.(네스테로프 에스.페. 외, 2000, 『고대의 부레야』, 노보시비르스크.

Окладников А.П.

　　Далекое прошлое Приморья. Владивосток, 1959, ? с. 292.(오클라드니코프 아.페., 1959, 『연해주의 먼 과거』, 블라디보스토크.)

　　Древнее　поселение　на　полуострове　песчаном　у владивостока(материалы к древней истории дальнего востока). москва, 1963, -С. 355.(오클라드니코프 아.페., 1963, 『블라디보스토크 페스차느이 반도의 고대 주거유적』, 모스크바.)

　　Из истории изучения древнийшего прошлого Приморья. - В кн.: Материалы по истории Сибири. (Древняя Сибирь: Вып. 1). Новосибирск, 1964.(오클라드니코프 아.페., 1964, 「고대 연해주 역사 연구」, 『시베리아 역사 연구(고대 시베리아 1)』, 노보시비르스크.)

Окладников А.П., Бродянский Д.Л.

1984　　Кроуновская культура // Арехеология юга Сибири и Дальнего Востока. Новосибирскю С. 100-101.(오클라드니코프 아.페., 브로댠스키 데.엘., 1984, 「크로우노프카 문화」, 『시베리아와 극동의 고고학』, 노보시비르스크.)

Окладников А.П., Деревянко А.П.

Далекое прошлое Приморья и Приамурия. Владивосток, 1973, -с. 440.(오클라드니코프 아.페., 데레뱐코 아.페., 『연해주와 아무르의 먼 과거』, 블라디보스토크)

Яншина О.В. Клюев Н.А.

Поздний неолит и ранний палеометалл Приморья: Критерии выделения и характеристика археологических комплексов// Российский Дальний восток в древности и средневековье (открытия, проблемы, гипотезы). Владивосток, "Далнаука", 2005, -с 187-233.(얀시나 오.붸., 클류예프 엔.아., 2005, 「연해주 후기 신석기와 초기 고금속시대: 고고학 복합체의 분기 기준과 성격」, 『고대와 중세의 러시아 극동지역(개요, 과제, 가설)』, 블라디보스토크, "달나우카".)

Эпоха бронзы лесной полосы СССР. - М.: Наука, 1987. С.353-355, 421-423.(『소련 산림지대의 청동기시대』, 모스크바.)

연해주 크로우노프카 토기와
중부지방 중도식무문토기의 제작기법 비교

- 연해주 불로치카 유적 출토 토기를 중심으로 -

유은식
(문화재청)

03

연해주 크로우노프카 토기와 중부지방 중도식무문토기의 제작기법 비교

- 연해주 불로치카 유적 출토 토기를 중심으로 -

Ⅰ. 머리말

러시아의 많은 고고문화 중에서 크로우노프카 문화만큼 한국 학계에서 큰 관심을 가지고 있는 문화는 없을 것이다. 이것은 크로우노프카 문화가 중부지방 원삼국문화[1]와 공통점이 많아 일찍부터 그 개괄적인 문화내용이 국내에 소개되었고(데.엘 브로댠스키 著·정석배 譯 1996; 崔夢龍 외 2003), 러시아 현지에서 공동조사(姜仁旭·千羨幸 2003; 국립문화재연구소 2003~2005)가 이루어지면서 국내 연구자가 관련자료를 비교적 쉽게 접할 수 있었기 때문일 것이다.

크로우노프카 문화에 대해서 국내에서 적지 않은 연구가 지속적으로 이루어지고 있다. 크로우노프카 문화의 연구현황을 상세하게 다루거나(홍형

---

1) 시기구분과 토기명칭에 대해서는 이미 필자가 언급한 바 있으므로 구고(유은식, 2006)의 용어를 따른다.

우 2006; 정석배 2007), 중도식무문토기의 기원을 크로우노프카 문화에서 찾는 연구(노혁진 2004; 수보티나 2005)가 있었다. 또한 세밀한 토기분석을 통해 중도식무문토기와의 공통점을 지적한 바 있는데(유은식 2004·2006; 수보티나 2005), 주로 토기기종과 기형을 중심으로 이루어졌고, 상대적으로 토기제작기술에 대한 검토는 미흡하다고 할 수 있다. 이는 러시아 고고학에서 크로우노프카 문화에 속하는 많은 유적들이 알려져 있지만 정식으로 발굴된 유적은 많지 않고, 발굴된 유적 또한 극히 일부 토기만 공개되고 있는 상황에서 비롯된 것이 아닌가 한다. 다행이도 불로치카 토기는 국내 연구자가 직접 실견할 기회가 있었고, 유일하게 토기에 대한 비교적 자세한 기술과 관련 도면 및 사진이 발굴보고서에 수록되어 있어 크로우노프카 토기의 제작방법 연구에 중요한 자료가 되고 있다. 따라서 본고에서는 불로치카 토기의 성형기법 등 토기제작기술을 중심으로 하여 중도식무문토기와 비교검토하여 상호 관련성을 살펴보고자 한다.

II. 연해주 불로치카 유적 개요

불로치카 유적은 러시아 연해주 남동부 파르티잔스키구 나호드카시 부근에 위치하며, 두만강 하구에서는 북서쪽으로 약 200㎞ 떨어져 있다. 이 지역은 시호테알린 산맥에서 발원한 파르티잔스카야강이 동해로 유입되는 하구지역으로, 충적평야와 리뱌쥐예 석호가 형성되어 있다. 석호의 동편에는 주변지역을 조망하기에 유리한 야트막한 언덕(해발 25m)이 독립적으로 솟아있는데, 이 언덕 전체가 본 유적에 해당된다. 언덕은 동사면을 제외한 삼면이 절벽으로 이루어진 천혜의 요새로, 동사면 중상부에는 주거지 축조와 관련이 있는 계단식의 좁은 평탄지가 조성되어 있다.

본 유적에 대한 최초의 발굴조사는 1970년에 오클라드니코프 A.P.와 메드베데프 V.I.에 의해 이루어진 바 있는데, 연해주지역에서는 처음으로 폴체 문화 주거지가 발굴되는 성과가 있었다. 이번 한·러공동발굴조사는 2003년에서 2005년까지 3차에 걸쳐 유적의 동쪽 사면 중앙부에 해당되는 지점에서 실시되었다. 약 700㎡의 좁은 면적에서 신석기시대 후기로 편년되는 자이사노프카 주거지 3기(9, 10, 13호), 초기철기시대 주거지 18기, 소형수

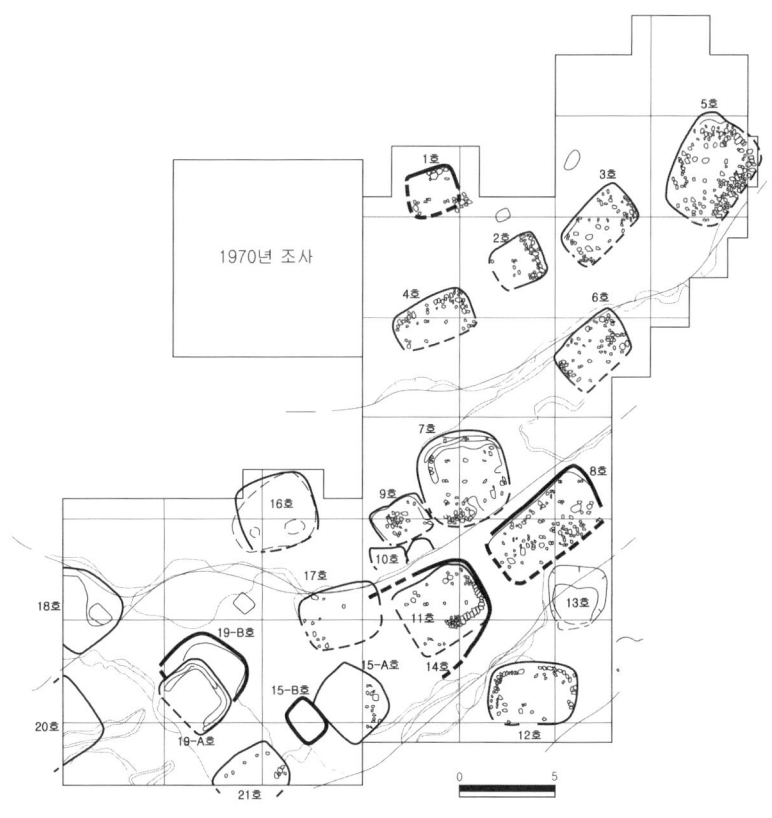

〈도면 1〉 불로치카 유적 유구배치도

혈유구 4기를 비롯하여 토기, 석기, 철기, 토제품, 옥 등 다량의 유물이 발굴되었다(도면 1). 특히 초기철기시대 주거지는 크게 크로우노프카 주거지와 폴체 주거지로 구분되는데, 크로우노프카 주거지는 모두 5기(1, 8[2], 14, 15-나, 19-나호)가 확인되었다.

크로우노프카 주거지는 다른 시기의 주거지와 동일하게 등고선방향과 나란하게 조성되어 있으며, 폴체 주거지와 중복되었다. 평면형태는 잔존상태가 불량하여 확실하지 않지만, 방형계로 추정되며, 주거지 규모는 소형에 속한다. 주거지 내부시설 중에서 특징적인 것은 난방시설인데, 돌상자 형태의 노지(1호주거지)와 수혈 벽을 따라 "ㄷ"모양의 점토연도부를 마련한 노지(19-나호주거지)로 구분된다.

〈표 1〉 불로치카 크로우노프카 주거지 속성표

호수	최대규모(m) (장축×단축×길이)	면적(m²)	장축	장단비	난방시설 규모	난방시설 형태	난방시설 축조재료	기둥구멍	비고
1	2.6×2×0.7	5.2	북동-남서	1.3:1	0.8×0.5	-자형(돌상자형)	돌	3	
8	6.3×3×0.4	18.9	남-북	2.1:1	없음			24	불확실
14	5.5×3.4×0.2(?)	약 18.7	북동-남서	1.6:1	?		점토	7	11호와 중복
15-나	3.5×3×0.7	10.5	동-서	1.16:1	4.7×0.4	ㄷ자형	점토	–	15-가호와 중복
19-나	잔존 3.9×2×0.3		-북서- 남동	?			점토	7	19-가호에 중복

---

2) 보고서에서는 8호 주거지를 크로우노프카 문화기로 보고하였다. 그러나 주거지 형태가 다른 크로우노프카 주거지와 상이한 점, 난방시설이 확인되지 않은 점, 주거지 바닥에서 얀콥스키 토기가 출토된 점에서 크로우노프카 주거지로 보기 어려운 점이 있다(김재윤, 2007).

크로우노프카 주거지에서는 동체부 중상위에 나무그루형 손잡이가 부착된 적갈색계 무문토기와 함께 표면이 매끈한 흑색마연토기가 출토되었다. 석기는 숫돌, 석도, 자귀, 끌 등 적지않은 마제석기가 출토되었다. 이외에 철기는 1호주거지에서 출토된 철착 1점이 유일한데, 동 시기의 여타 지역에서 확인된 바 없는 형태이어서 특기할 만하다.

〈표 2〉 방사성연대측정자료

연번	주거지	시료재료	측정연대	교정연대	측정기관
1	1호 주거지	목탄	2010±35	–	COAH-5265
2	1호 주거지	목탄	2490±40	–	COAH-5268
3	1호 주거지	목탄	2050±40	B.C. 170-30A.D.	SNU-549
4	15-나호 주거지	목탄	1710±40	–	COAH-6224
5	15-나호 주거지	목탄	2150±60	–	COAH-6225
6	15-나호 주거지	목탄	2150±80	–	COAH-6226

크로우노프카 주거지는 흑색마연토기 및 토기기종의 공반관계를 통해 크게 3단계로 구분할 수 있다. 즉 흑색마연토기와 두형토기가 출토되지 않는 단계(1호 주거지), 흑색마연토기와 대각이 높은 두형토기가 공반되는 단계(14호, 15-나호 주거지)단계, 마지막으로 대각이 낮은 두형토기와 시루가 공반되는 단계(18호 주거지 하층)이다(도면 2). 이러한 상대편년은 난방시설을 통해서도 입증되는데, 1호 주거지에서는 돌상자형 난방시설이, 15-나호 주거지에서는 발전된 "ㄷ"모양으로 점토연도부를 마련한 난방시설이 확인된다.

불로치카 출토 크로우노프카 주거지의 실연대를 추정할 만한 자료는 많지 않다. 다만 동 유적에서 6건의 방사성탄소연대측정치를 통해 대체적인 연대를 추정할 수 있다. 〈표 2〉와 같이 다른 시료와 큰 차이가 나서 오염가능성이 있는 2건(연번 2 · 4)을 제외하면, 측정연대는 기원전 3세기에서 기

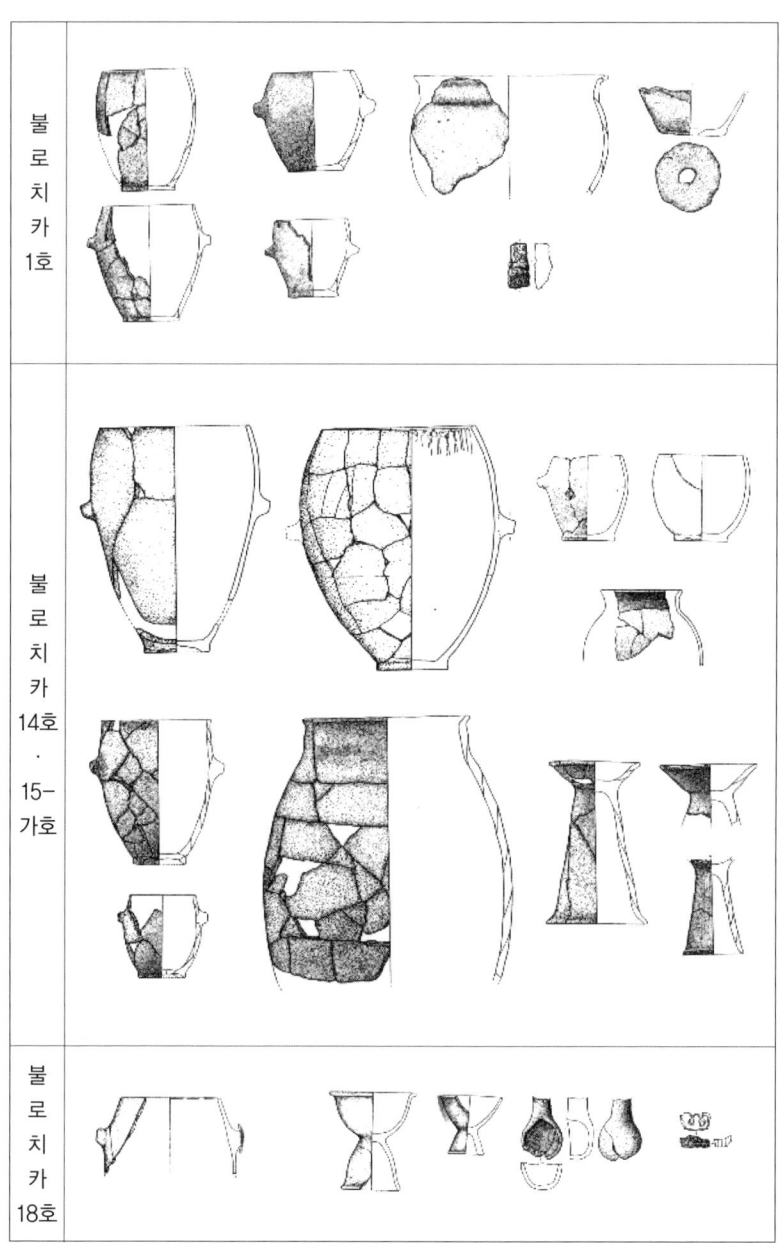

불로치카 1호	
불로치카 14호 · 15- 가호	
불로치카 18호	

〈도면 2〉 불로치카 출토 크로우노프카 주거지 상대편년

원전후이다. 그러나 상한연대에 대해서는 중국 연변지역과 수분하지역의 다른 유적과 비교하면 기원전 3세기로 편년하기에는 무리가 따른다. 여기에서는 잠정적으로 불로치카 유적의 연대를 기원전 2C~기원전후로 편년해둔다[3].

Ⅲ. 연해주 불로치카 유적 출토 토기의 제작기법

불로치카 유적에서는 신석기시대부터 중세시대까지 다양한 시기의 토기가 출토되었는데, 출토맥락이 불확실하더라도 크로우노프카 토기는 색조, 구연형태, 마연조정 등에서 다른 토기와 뚜렷하게 구분된다[4].

불로치카 유적에서 출토된 크로우노프카 토기(이하 불로치카 토기로 칭함)는 산화염으로 제작된 적갈색 또는 흑갈색 계통의 평저 무문토기이다. 태토는 점토바탕에 사립이 약간 섞여 있다. 토기에 대한 자연과학적 분석이 이루어지지 않아 토기의 소성온도에 대해서는 자세히 알 수 없으나, 연해주 크로우노프카 토기의 소성온도를 650~700℃로 추정하고 있어(수보티나 2005: 54), 불로치카 토기 또한 이 범위를 넘지 않을 것으로 생각된다.

러시아측 단독조사를 포함하여 불로치카 토기는 모두 318점이 공개되어 있다. 완형토기(도면복원 포함)는 17점에 불과하고, 대부분 편으로 출토되었다. 완형토기는 파수부발형토기 9점, 잔발 4점, 완 1점, 두형토기 3점이 출

---

3) 크로우노프카 편년과 실연대에 대해서는 별고를 통해 구체적으로 살펴볼 예정이다.
4) 불로치카 유적은 여러 시기에 걸쳐 점유되었고, 자연침식과 퇴적이 빈번히 일어나는 경사면에 조성되었기 때문에 주거지 바닥에서도 여러 시기의 토기들이 함께 출토되는 경우가 많다.

토되었다. 토기편이더라도 기종 추정이 용이한 것으로 두형토기와 시루가 있다. 두형토기의 대각형태는 모두 나팔형으로 원통형은 확인되고 있지 않으며 모두 29점이 출토되었다. 시루는 여러 개의 증기공이 있는 저부편 1점이 있다. 이외에 바닥에 2~3㎝의 비교적 큰 원형 구멍 하나만 투공된 一孔土器는 6점이 출토되었다.

〈표 3〉 불로치카 토기 현황표

조사연도 \ 토기	완형토기	구연부편	동체부편	저부편	두형토기편	一孔土器	계
1970년 조사		3					3
2003년 조사	5	35	14	17	2	2	75
2004년 조사	4 (두형토기 1)	53	28	27	15	2	129
2005년 조사	8 (두형토기 2)	52	19	20	9	3(시루1)	111
계	17	143	61	64	26	7	318

불로치카 토기에서 관찰가능한 제작기법은 무문토기와 마찬가지로 그리 많지 않은데, 동체부와 저부의 접합방식과 토기 내외면의 정면기법 등이 있다. 본 고에서는 토기 제작순서에 따라 1차 성형방식과 2차 성형방식(양시은 2003)으로 나누어 살펴보고자 한다.

1. 1차 성형기법

1차 성형은 토기의 기본 형태를 만드는 단계이다. 불로치카 토기는 별도로 제작한 저부를 평평한 바닥면에 놓고 동체부와 접합하는데, 깨진 저부 단면을 통해서 접합방식을 살펴볼 수 있다. 그 접합방식은 두 가지가 있는 것으로 알려져 있다. 즉 납작한 바닥을 만들고 그 위에 점토띠를 올려놓고

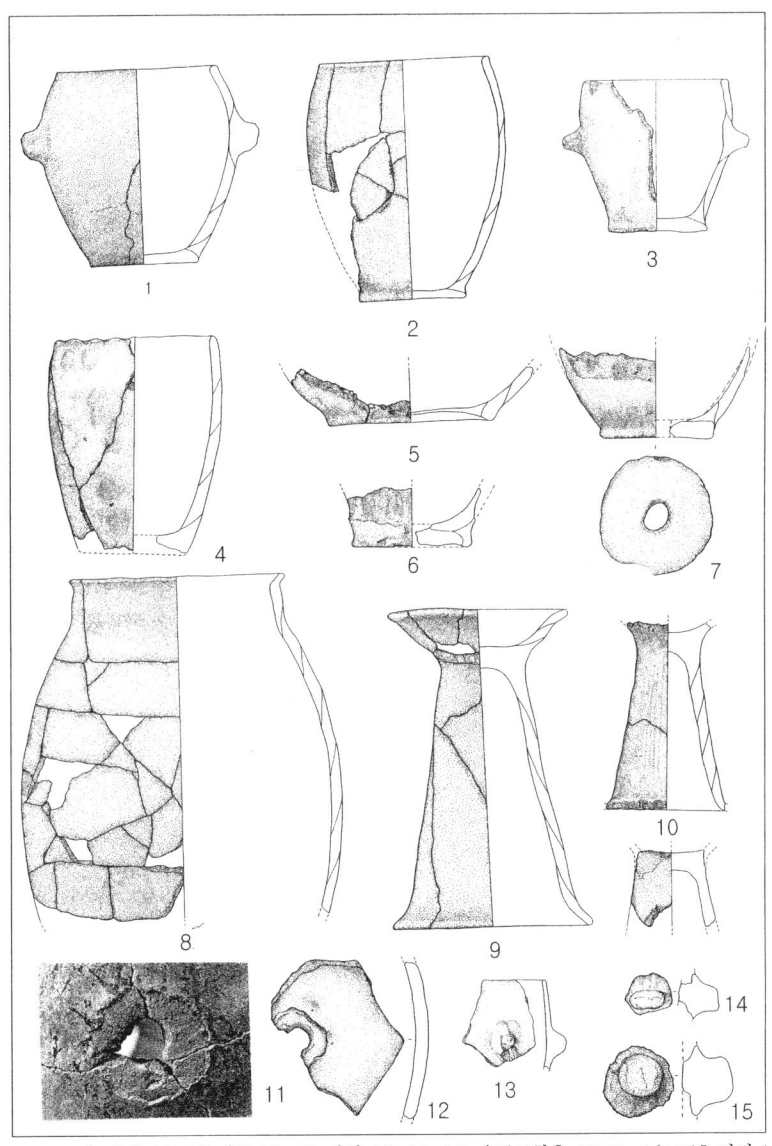

1~3 : 7. 1호 바닥 / 4 : 8호 내부 / 5 : 8호 바닥 / 6 · 14 · 15 : 유물포함층 / 8~11 · 16 : 14호 바닥 /
12 : 15-나호 / 13 : 14호 내부

〈도면 3〉 불로치카 토기 성형기법

쌓는 방식(a형식)과 바닥의 바깥쪽에 점토띠를 붙여 쌓는 방식(b형식)이 있다. 유물 포함층에서 출토된 저부 1점(도면 3-⑥)을 제외하고 모두 a형식의 저부 접합 방식으로 만들었다. 크로우노프카 문화에 속하는 여타 유적에서도 a형식의 제작기법이 주로 이용되고 있어(수보티나 2005: 50). 연해주 크로우노프카 토기는 동일한 동체부 접합방식으로 성형되었을 것으로 판단된다.

동체부 제작방식은 너비 2~5cm의 점토대를 이용하여 테쌓기하여 성형하였다. 동체의 외면은 아래에서 위로 쓸어올리고, 내면은 위에서 아래로 밀어내린 방식이 많다. 그러나 반대의 방식(도면 3-③)도 많은 토기에서 확인되고 있어 일정한 규칙성을 발견하기 어렵다. 동체부 제작방식과 관련하여 나무그루형 파수의 접합방식도 중요하다. 크로우노프카 토기가 다른 토기와 구별되는 가장 큰 특징은 나무그루형 파수의 부착이라 할 수 있는데, 완, 잔발 두형토기 등 일부 기종을 제외하고 동체부 중상위에 파수 한 쌍이 달려 있는 것이 전형적인 형태이다. 불로치카 토기에서도 15-나 주거지의 출토품 1점을 제외하고 모두 양쪽에 파수가 하나씩 부착되어 있다. 파수의 부착방법은 파수편 뒷면과 파수가 떨어져 나간 동체부편을 통해서 확인할 수 있는데, 파수의 뒷면에는 원통형에 가까운 심이 남아 있으며, 이 원통형의 심을 토기 기벽에 끼워 결합하였다. 결합부분 외면에는 지두흔이 잘 남아 있는 경우가 많다.(도면 3-⑭~⑯)

한편, 두형토기의 제작방법은 고배의 중간부 즉 배신부와 대각부의 연결부를 한덩어리의 점토를 이용하여 먼저 만들고, 대각과 배신을 2~3cm의 점토대를 이용하여 역시 테쌓기 성형하였다. 두형토기편은 테쌓기 배신부와 대각부가 결실되어 중간부만 남아 출토되는 경우가 많다(도면 3-⑪).

구연부의 성형과 관련해서는 구연부의 형태를 살펴볼 필요가 있다. 후술하겠지만 불로치카 토기는 구연부 형태면에서 중도식무문토기와 많은 유사점이 확인되기 때문이다. 불로치카 유적에서 발 또는 호류로 추정되는

〈도면 4〉 불로치카 토기 구연부 형식분류

I식					II식	
a	b1	b2	c1	c2	a	b

〈표 4〉 불로치카 출토 발 또는 호의 구연부 형식

형식	무경식					유경식		합계
	I a	I b1	I b2	I c1	I c2	IIa	IIb	
완형토기	11	2	1					14
구연부편	26	22	24	42	9	7	13	143
계	37 (24%)	24 (15%)	25 (16%)	42 (27%)	9 (6%)	7 (4%)	13 (8%)	157

많은 양의 구연부 편이 출토되었는데, 발굴보고서(국립문화재연구소 2003년)의 형식분류안에 따라 구연부 형식을 분류하였다. 불로치카 토기는 무경식(I)과 유경식(II)으로 크게 구분되는데, 무경식은 내만(a), 직립(b), 외반(c)으로 세분된다. 특히 직립구연은 다시 세분되는데, 직립한 것(1), 구순 외측면이 살짝 외반하는 것(2)으로 분류된다. 유경식은 경부가 외경하는 것(a), 경부가 직립하다가 구연이 외반하는 것(b형)으로 세분된다.

〈표 4〉에서 보듯이 불로치카 토기에는 7개의 구연형식이 확인되는데, 유경식(20점, 12%)보다 무경식(137점, 88%)의 비율이 높다. 무경식은 직립구연이 가장 많고 다음으로 외반구연, 내만구연의 순으로 출토되었다. 무경식 구연에서 구순 외측이 희미하게 수평으로 외반하는 형식(I b2)이 주목된다. I b2형식의 구연부는 지금까지 공개된 도면과 사진자료가 부정확하여 확실하지는 않지만, 크로우노프카 문화로 비정되는 여타 유적에서 출토사례

가 드문 것으로, 호곡 5기로 편년되는 38호주거지에서 파수부발형토기 1점이 출토되었을 뿐이다. 그러나 불로치카 토기에서 25점(16%)이 출토되고 있어 특기할 만하다.

유경식구연은 주로 크로우노프카 문화 후기로 편년되는 회령 호곡동 6기, 알레니 A 유적 등에서 출토되고 있어서 늦은 시기에 출현하는 구연형식으로 생각된다.

2. 2차 성형기법

2차 성형은 토기의 부분형태를 교정하는 정면(整面)작업으로 토기 표면의 凹凸부분을 다듬고, 다공질을 제거하여 기벽을 단단히 하는 기능을 한다. 일반적으로 반건조 상태에서 이루어지며, 하나의 토기에 여러 가지 기법들을 복합적으로 사용하기 때문에 중복되어 관찰되거나 전 단계의 정면수법이 지워져서 관찰되지 않는 경우가 많다(崔聖愛 2002: 26-29; 梁時恩 2003: 69-71). 정면방식으로는 물손질조정, 지두흔조정, 깎기조정[5], 긁기조정, 마연조정 등이 있는데, 불로치카 토기에서는 깎기조정을 제외하고 모든 기법이 확인되고 있다.

지두흔조정과 물손질조정은 토기에서 일반적으로 관찰되는 정면방법으로 주로 구연부와 동체부의 접합부분과 동체부와 저부의 접합부분을 견고

---

5) 예새와 같은 날카로운 도구를 사용하여 기벽의 두터운 부분을 깎아내는 기법이다. 깎기조정한 토기표면은 남겨진 점토나 석립으로 거칠게 된다. 이러한 거친 면을 다듬기 위해 후속으로 긁기, 마연 등이 세밀한 조정작업이 이루어지기 때문에 깎기조정흔이 잘 관찰되지 않는 경우가 많다. 그래서 깎기조정은 긁기조정으로 혼용하여 지칭되기도 하고, 실제로 구별하기도 어려운 점이 많다. 본 고에서는 토기 저부 외연을 다듬은 흔적이나 다소 주관적이지만 동체부 표면에 깊게 패인 흔적만을 깎기조정으로 보았다.

히 하기 위해서 행해진다. 불로치카 유적에서도 구연부와 저부 부위에 지두흔이 남아 있는 토기가 많으며, 물손질흔으로 판단되는 횡방향의 가는 선이 관찰되기도 한다.

긁기조정은 토기 내외면에 생겨난 요철부분을 다듬어 표면을 평평하게 유지시키는 기능을 하는데, 연구자마다 빗질, 목리조정, 판목조정, 판상구조정 등 다양한 용어가 사용되고 있다[6]. 불로치카 토기는 거의 대부분 1차 성형 후 긁기조정을 하였을 것으로 추정되는데, 동체부 내외면에 종방향 내지는 사선 방향의 쓸어내린 흔적이 남아 있기 때문이다. 긁기조정흔의 너비는 0.3~0.8cm 정도이며, 한반도 늑도식토기나 중도식무문토기의 예처럼 뚜렷하지 않다. 아마도 후속으로 행해지는 마연조정에 의해 지워졌을 가능성이 높다.

불로치카 토기를 포함한 크로우노프카 토기의 가장 큰 특징으로 치밀한 마연조정을 지적할 수 있으므로 자세한 검토가 필요하다. 일반적으로 마연조정은 토기가 상당히 마른 상태에서 마지막으로 행해지는 정면방법으로, 비교적 단단하고 매끄러운 도구로 토기의 표면을 문질러서 다듬는다. 일반적으로 정선된 태토나 평평하고 슬립화된 토기표면에서 행해질 때 그 효과가 크다고 알려지고 있다. 마연조정은 기벽을 단단하게 하는 기능, 울퉁불퉁한 면을 고르게 하거나, 광택을 내는 기능을 하였을 것으로 추정되는데, 불로치카 토기에서 마연조정은 광택을 발현하려는 의도가 일차적인

---

6) 윤세영(1994)은 막연하게 목리조정으로 불러왔던 것을 板目調整, 板狀具調整으로 구분하였다. 판목기법은 판상으로 다듬은 목판을 사용하여 정면하기 때문에 토기표면에는 나무 눈금과 같은 평행선문이 남는다. 대표적으로 늑도식토기에 남아 있는 조정흔이 이에 해당된다. 판상구조정은 나무 눈금이 남지 않도록 봉상구와 비슷한 도구를 제작하여 토기 표면을 부드럽게 정면하는 것으로, 중도식무문토기 외면에 남아 있는 조정흔이 이에 해당된다.

목적이었을 것으로 추정된다.

마연도구에 대해서는 대나무 주걱, 입자가 고운 천, 자갈돌 등이 사용되었다는 견해가 있는데, 불로치카 유적에서는 8기의 석재 마연구가 출토되었다. 마연구의 석질은 자갈돌이 많으며, 평면 형태는 삼각형, 타원형, 장방형 등으로 다양하지만 단면형태는 납작하고, 횡단면에 마연된 흔적이 있는 공통점이 있다. 자갈돌의 단면을 이용으로 토기 표면을 마연하였을 것으로 추정된다[7]. 마연구의 크기는 한 면이 6cm 내외이고 두께는 2cm 정도의 것이 많다.

마연토기는 색조에 따라 적갈색토기와 흑색토기로 구분된다. 한반도 동북지방에서 마연토기의 출현시점은 적갈색토기가 흑색토기보다 약간 빠르다. 적갈색토기는 오동 5호 주거지부터 나오기 시작하고, 흑색마연토기는 그보다 한단계 늦은 호곡 4기부터 확인되고 있다. 강인욱(2007)에 의하면 오동 5호 주거지는 청동기시대 중기(기원전 12~8세기경)로 편년되며, 호곡 4기는 청동기시대 후기(기원전 8~5세기경)로 추정된다. 불로치카 토기를 포함한 크로우노프카 토기의 마연조정 기법은 동북한지역의 청동기시대 중기 이래의 마연조정 전통에서 그 기원을 찾을 수 있을 것으로 판단된다.

한편 마연조정은 토기 표면의 광택정도와 마연도구 흔적 유무에 따라 다음과 같이 세 개의 등급으로 나눌 수 있다(Owen S. Rye 1981: 89-90)[8].

---

7) 이러한 마연도구는 마연조정 뿐만 아니라 긁기조정에서도 사용되었을 것으로 추정된다. 실제로 중도식무문토기에 보이는 종방향의 조정흔은 모가 없는 자갈돌을 이용하여 긁었을 것으로 추정한 견해가 있다(심재연 2007: 12).
8) 토기의 마연조정에 대해서는 이성주 교수로부터 자료제공을 비롯하여 많은 도움을 받았다. 이에 지면을 빌어 감사를 표한다.

단순문지름 등급(smoothing) : 토기표면 전면에 규칙적인 도구흔적이 남고, 광택은 없음.

마연 등급(burnishing) : 토기표면은 평평하며, 광택은 불규칙하게 남아 있고, 도구흔적이 관찰됨.

마광 등급(polishing) : 토기 표면은 평평하고 반질반질 할 정도로 광택이 나며, 도구흔적이 관찰되지 않음.

이러한 기준은 마연정도를 파악하는데 유용할 것으로 생각되므로 이를 적용하여 불로치카 토기를 살펴보고자 한다. 폐기과정에서 토기 표면이 박락되어 마연조정흔이 관찰되지 않는 것도 일부 있으나 대부분의 불로치카 토기에 단순문지름 등급 이상의 마연조정흔이 남아 있으며, 광택이 나는 토기의 출토빈도도 높다. 불로치카 토기 역시 표면 색조에 따라 적갈색마연토기(도면 5의 1~5)와 흑갈색마연토기(도면 5의 6~12)로 구분된다. 적갈색마연토기의 마연도를 완형토기 15점을 대상으로 살펴보면, 단순문지름 등급에 속하는 토기는 15-나호 주거지 파수부발형토기, 18호 주거지 두형토기 등 5점이 확인되고 있는데 태토에는 모래와 석립이 많이 섞여있고 표면은 다소 거칠다. 마연등급에 속하는 토기는 1호 주거지와 14호 주거지에서 출토된 것으로 파수부발형토기가 많다. 모두 6점이 확인되었다. 마광 등급에 속하는 토기는 15-나호 주거지 파수부 발형토기 등 4점이 확인되고 있다. 마광된 토기 표면은 매끄럽고, 토기 전체에서 광택이 잘 남아있고 태토는 정선된 것이 많다.

〈표 5〉 불로치카 유적 출토 흑색마연토기 현황

토기	출토유구	토기현황	마연등급	도면번호
저부편	유물포함층	색조 : 속심은 갈색 태토 : 석립 혼입	마광	

토기	출토유구	토기현황	마연등급	도면번호
두형토기 대각편	유물포함층	색조 : 내외면은 흑색이나 군데군데 회갈색, 속심 회갈색 조정흔 : 종방향의 가는 마연흔 태토 : 석립 혼입	마연	도면 3-8
저부편	14호 내부	색조 : 속심과 내면은 갈색 조정흔 : 내외면-불규칙한 긁기흔, 외면-지두흔 태토: 정선	마광	도면 3-11
두형토기편	14호 내부	색조 : 흑회색 조정흔 : 내외면-물손질흔 태토 : 모래와 굵은 모래 혼입	마연	
구연부편	14호 내부	색조 : 내외면 흑색 태도 : 모래과 작은 사립 혼입, 정선	마연	도면 3-12
구연부편	14호 내부	색조 : 내면과 속심은 갈색 조정흔 : 내외면- 횡방향의 긁기흔 태토 : 모래와 작은 석립 혼입, 태토	마연	
두형토기 대각편	8호 내부	색조 : 속심은 짙은 갈색 조정흔 : 대각 내면은 마연되지 않음 태토 : 모래 혼입	마연	
장동호편	14호 내부	색조 : 속심은 갈색, 내외면은 흑색 조정흔 : 내면과 경부 외면에 긁기흔, 태토 : 정선, 모래가 소량 혼입	마광	도면 3-10
두형토기 대각편	14호 내부	색조 : 속심과 내면은 회갈색 조정흔 : 외면만 마연, 외면-횡방향의 긁기조정흔, 내면- 지두흔 태토 : 모래과 작은 석립 혼입	마연	
두형토기	14호 바닥	조정흔 : 대각 내부는 마연은 되지 않음, 배신 내면과 대 각 내면-긁기흔, 내면-지두흔 태토 : 모래와 작은 석립이 혼입	마광	도면 3-6
두형토기 배신부편	14호 바닥	조정흔 : 마연은 안됨, 배신 내면과 대각 내면-긁기흔 태토; 치밀하고 모래와 작은 석립 혼입	마광	도면 3-9
두형토기	18호 내부	색조 : 속심은 회색, 조정흔 : 내면은 마연 안됨 태토 : 치밀	마광	도면 3-7
저부편	유물포함층	색조 : 내외면 흑색	마광	

흑갈색마연토기는 북한 학계에서 "검정간토기"로 불리고 있는 것으로, 불로치카 토기 318점 중에서 13점(4%)이 출토되었다. 기종은 두형토기, 발 및 호류 등이며 특히 두형토기에서 다수 확인되고 있어 의례용 또는 고급 기종에 결합되는 양상을 보여주고 있다. 흑색마연토기의 태토는 그렇지 않은 토기보다 태토가 정선된 것이 많고, 사립이 적게 포함되어 있다. 또한 적갈색마연토기 표면보다 치밀한 마연조정이 행해져서 매끄럽고 광택이 잘 발현되어 있는 것이 많다.

흑색마연토기의 제작방법과 관련하여 쥬시홉스카야의 연구가 있다. 흑색마연토기는 기벽에 점토막을 밀도 있게 입힌 다음에 치밀하게 마연하고, 소성시 토기에 탄소 공급을 차단하는 연기 씌움을 통해 토기에 어두운 색조가 나게 하며, 마지막으로 소성 후에 흑연으로 표면을 문질러 제작되었다고 한다(Жущиховскя 2004: 193-194, 정석배 2007: 210 재인용). 그런데 마지막 단계에 대해서는 과학적인 분석 등 세밀한 검토가 필요할 것으로 생각된다. 왜냐하면 흑색이 잘 발현된 백제시대 흑색마연토기의 경우 X-ray 회절분석결과 흑색마연토기의 표면에 검은 발색을 위해서 특별한 재료(망간, 철, 크롬, 흑연)를 첨가하지 않은 것으로 확인되었기 때문이다(최석원 외 2000). 이 결과를 참고로 하면 흑색은 소성과정에서 발현되었을 것으로 추정된다.

한편, 흑색마연토기는 연해주 동해안지역보다는 내륙지방 즉 중국과 국경을 접하고 있는 지역에서 출토 예가 많은 것으로 알려져 있으며(Жущиховскя 2004: 193-194, 정석배 2007: 210 재인용), 중국 綏芬河流域 大城子 遺蹟에서도 흑색마연 외반구연호가 출토되고 있다. 두만강 중하류 유역의 호곡동 5기와 6기에서는 많은 양의 흑색마연토기가 출토된 것으로 보고된 바 있는데, 장경호, 완, 파수부발형토기, 두형토기 등 다양한 기종과 결합되고 있다.

1 : 1호 바닥 / 2~4 : 15호-나 / 5 · 10 · 12 : 14호 내부 / 6 · 9 : 14호 바닥 / 7 : 18호 내부 / 8 · 11 : 유물포함층

〈도면 5〉 불로치카 유적 출토 마연토기

IV. 중도식무문토기 제작기법과의 비교

영동지방을 포함한 한강 유역 원삼국토기는 중도식무문토기(경질무문토기), 타날문토기, 흑색무문양토기로 구분된다(박순발 1989: 37 · 1998: 57). 이중에서 중도식무문토기는 사질점토 바탕흙에 굵은 석립이나 모래 등 거친 입자가 다수 포함된 적갈색무문토기로 청동기시대의 무문토기와 큰 차이를 보이지 않는다. 다만 토기 표면을 긁기조정과 물손질 등으로 정면하여 약간 단단해졌을 뿐이다. 여러 연구자들이 지적하였듯이 기종구성과 형태 등에서 중도식무문토기와 불로치카 토기는 공통점이 많다. 여기에서는 앞에서 언급한 토기 제작기법을 중심으로 중도식무문토기와 비교한다.

먼저 중도식무문토기의 저부와 동체부 접합방식 및 동체부의 접합방식은 접합흔적을 도면화한 발굴보고서가 적어서 중도식무문토기의 전반적인 양상을 살펴보기 어렵다. 따라서 일부 유적을 한정하여 검토해본 것이 〈표 6〉이다.

<표 6> 중도식무문토기의 1차 성형방식

유적명	저부결합방식		동체결합방식	
	a형식 (올려쌓기)	b형식 (옆으로 붙이기)	동체 외면을 아래에서 위로 쓸어올린 방식	동체 외면은 위에서 아래로 밀어내린 방식
철원 와수리	10	9	3	13
홍천 하화계리	16	9	3	25
춘천 신매리 54-4번지	14	3	3	8
합계	40(66%)	21(34%)	9(16%)	46(84%)

강원도 지역 출토 중도식무문토기의 동체부 결합방식은 바닥위에 점토띠를 올려 쌓기한 형식(a형식)이 옆으로 붙여 쌓기 한 것(b형식)보다 다소 많

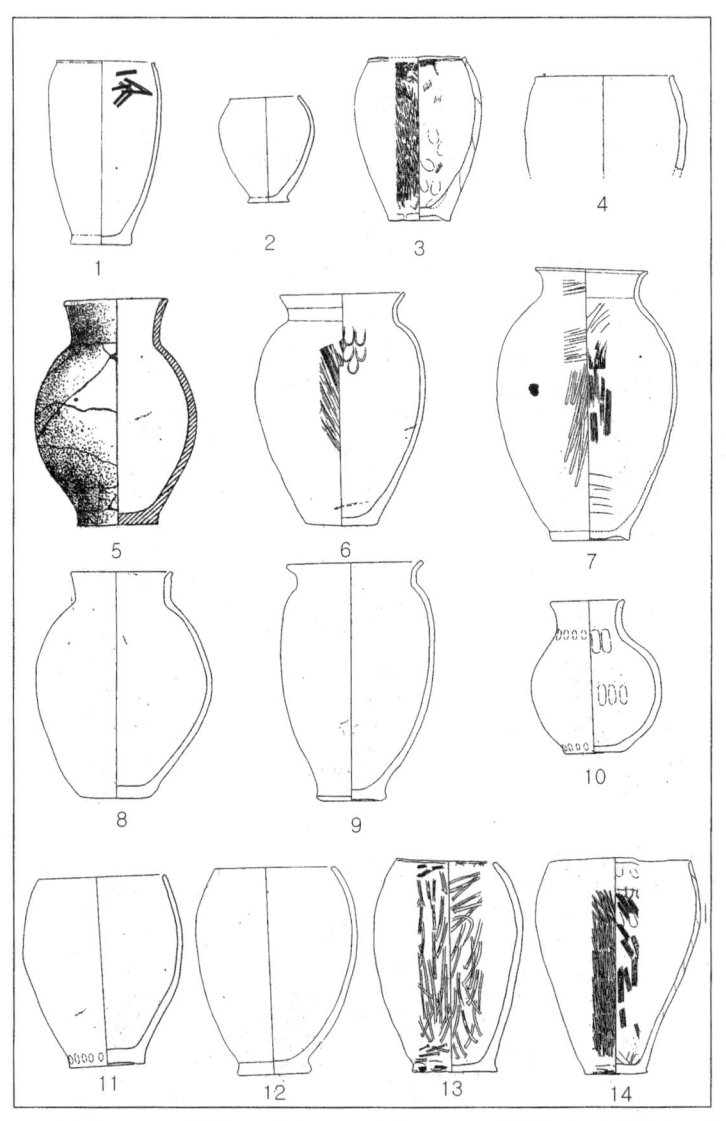

1·2 : 가평리 2호 / 3 : 신매리 54-4번지 / 4 : 교항리 17호 / 5: 호곡 6기 / 6 : 송정동 산7-1번지 /
7 : 초당동 247번지 / 8·10 : 교항리 17호 / 9 : 안인리 1호 / 11 : 교항리 24호 / 12 : 안인리 24호 /
13 : 신매리 신매대교부지 / 14 : 하화계리 7호

〈도면 6〉 중도식무문토기 각종

이 확인되고 있는데, 이는 불로치카 토기를 비롯한 크로우노프카 토기와 도 공통되는 점이다. 다만 강원도 지역 출토 중도식무문토기는 옆으로 붙여 쌓기한 형식의 출토비율이 불로치카 토기보다 다소 높다. 그리고 서울 풍납토성 출토 중도식무문토기는 대개 옆으로 붙여 쌓기한 저부 접합방식이 많은 것으로 파악되고 있어(한신大學校博物館 2003 : 124-125) 강원도지역 및 연해주지역과는 일정한 차이를 보이고 있어 주목된다.

동체부 접합방식은 세 지역 모두 유사하다. 접합시 동체 외면쪽은 위에서 아래로 밀어내리고, 내면 쪽은 아래에서 위로 쓸어 올린 방식이 그렇지 않은 방식보다 출토비율이 높다.

앞에서 살펴보았듯이 불로치카 토기에서는 7개의 구연부 형식이 파악되었는데, 강원지역 중도식무문토기에서 이러한 형식이 모두 확인된다. 특히 양 지역 토기의 유사성과 관련하여 중요한 구연부 형식은 내만구연(a형식), 구순 외측면이 살짝 외반되는 구연(Ⅰb2), 유경식 구연부(Ⅱa, Ⅱb)이다. 내만구연토기(도면 6의 10-13)는 강원도지역 대부분의 유적에서 출토되고, 그 출토비율 또한 높은 편이다. 그러나 한강하류지역 및 임진강·한탄강 유역에서는 출토량이 상대적으로 빈약한데, 하남 미사리(한양대 13호), 여주 연양리, 포천 영송리, 철원 와수리유적에서 각각 1-2점이 출토되었을 뿐이다. b2형식의 구연토기는 중도식무문토기에서 그리 많지는 않다. 양양 가평리 2호 주거지에서 2점(도면 6의 1-2), 춘천 신매리 54-4번지 1호 주거지에서 1점(도면 6-3), 강릉 교항리 17호 주거지에서 1점(도면 6-4), 동 18호 주거지에서 1점, 26호 주거지에서 1점 등 모두 7점에 불과하다. 역시 강원지역 특히 영동지방 유적에서 출토빈도가 높다. 이 유적에서는 전형적인 크로우노프카 토기로 간주되는 나무그루형파수가 달린 토기들이 함께 출토되고 있어 다른 유적보다도 크로우노프카 토기문화 요소가 강하게 파급된 유적이라고 생각된다.

영동지방 유적에서 확인되는 유경호에 대해서는 호곡동 17호 주거지에서 출토된 유경호(도면 4-5)를 근거로 해서 두만강계토기(크로우노프카 토기)로 추정한 바 있듯이(유은식 2006 : 167-175), 크로우노프카 토기와 매우 관련성이 높은 기종으로 생각된다. 또한 유경호는 영서지방을 비롯 한강하류 등 여타 지역에서 출토예가 많지 않은 점을 고려해 볼 때 영동지방 중도식무문토기의 지역성을 보여주는 중요한 기종이라고 생각된다. 향후 이에 대한 세밀한 검토가 필요하다.

요약하면 토기 구연형태를 통해서도 연해주를 포함한 두만강 유역 토기문화와 강원도지역 특히 영동지방의 토기문화는 밀접한 관련성이 있음을 다시 한번 확인할 수 있다.

지금까지 중부지방 원삼국토기중에서 마연토기를 주목하거나 언급한 연구는 없었는데, 출토사례가 많지는 않지만 7개소 유적에서 10점이 추출된다. 마연토기의 기종은 외반구연호 4점, 내만구연호 1점, 고배 2점, 구연부 2점, 동체부 1점이며 이중에서 적갈색마연토기는 3점, 흑색마연토기는 7점이다. Owen S. Rye(1981)의 마연등급에 따라 분류하면, 마연토기은 광택이 관찰되지만 마연조정흔이 일부 남아 있는 점으로 보아 마연등급과 마광등급의 중간 사이에 포함시킬 수 있는 것으로 생각된다. 이러한 마연토기는 〈표 7〉에서 보듯이 강원도지역 유적에서만 확인되고 있는데, 토기 기형의 유사성을 통해 추출한 두만강계토기(유은식, 2005)의 분포권과 크게 다르지 않다. 이러한 결과는 강원도지역의 중도식무문토기 중에는 연해주 크로우노프카 토기의 기형 뿐만 아니라 마연기술로 대표되는 제작기법을 차용한 토기가 있음을 반증한다 하겠다.

한편, 마연토기의 계보에 대해서는, 중부지방에서는 주지하듯이 점토대토기와 공반하는 초기철기시대 흑색마연토기와 백제토기의 시작을 알리는 3세기 후반 무렵의 흑색마연토기가 출토되고 있다. 물론 원삼국토기에서

〈표 7〉 중부지방 원삼국유적 출토 마연토기 현황표

구분	기종	출토지	제작기술	등급	도면번호
적갈색마연토기	내만구연호	교항리 A-1호주거지	조정흔 : 저부-깍기흔, 동체 상부-가는 선의 물손질흔, 구연부 안쪽-지두흔과 굵기흔 태토 : 고운 점토에 석립이 다량 혼입	마연	도면 7-3
	외반구연호	병산동 320-3번지	조정흔 : 저부와 동체연결부 외내면-지두흔, 동체 외면-종방향의 굵기흔, 구연부-물손질흔태토 : 점토에 장석 등 세사립 혼입	마연	도면 7-2
	외반구연호	강문동 1호주거지	조정흔 : 동체부의 외면-종방향의 굵기흔, 경부-지두흔 태토 : 고운 점토에 약간의 가는 모래 혼입	마연	도면 7-1
흑색마연토기	외반구연호 2호주거지	가평리	색조 : 내면-흑갈색, 속심-암갈색임 태토 : 정선된 점토에 약간의 사립 혼입	마연	도면 7-4
	두형토기 대각편	교항리 A-8호주거지	조정흔 : 대각과 배신부분-지두흔, 대각 내면-횡방향의 물손질흔 태토 : 고운 점토	마광	도면 7-6
	호류 구연부편	신매리 신매대교부지 7호주거지	외면은 검은 색을 칠하고 표면은 마연흔이 있음	마연	도면 7-8
	구연부편	〃	조정흔 : 내면-굵기흔	마연	도면 7-9
	동체부편 (호형)	〃	–	마연	도면 7-10
	두형토기 대각편	신매리(54-4번지) 교란층	조정흔 : 배신부와의 접합부-덧댄 흔적, 외면-2~5㎜ 폭의 종방향 마연흔	마광	도면 7-7
	외반구연호	송정동 산7-1번지 주거지 바닥	조정흔 : 동체 외면-깍기 흔적이 뚜렷함 태토 : 점토에 굵고 가는 모래가 혼입	마연	도면 7-5

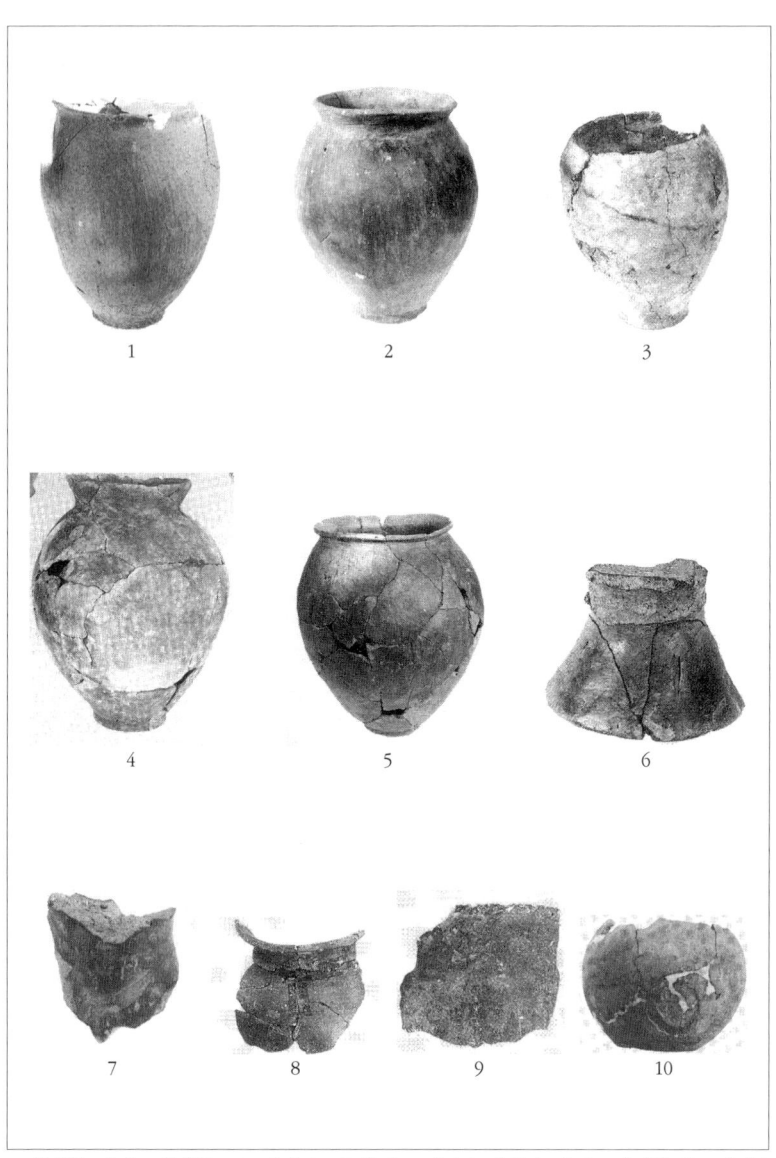

1 : 강문동 1호 / 2 : 병산동 320-3번지 / 3 : 교항리 A-1호 / 4 : 가평리 2호 / 5 : 송정동 산7-1번지 /
6 : 교항리 A-8호 / 7 : 신매리 54-4번지 / 8~10 : 신매리 신매대교부지 7호

〈도면 7〉 강원지역 출토 마연토기

지역	대옹	유경호	내만구연호	직구호	발형토기	시루	원통토기	기타
중부지방								
동북지방								

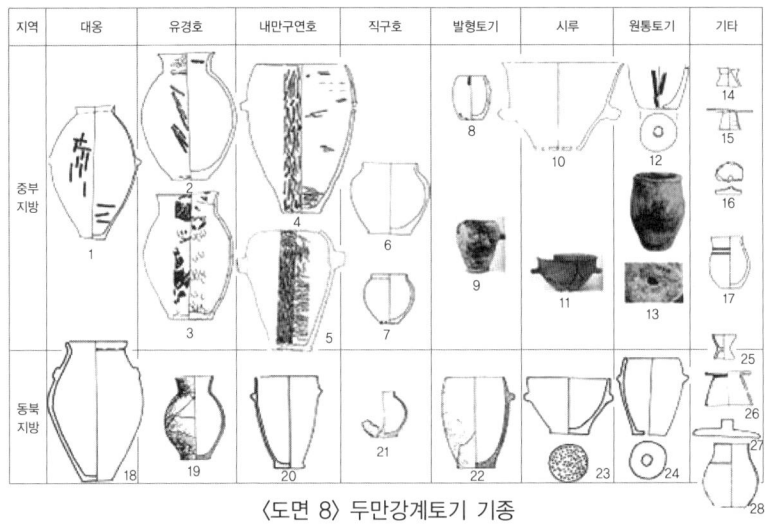

〈도면 8〉 두만강계토기 기종

보이는 마연토기는 위의 토기에서 그 계보를 찾을 수 있겠지만 시공간적으로 차이가 많이 보이기 때문에 직접 연결하기 어렵다고 생각된다. 앞으로 더 많은 자료가 확보되어야 하겠지만, 마연토기가 출토되는 유적에서는 두만강계토기가 공반하는 양상으로 미루어보면 두만강 유역을 포함한 연해주지역 초기철기문화에서 그 계보를 찾을 수 있다고 생각된다.

V. 맺음말

지금까지 토기 제작기법을 중심으로 러시아 연해주 불로치카 토기와 중도식무문토기에 대하여 비교검토 하였는데, 앞의 내용을 요약하는 것으로 맺음말을 대신하고자 한다.

불로치카 토기에서 관찰되는 1차 성형기법은 저부와 동체부 접합방식,

점토대 접합방식, 구연형태 등이며 세부적인 차이는 있지만 중도식무문토기의 제작기술과 공통점이 있는 것으로 파악되었다. 불로치카의 구연부 형태 중에서 내만구연(Ⅰa형식), 구순 외측면이 살짝 외반되는 구연(Ⅰb2), 유경식 구연부(Ⅱa, Ⅱb)는 강원지역 원삼국유적에서 대부분 확인되고 있으나 한강 하류 및 임진강·한탄강 유역에서는 그 출토양이 많지 않다. 마지막으로 연해주 불로치카 토기에는 치밀한 마연을 행한 토기가 다수 출토되는데, 동일한 마연조정기법으로 제작된 것으로 보이는 토기들이 강원도지역에서 10점이 확인된다.

이와 같이 불로치카 토기와 중도식무문토기는 형태적인 유사성뿐 아니라 토기제작기술에서도 공통점이 있음을 파악할 수 있었다. 그러나 중부지방 중도식무문토기 전반에서 연해주지역을 포함한 두만강 유역 토기문화요소가 모두 확인되는 것은 아니다. 앞서 기술하였듯이 영동지방에서는 연해주지역의 토기문화의 영향이 컸지만, 한강 하류 및 임진강·한탄강 유역에서는 미비하다. 따라서 중도식무문토기의 기원 및 형성과정에서 연해주지역 토기문화는 일정부분 영향을 주었을 것이지만, 절대적인 영향을 주지는 못했을 것으로 여겨진다. 그래서 중도식무문토기의 기원 및 형성과정에 대해서는 서북지방을 포함한 한반도 북부지방 초기철기시대의 토기와 세밀한 비교검토가 절실히 필요하다고 생각된다.

[참고문헌]

강원문화재연구소

2004 『江陵 江門洞 鐵器・新羅時代 住居址』.

2004 『鐵原 瓦水里遺蹟』.

2005 『下花溪里・哲亭里・驛內里 遺蹟』.

2005 『江陵 草堂洞遺蹟Ⅰ』.

2006 『동해 송정지구 주택건설사업지구내 유적 시굴조사 보고서』.

2006 『江陵 柄山洞 住居址-강릉 병산동 320-3번지 내 유적』.

姜仁旭・千羨幸

2003 「러시아 沿海州 세형동검 관계유적의 고찰」,『韓國上古史學報』第 42號, 한국상고사학회.

姜仁旭

2007 「두만강 유역 청동기시대 문화의 변천 과정에 대하여」,『韓國考古 學報』第62輯, 한국고고학회.

고고학 및 민속학연구소

1956 『라진 초도 원시유적 발굴 보고』, 과학원출판사.

고고학민속학연구소

1960 『회령 오동 원시유적 발굴보고』, 유적발굴보고 제7집.

국립문화재연구소

1999 『襄陽 柯坪里』.

2004 『연해주 불로치카 유적』Ⅰ.

2005 『연해주 불로치카 유적』Ⅱ.

2006 『연해주 불로치카 유적』Ⅲ.

김재윤

2007 「단결-크로우노프카문화의 기원-토기자료를 중심으로」, 『국가형성에 대한 고고학적 접근』, 제31호 한국고고학전국대회 자유패널 발표요지, 韓國考古學會.

盧爀眞

2004 「中島式土器의 由來에 대한 一考」, 『湖南考古學報』 19, 호남고고학회.

데,엘, 브로댠스키 著 · 鄭焟培 譯

1996 『沿海州의 考古學』, 學研出版社.

朴淳發

1989 「漢江流域 原三國時代의 土器의 樣相과 變遷」, 『韓國考古學報』 23輯, 韓國考古學會.

1998 『百濟 國家의 形成 研究』, 서울대학교박사학위논문.

白弘基

1991 「명주군 안인리 주거지 발굴조사 약보고」, 『韓國考古學全國大會發表要旨』 第15回, 韓國考古學會.

白弘基 · 池賢柄

1997b 『江陵 冬德里 住居址』, 江陵大博物館.

白弘基 외

1998a 『江陵 橋項里 住居址』, 江陵大博物館.

심재연

2007 「남한강 중상류지역의 철기시대 문화의 특징-최근 발굴자료를 중심으로-」, 『원삼국시대의 한강유역』, 서울경기고고학회.

수보티나 A

2005 『鐵器時代 韓國과 러시아 沿海州의 土器文化 比較研究-硬質無文土器를 中心으로』, 서울대학교석사학위논문.

安順天

2000 「三韓 土器의 定面手法 硏究-磨研手法을 中心으로-」,『科技考古硏究』第6號, 아주대학교 박물관.

梁時恩

2003 「한강유역 출토 고구려토기의 제작기법 검토」,『韓國考古學報』49輯, 한국고고학회.

유은식

2004 『두만강유역 초기철기문화연구』, 숭실대학교석사학위논문.

2006 「두만강유역 초기철기문화와 중부지방 원삼국 문화」,『숭실사학』제19집. 숭실대학교 사학회.

尹世英

1994 「無文土器의 整面手法에 關하여」,『韓國上古史學報』第17號, 韓國上古史學會.

정석배

2007 「연해주의 초기철기문화와 한반도」,『오르도스 청동기문화와 한국의 청동기문화』, 한국고대학회.

崔夢龍 · 李憲宗 · 姜仁旭

2003 『시베리아의 선사고고학』, 주류성.

최석원 외

2000 「백제시대 흑색마연토기의 산출과 재현 연구」,『문화재』34, 국립문화재연구소.

崔聖愛

2002 『風納土城 土器의 製作類型과 變化에 대한 一考察』, 한양대학교석사학위논문.

홍형우

2006 「아무르강 유역 및 연해주의 철기문화」, 『아무르 · 연해주의 신비』, 한 · 러공동발굴특별전도록.

한림대학교박물관

2003 『춘천 신매대교부지 문화유적 발굴조사 보고서』.

2003 『風納土城-삼화연립 재건축 사업부지에 대한 조사보고-』 Ⅲ.

황기덕

1973 「무산범의구석유적 발굴보고」, 『고고민속론문집 6』, 과학원출판사.

Owen S. Rye

1981 『Pottery Technology-Principles and reconstruction』, Taraxacum, Washington.

黑龍江省博物館

1979 「黑龍江東寧大城子新石器時代居住地」, 『考古』, 1979年 第1期.

Окладников А. П.

Глинский С.В., Медведев В.Е. Раскопки древнего поселения Булочка у города Находка Сучанской долине// Известия СО АН СССР, серия общества наук. Новосибирск 1972. Вып.2, №6.

04

강원도 중도식토기 문화에 보이는 동북지방 요소

심재연
(예맥문화재연구원)

04

강원도 중도식토기 문화에 보이는 동북지방 요소

Ⅰ. 머리말

강원지역 철기시대 연구는 지금까지 주로 주거지 평면 형태의 변화에 따른 시기 구분이 주를 이루고 있었다. 이에 따라 각 주거지에서 출토되는 유물에 대한 자세한 연구가 거의 이루어지지 않는 상황에 있다. 하지만 경기지역을 중심으로 취락유적에서 다양한 漢式系(樂浪系) 토기의 출현빈도가 늘어나게 되면서 강원지역의 개별유적에 그 동안 주목받지 못하였던 토기에 대한 재검토를 통하여 많은 수의 토기들이 한식계토기임이 확인되었다. 또한 북한강 유역을 중심으로 한식계토기들이 집중적으로 확인되면서 마치 강원지역은 한식계토기문화의 지대한 영향하에서 변화 발전한 양상으로 인식되어지는 상황에 놓여 있다.

이러한 철기문화에 있어 한식계통의 영향 이외에 동북지역과의 관련을 주목하는 견해가 제기되고 있다. 동북지역과의 관련에 있어 강원지역 철기시대 문화형성요인의 대부분을 관련짓는 견해로부터 일부 요소의 관련성만을 주장하는 견해까지 다양하게 전개되고 있는 상황이다.

필자는 강원지역과 동북지역과의 관련성에 있어 移住說, 토기제작기술의 相似性에 따른 동일문화권역으로 보는 견해보다는 일부 문화적인 요소가 상호 작용속에서 나타나는 현상으로 파악하고자 한다. 이에 그동안 제기 되었던 강원지역에서 보이는 동북지방요소를 재검토하면서 상호관계성에 대하여 검토하고자 한다.

II. 강원지역에서 보이는 동북지방의 요소

1. 住居

1) 평면형태

지금까지 강원지역에서 보이는 철자형·여자형주거지의 기원문제는 해결되지 않는 상황이다. 하지만 동북지역의 자료가 최근 소개가 되면서 연관성이 부각되고 있다. 특히 연해주지역의 크로우노프카 유적의 사례를 볼 때 개연성은 충분하다고 생각된다. 이러한 상황에서 강원지역 철기시대 주거지의 평면 형태는 대부분이 철자형 또는 여자형의 형태를 전시기에 보이다가 이후 영동지역은 강릉 지역이 4세기 후반경 신라의 진출과 더불어 (장)방형주거지로 변화[1]하고 있으며 동해 망상동지역과 송정동지역은 기존 재래의 철자형 주거지가 지속되는 양상(심재연 2007a, 2008b)을 보여주고

---

1) 강문동 1호 주거지(地賢炳 1999)의 예를 들어 이른 시기의 주거지가 장방형의 형태를 띠고 있을 것으로 보는 견해가 있으나 강문동 138-1번지유적 발굴조사 결과 1호 주거지는 시기가 당초 연대보다 수세기 하향 조정되어야 하는 것으로 확인되었으며 이 주거지에 대하여는 심재연(1998)과 송만영(1999)이 문제점을 제기한 바 있다.

있다. 영서지역은 대체적으로 4세기대까지는 기존의 철자형과 여자형 주거의 형태를 지니고 있는 것으로 판단된다[2].

그런데 강원지역에서 주로 발견되는 철자형·여자형 주거지는 동북지역과의 관련성을 찾기에는 동북지역에서 발굴 조사된 주거지수에 비하여 빈도수가 매우 적다는 문제에 봉착하게 된다. 즉 동북지역에서 확인된 철자형 주거지는 알레니 유적의 2·4호주거지, 키예프카 유적의 1~6호주거지, 일송정주거지가 있다[3]. 이 유적군들의 자세한 발굴 양상은 파악할 수 없지만 도면상의 내용으로 볼 때 알레니 유적의 2·4호 주거지의 출입구는 장변에 달린 형태로 조사된 것으로 기존의 강원지역의 것과는 다른 형태를 보여주고 있다. 또한 시기차가 매우 크기는 하지만 철자형의 경우는 전국적인 현상은 아니나 신석기시대 유적에서도 확인되고 있다(구자진 2006 ; 忠淸南道歷史文化院 2007). 이에 비하여 동북지역의 주거지의 경우 (장)방형의 주거지가 대부분을 차지하는 것으로 판단된다(정석배 2007)[4]. 따라서 기존에 주장되던 주거지 평면형태의 유사성에 경도되는 것은 좀 더 검토가 필요할 것으로 판단된다.

---

2) 영서지역의 경우 출입구에 붙는 단벽과 반대쪽 단벽 형태의 변화에 따라 시기구분을 하였으나 최근 춘천 율문리 생물산업단지유적(예맥문화재연구원 2008a)과 남양주시 장현 유적(오준혁·김규홍 2007)의 발굴조사결과 계기적으로 발전하지 않는 양상이 확인되고 있다.
3) 호곡유적의 6호 주거지는 보고자의 2차례에 걸친 보고문을 볼 때 철자형이 아닌 것으로 판단된다(심재연 2006).
4) 크로우노프카 문화 주거지는 49기 중 36기의 평면형태를 파악할 수 있는데 그중 장방형 계통은 20기, 타원형은 1기, 오각형은 1기, 방형은 3기, 철자형은 9기, 여자형은 2기가 확인된다고 한다.

2) 노시설

노지는 (위석)점토띠식과 무시설식(수혈식)이 주로 보이고 있다[5].

(위석)점토띠식 노지는 중국자료는 자세한 형식을 파악하기는 어렵지만 함경도지역의 주거지에서 (위석)점토띠식 노지가 보이고 있다. 호곡동 제 Ⅱ구 17호 주거지(사회과학출판사 1975)는 길이 20㎝ 정도의 돌 10개를 타원형으로 돌린 것으로 원주 태장동유적(연세대학교 원주박물관 2008)과 정선 예미리유적(江原文化財硏究所 2007c)의 것과 비슷한 형태를 보여주고 있다. 이두 유적은 강변 하천범람지역 자갈층위에 유적이 입지하고 있기 때문에 주거를 조성하는 일련의 공정에 있어 점토띠를 돌리기 전에 하천석을 이용하였을 가능성이 높다. 이에 비하여 호곡동 17호 주거지는 유적의 입지환경에 대한 구체적인 자료가 없어 비교하기에는 어려움이 많지만 노지의 형식은 유사하다.

무시설식 노지를 살펴보면 이 노지는 선사시대에 주로 사용된 형식으로 통설로 볼 때 계기적인 발전론에 입각하면 가장 이른 시기부터 사용된 것이다. 하지만 춘천 율문리생물산업단지유적(강원문화재연구소2008)[6]에서 무시설식 노지가 반드시 이른 시기의 것이 아닌 것으로 확인되었다. 즉 율문리생물산업단지유적에서는 I자형 구들을 가진 주거지가 폐기되고 무시설식노지를 시설한 6호 주거지가 조성되는 양상을 보여주고 있다 이와 더불어 율문리 75-2번지유적(예맥문화재연구원 2008)에서는 완벽한 아궁이, 부뚜

---

5) 다만 러시아쪽 자료를 보면 출입구부분에 노지가 있는 것으로 되어 있는데 이는 어쩌면 출입구상부의 구조물이 떨어진 상황을 잘못 파악한 것일 가능성도 있다고 판단된다.

6) 이 유적은 5호주거지는 소위 I자형 노지터널식노지가 설치된 주거지로 후에 점토띠식노지가 시설된 6호 주거지가 조성된 것이 확인되었다.

막, 구들, 연통부가 확인되었다. 구들은 더 이상의 논의가 필요하지 않을 정도로 완벽한 형태였다. 하지만 아궁이 장식의 원시성이나 공반 유물을 검토해 볼 때 주거지의 조성연대는 기존의 編年觀보다는 이른 시기로 소급될 가능성이 많다. 때문에 최근 강원 영서지역에서 간헐적으로 보이는 구들의 증가는 노지 형식의 차이에도 불구하고 새로운 측면에서 접근이 필요하다고 판단된다.

한편 춘천 율문리 75-2번지유적에서 확인된 구들이외에 북한강 본류와 지류에서도 그 예가 증가하고 있는데 우선 홍천 철정리 Ⅱ유적 C-1호 주거지에서 'ㄱ'자형 구들이 최근 확인된 바 있지만 아궁이와 부뚜막의 형태가 완전한 형식을 갖추진 않은 상태로 확인되고 있다(강원문화재연구소 2007). 그리고 가평 조종천 일원을 중심으로 덕현리유적(한림대학교박물관 2007)과 항사리유적(박천택 2007)에서 출입구 반대쪽 단벽 또는 모서리에 I자형 구들을 설치한 것이 확인되고 있다. 이외에 경기도 남양주시 진접읍 장현유적에서도 I자형구들과 L자형구들이 확인(오준혁·김규홍 2007)되고 있다. 이들 주거지 모두 철자형주거지에 설치된 구조이다. 이들 유적들에서도 무시설식노지, 점토띠식노지와 구들시설과의 계기적인 발전 양상은 보이지 않고 있다.

남한강 유역으로는 섬강의 지류인 계천 유역인 횡성 학담리유적에서 구들 시설이 확인된 바 있다. 이 구들은 주거지 장변 한 지점에서 시작하여 단벽 모서리 부분으로 배연부가 조성된 것이다. 하지만 하부 바닥만이 남아 있어 구들 상부 및 측벽이 석재인지 점토로 모두 만든 것인지 확실한 양상은 알 수 없다(한림대학교 박물관). 이러한 유형의 것은 경기도 화성 발안유적에서 확인된 바 있다.

지금까지 확인되는 구들은 대부분의 유적에서는 외곬의 형태로 확인되고 있으며 주거 중심부에서 출입구 반대쪽 단벽 또는 장벽(가평 덕현리·항사리유적)에 I자형으로 조성된 것과 주거 장변 한 지점에서 시작하여 출입

구 쪽으로 배연구가 조성되는 것(횡성 학담리유적)으로 나타나고 있다

이처럼 춘천 율문리생물산업단지유적, 가평 조종천일원의 유적(가평 항사리유적, 가평 덕현리유적), 왕숙천변의 남양주 장현유적의 예에서 볼 때 노(爐)시설의 형식 분류를 통한 계기적인 발전 양상은 보이지 않는 특징을 보여주고 있다. 따라서 당시의 노시설은 각 주거를 영위하던 각 세대의 취사선택 과정에서 각 형식이 다양하게 발현된 것으로 보인다.

이처럼 현재까지 확인된 구들의 예를 살펴보면 그 계통에 대한 많은 의문이 발생한다. 구들의 계통을 동북지역의 'ㄱ자형 또는 ㄴ자형' 구들을 한반도 쪽구들의 기원지로 보는 견해(송기호 2006)는 일견 타당하다고 생각된다. 다만 강원지역에서 보이는 구들의 형태가 각 유적지 간 유적내에서의 차이가 많다는 것이다. 따라서 단선적이 전파루트로 보기에는 좀 더 관련 유적의 증가를 기다려야 할 것으로 생각된다.

현재까지 영동지역에서 수많은 유적이 발굴조사되었지만 구들시설이 확인된 유적이 없다는 양상에 대하여 주목하여야 할 것으로 생각된다. 즉, 영동지역의 구들의 계통성이 보이지 않는다는 것은 새로운 각도에서 재조명하여야할 필요가 있다는 것이다.

이러한 주거지의 내부 시설 간의 비교를 통하여 볼 때 일부 요소는 동북지역에서 보이는 양상과 비슷하다. 하지만 세부적인 측면에서 보면 때 상이점도 나타나고 있다. 이 세부적 측면에서의 상이점이 동북지역에서 강원지역으로 전파과정 중 변화를 일으킨 것인지 아니면 계통의 차이인지 특히, 노지, 구들의 경우 좀더 많은 자료의 증가를 기대하여야 할 것으로 생각된다.

2. 出土遺物

강원지역의 철기시대 연구에 있어 동북지역과의 관련성은 중도 발굴조

사보고서에 처음 언급된 이후에 최근 재조명되고 있다. 특히, 노혁진(2004), Subbotina Anastasia(2005), 유은식(2006)에 의하여 집중적으로 논의된바 있다. 하지만 소위 외반구연호의 계보에 대하여는 동의하기가 어려우며 유은식이 논의한 기종이 동북지역과의 관련성을 보여주고 있다고 생각한다. 반면에 외반구연호는 심재연(2007)과 김일규(2007)에 의하여 그 연원에 대한 새로운 견해가 제기된 바 있다.

우선적으로 동북지역과의 관련성이 깊은 토기에 대하여 살펴보면 다음과 같다.

1) 동북계토기

동북계토기는 주로 유은식에 의하여 비교 연구가 이루어진 바 있으며 몇몇 유적에서 새로운 자료가 추가되고 있다.

(1) 파수부내만구연호

영동지역과 북한강 유역에서 출토되고 있는 토기로 강릉 교항리 17호·18호 주거지, 춘천 신매대교접속도로부지유적, 춘천 신매리 47-1번지유적, 춘천 신매리 54-4번지유적, 중도유적, 천전리유적(翰)에서 출토되었다. 이 기종은 영동지역의 경우 기원 4세기대에서 나타나고 있어 그 존속기간이 동북지역 토기 중 가장 긴 것으로 판단된다. 특히 동해 송정동 도로부지유적(예맥문화재연구원 2007a) Ⅱ지구에서 집중적으로 출토되고 있다.

(2) 직구호

영동지역과 영서 남한강 유역에서 확인되는 토기로 강릉 교항리 27호 주거지, 횡성 화전리 I-2호 주거지, 횡성 중금리 1호 주거지에서 출토되었다.

(3) 파수부발형토기

주로 영동지역에서 확인되는 토기로 강릉 교항리 9호 · 24호 주거지, 동해 송정동유적(강릉대)에서 출토된바 있다. 최근 홍천 철정리 II-5호 주거지에서 출토된 바 있다.

(4) 두형토기

강릉 교항리 8호 · 24호 주거지, 춘천 신매리 54-4번지유적 13호 주거지 · 교란층에서 출토된 바 있다.(본서 유은식 논문 참조)

(5) 파수부외반구연호

율문리75-2번지유적(도 1)에서 처음으로 확인된 것으로 중국 흑룡강성 단결유적과 연해주 크로우노프카 유적에서 동일기종이 출토된 바 있다. 정면기법에 있어서도 치밀한 종마연기법이 보이고 있으며 2점 모두 흑색을 띠고 있다.

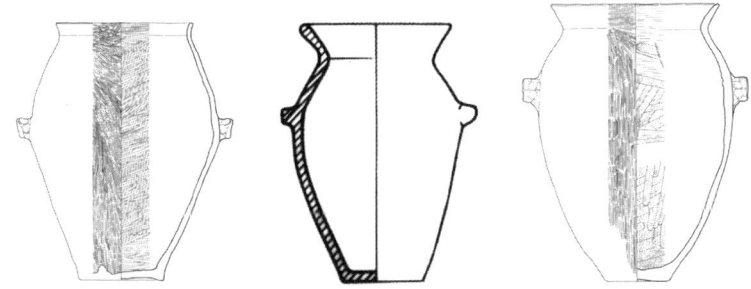

도 1. 1 · 3:춘천 율문리 75-2번지유적 1호 주거지 2:단결하층2기

(6) 이중구연호(도 2)

러시아 셰로마예브 클루치 유적(Кроуновское поселение Шеломаев ключ)에서 1점이 확인되었다. 이와 유사한 형식의 것이 동해 송정동유적(예맥문화재연구원 2007a) 7호 주거지에서 1점이 출토되었다. 구연부를 겹싸 덧댄 토기로 일견 청동기시대 이중구연토기와 흡사하다. 셸로마예브 유적의 연대는 방사성탄소연대측정 결과 2160 B.P.로 동해 송정동유적 보다는 이른 시기 의 것이다. 시기적 인 차이는 있으나 동북지역과 강원 지역과의 관련에 있어 중요한 단서 가 될 것으로 보인다.

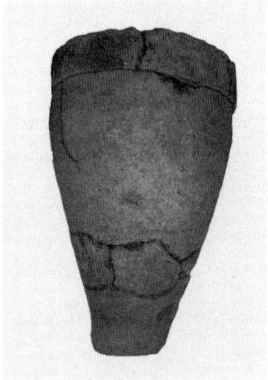

도 2. 동해 송정동유적(좌) 셸로마예브 클루치 유적(우)

2) 외반구연호

동북지역과의 관련속에 보는 견해가 주를 이루고 있으나 최근 이 외반구연호에 대한 계보에 대하여 달리 보는 견해가 제기되고 있다. 필자(2007a)는 강릉 방동리유적 1호 가마와 C-8호 주거지 출토 유물(도 3)을 주목하여 외반구연호의 발생에 대하여 기존 견해와는 다른 측면에서 검토한 바 있다. 보고문으로 볼 때 각 토기의 정면기법이 자세히 기술되어 있지는 않지만 최소한 기형으로 볼 때 철기시대에 유행하는 외반구연호의 조형으로 보아도 무리가 없다고 생각되는 토기들이 출토되었다. 한편 김일규(2007: 17)는 낙랑토기 제도기법에 연결하여 기존 원형점토대토기문화에 낙랑기법이

가미되어 외반구연호가 발생한 것으로 보고 있다.

이처럼 경질무문토기 중도식토기의 기원에 대하여 재래의 원형점토대토기와의 관련을 가지고 보는 관점은 동일하지만 한군현의 설치와 더불어 낙랑토기제도기법과의 관련성을 이어가기에는 그 시기적인 공백이 매우 크다고 할 수 있다. 특히, 영동지역의 점토대토기유적의 입지와 철기시대주거지의 입지는 구릉지대와 사구지대라는 상이한 위치를 점하고 있다는 점이다. 현재까지 확인되는 것은 강릉 방동리유적에 한정되는 양상이기는 하지만 소위 '외반구연단경호'의 발생 양상이 보이고 낙랑토기 제작기법의 영향을 받은 양상은 보이지 않는다는 점이다. 또한 해안사구에 위치한 철기시대 취락을 발굴조사하는 과정에서도 점토대토기 관련 유물은 확인되지만 낙랑토기와 공반되거나 영향을 받은 양상은 보이지 않다는 점이다.

이와는 달리 영서지역은 구릉지대에 위치하던 점토대토기유적이 강변충적평야지대로 이동하는 양상이 춘천 현암리유적(예맥문화재연구원 2007b)과 홍천 철정리유적Ⅱ(강원문화재연구소 2006a)에서 확인되고 있다[7]. 현암리유적과 철정리유적으로 확인된 주거지가 1~2기에 지나지 않지만 취락이 산지

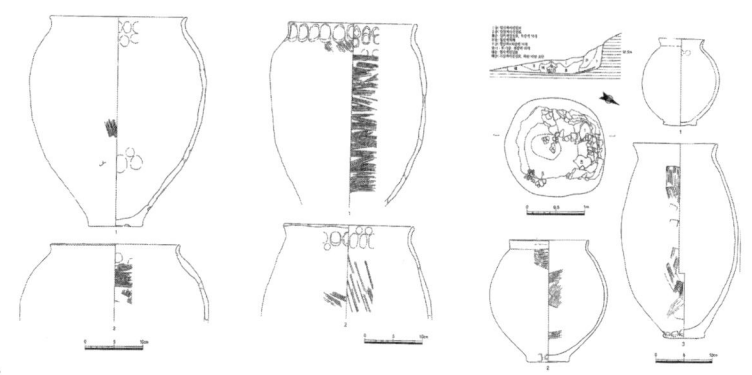

도 3. 강릉 방동리유적 8호 주거지·C-1호 가마 출토 유물

구릉에서 강변충적평야로 이동하는 현상은 점토대토기문화에서 철기시대로 이행하는 과정을 설명하는 중요한 단서를 제공하여 줄 것으로 생각된다. 따라서 최근 점토대토기유적의 방사선탄소연대측정치가 4~5세기를 상회하는 연대치가 발표되고 있으나 하한연대에 있어서는 기존 통설과 큰 차이가 없을 것으로 생각된다. 이러한 가정이 타당하다면 영동지역의 경우 재래의 점토대토기인들은 어느 시기에 해안사구쪽으로 진출을 하였을 것으로 생각된다. 그리고 강릉 초당동유적, 동해 송정동유적, 동해 망상동유적의 유구석부가 뒷받침해 주는 것으로 생각된다.

이처럼 강원 영동·영서지역에서 재래의 점토대토기문화에서 철기시대 소위 '중도식무문토기'의 발생 단계를 제공하여 주는 양상이 동북지역에서도 일부 보이고 있다. 예를 들면호곡동 제5기의 주거지에서 점토대토기(보고서 그림 73)가 공반된 것이 확인된다(사회과학출판사 1975 : 196). 각 주거지 출토유물의 공반관계가 자세히 알려지지 않았지만 경질무문토기의 발생과 관련하여 많은 시사점을 보여 주고 있다.

3) 폴체식 철부[8]

이 철부는 강릉 교항리유적(강릉대학교박물관2000: 14[9]), 철원 와수리유적(江原文化財研究所 2006b), 동해 송정동유적(예맥문화재연구원 2007), 가평 대성리유적(金一圭 2006)에서 출토된 바 있다. 또한, 한반도 중남부지역을 아우른

---

7) 이외에 신매리유적과 중도유적에서 구연부편이 확인된 바 있다(國立中央博物館 1981).
8) 村上恭通, 2000, 「團結文化と滾兎嶺文化」, 『東夷世界の考古學』.
  洪亨雨·姜仁旭, 2004, 「러시아 극동지역 철기시대 연구의 제문제 – 폴체 문화를 중심으로-」, 『동북아 청동기시대 문화 연구』.
9) 교항리유적 8호 주거지에서 출토된 것으로 발굴보고서에는 소개되어 있지 않으나 도록에 소개되어 있다.

다면 末山里3號(慶南考古學研究所 2000), 芋浦D地區 40號(嶺南大學校博物館 1987), 龍潭洞遺蹟(濟州大學校博物館 1989)의 예를 들 수 있다.

이 폴체식 철부는 영남지방과 제주도를 넘어 멀리 일본 靑谷上寺地遺蹟(靑谷町敎育委員會 2002:25)에서도 확인되고 있다. 또한 중국 동북지방의 경우 榆樹 老河深遺蹟 32號墳·41號墳(吉林省文物考古硏究所編 1987), 北標 喇嘛洞 209호·266호(日本奈良文化財硏究所·中國遼寧省文物考古硏究所 2006)에서 확인되고 있다. 하지만 각 유적에서 출토된 각 철부의 공반 유물과의 관계를 보면 시기의 진폭이 너무 크다. 이는 폴체 문화의 존속기간과도 관련이 깊은 것으로 생각된다. 다만 강원지역에서 보이는 폴체식 철부는 동북지역과의 밀접한 관련성을 보여준다고 볼 수 있다.

3. 移住

移住說은 노혁진(2004), Subbotina Anastasia(2005)에 의하여 제기되었으며 최근, Yu.E.보스트레초프(정석배 2007 재인용)와 정석배(2007)에 의하여 지지되고 있는 듯하다. Yu.E.보스트레초프는 기원전 2~1세기의 기후의 한랭화와 그에 다른 생태환경의 변화 그리고 자원압박에 의해 크로우노프카 인들은 내륙지역에서 남쪽 두만강 하구 방향, 동쪽과 남동쪽 방향, 그리고 동쪽 방향으로 이주하였다는 견해를 내고 있다.

그러나 이주설이 성립하기 위해서는 다음의 상황이 설명이 되어야 한다고 생각된다. 최근 윤용구(2007)는 기원전 45년(初元 4年) 樂浪郡에서 파악한 嶺東七縣의 호구수를 6,795 戶에 47,884명으로 추정 계산한 바 있다. 이 인구가 한족과 토착주민을 합한 인구로 嶺東七縣에는 적어도 5만여명의 인구가 살고 있다는 것이다. 이 嶺東七縣은 당시 동부도위에 의하여 낙랑군의 직접적인 통치를 받던 곳이다. 그렇다면 嶺東七縣에 대한 호구조사를 실시할 수 있는 통제력을 가지고 있는 상황에서 동북지역의 소위 단결크로우

노프카인들의 이주가 과연
가능하였냐는 것이다. 아마
이주가 이루어졌다면 어떠
한 형식을 통해서건 중국측
사료에 등재되지 않았을까
하는 생각이 든다. 따라서
이 이주설을 설명하기 위해
서는 嶺東七縣의 존재와 관
련되어 설명되어야 한다고
생각된다.

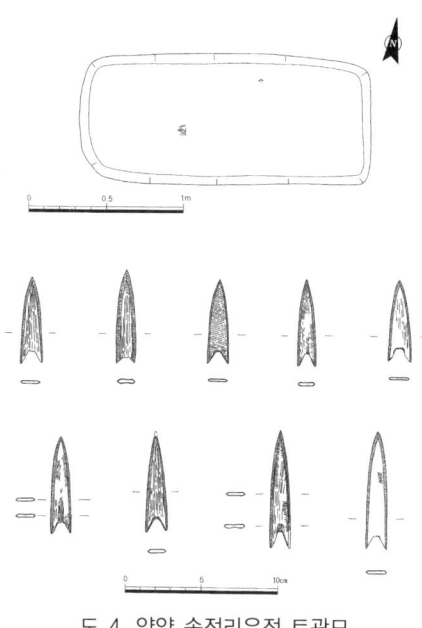

　한편 외반구연호의 발생
과 관련하여 점토대토기에
서 계기적으로 변화하였다
는 가설이 타당하다면 다음

도 4. 양양 송전리유적 토광묘

의 양상도 설명이 가능할 것으로 생각된다. 최근 영동지역 철기시대 취락
의 발굴조사 결과 해안사구지대에서 청동기시대유적 · 유물이 일부 확인된
바 있다. 특히, 양양 송전리유적(예맥문화재연구원 2008b 도 4), 지경리유적(江
陵大學校博物館 2002)의 토광묘와 동해 송정동의 지석묘는 사구지대의 청동기
시대유적의 존재를 보여주는 것이고 이와 더불어 청동기시대 관련 유물(도
5 · 6)은 더욱 더 뒷받침하여 준다고 생각된다.

　따라서 해수면 변동에 의한 청동기취락이 구릉지대에 위치하고 사구지
대에 입지하지 않는다고 보는 견해(백홍기 · 오건환 1997)보다는 청동기시대
취락의 이동과정에 대한 검토(심재연 2008c)가 필요할 것으로 생각된다. 즉,
해수면 변동에 따른 자연환경의 변화에 따라 청동기시대 주민과 철기시대
이른 시기의 주민의 자연환경에 대한 적응과정에 대한 규명이 필요하며 이

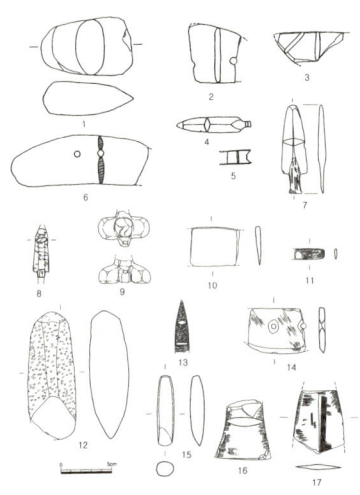

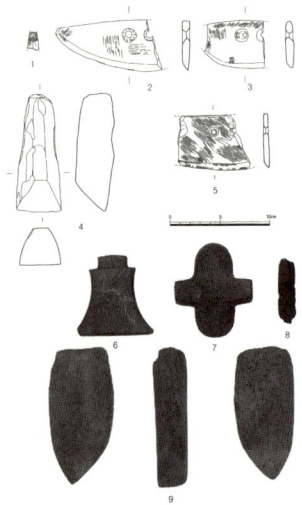

도 5. 영동지역 사구지대 출토
청동기시대 관련 유물①
(심재연 2008c)

도 6. 영동지역 사구지대 출토
청동기시대 관련 유물②
(심재연 2008c)

러한 작업이 이루어진다면 현재 확인되지 않고 있는 기원전 시기의 철기
시대문화양상에 대한 좀 더 진일보된 검토가 이루어질 수 있을 것으로 생
각된다.

이러한 가설이 타당하다면 영동지역의 철기시대 기원전 시기의 유적 부
재 현상에 대한 설명이 가능할 것으로 보인다. 즉, 기원 전후의 해수면 변
동은 해안사구의 형성에 많은 영향을 주었을 것으로 생각된다. 이러한 과
정에서 일부 유적은 삭평되었을 가능성도 있고 일부 유적은 지금까지 확
인되지 않았을 가능성이 높다고 생각된다. 이것은 동해 망상동유적(심재연
2008a · b)의 경우 해발 1.8m까지 4세기 후반대의 유적이 중첩되어 형성된
것이 확인되는 것과 동해 송정동유적(심재연 2008b)의 예에서도 충분히 설
명될 수 있다. 즉, 해발고도 약 2m까지 4세기 후반대의 유적이 형성되었

다는 사실은 그 전의 유적이 사구 형성 단계에서 삭평 또는 재퇴적되었다는 사실을 보여주는 것으로 보인다.

그러므로 강원지역의 철기시대 문화전통을 파악함에 있어서는 동북지역 주민의 이주로 설명하기에는 여러 가지 요인이 다각적으로 검토되어야 할 것으로 판단된다.

이에 비하여 영서지역의 양상은 영동지역과는 사뭇 다른 양상으로 전개되고 있다. 영서지역에서 가장 이른 시기로 판단되는 유적은 철원 와수리유적이다. 와수리유적은 경질무문토기와 전국계로 보이는 철경부동촉과 철부가 출토되었다. 이 연대에 대하여 이견이 제기되어 있는 상황이기는 하지만 토기의 형식과 공반관계를 볼 때는 가장 이른 시기임에는 틀림없다. 이후 시기의 것은 춘천 신매리유적이다. 춘천 신매리 일원에서 조사된 철기시대 주거지는 대체로 기원전 · 후한 시기에 해당하는 유적으로 한식계 토기와 동북계통의 유물이 집중적으로 확인되는 지역이다. 이 양계통의 토기가 확인되는 양상 중에 한식계 토기의 출토가 많은 것은 춘천지역이 영남지역과의 교류에 있어 한군현의 입장에서는 중요한 교통로 중의 하나였기 때문인 것으로 생각된다. 이러한 교통로의 역할은 동북지역의 문화교류에 있어서도 중요한 역할을 하였을 것이다. 즉, 지금까지 막연히 추가령 구조곡을 통한 문화 전파루트를 상정하였지만 철원 와수리유적의 예에서 보이는 것처럼 동북지역과 서북한 지역의 문화요소가 함께 나타난다는 것은 강원 영서지역의 중요성을 다시 한번 확인시켜주는 것이다.

동북지역의 문화적인 요소는 춘천 천전리유적(한림대학교박물관 2008 : 도 7)에서 극명하게 드러나고 있다. 이 유적에서는 철기시대 주거지 3기가 확인되었다. 각 주거지에서 출토된 토기는 모두 동북계로 보이는 토기로 발굴조사과정에서 타날문토기나 한식계토기는 1점도 확인되지 않았다. 하지만 환두도자 1점이 출토되었고 방사성탄소연대측정과는 기원 2세기경으로 측정되었다. 따라서 천전리유적의 예를 볼 때 동북지역의 문화요소를 지닌 집단이 춘천지역에 거주하고 있었을 가능성이 많다고 판단된다. 이 집단이 이 지역에 거주하면서 서북한지역의 문화적인 요소와 결합하여 나타나는 현상이 신매리 일원의 철기시대 주거지와 천전리유적에서 확인되는 것으로 보이다.

동북지역의 문화요소는 홍천 철정리유적 II A-5호 주거지(도 8)에서도 보인다. 이 주거지에서 출토된 유물 조합상은 천전리유적(翰)과 거의 유사한 양상을 보여주고 있다. 차후 발굴조사 보고서가 발간되면 정확한 양상을 파악할 수 있지만 동북지역 문화와 관련이 깊은 유적 중의 하나로 판단된다.

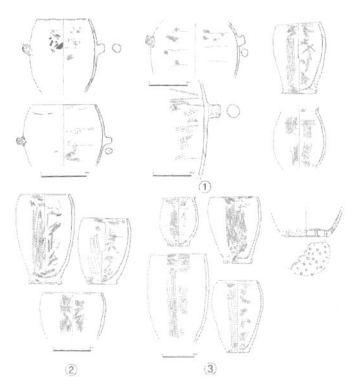

도 7. 천전리유적
3호(①)·1호(②)·6호(③)주거지

도 8. 홍천 철정리유적 II A-5호 주거지

III. 東北地域과 江原地域의 鐵器時代 年代問題

동북지역의 연대자료를 알 수 있는 유적은 연해주지역(도 9)의 자료가 주를 이루고 있다. 최근에 정리된 연대자료를 볼 때 그 시기차는 매우 크다고 볼 수 있다. 이에 비하여 강원지역의 철기시대유적의 방사성탄소연대 측정결과를 각 지역별로 정리하면 다음과 같다.

영동지역(도 10)은 방사성탄소연대측정자료가 이른 시기부터 신라진출기까지의 양상을 알 수 있는 자료가 축적되어 있다. 다만 동북지역과의 비교연구에 중요 유적인 강릉 교항리유적의 측정 연대가 없다는 점과 강릉 병산동유적, 강문동 저습지유적, 안인리유적, 동해 송정동유적의 공반 유물의 관계를 파악할 수 없다는 한계가 있다. 지금까지 알려진 철기시대 연대측정치를 볼 때 동북지역과의 관련을 보여주는 자료 대부분이 기원전후의 시기로 보이는 주거지에서 확인되는 것들이다[10].

북한강 유역(도 11)은 방사성탄소연대측정치가 이른 시기의 유적부터 골고루 측정된 상태이다. 때문에 각 유적에서 나타나는 유물상을 통하여 보면 이른 시기인 철원 와수리유적[11], 춘천 신매리 54-4번지유적, 신매대교 접속도로부지유적에서 동북지역 계통의 토기가 주로 확인되는 것을 알 수 있다.

이에 비하여 남한강 유역(도 12)은 횡성 학담리유적을 제외한 대부분의 유적 중심연대는 기원 3~5세기대인 주거지가 중심을 이루고 있다(심재연 2007b). 그리고 각 유적에서 나타나는 유물상에서는 동북계통의 토기는 그 출현예가 매우 드문 현상을 보이고 있다. 따라서 영서지역의 경우 북한강 유역(와수리유적 포함)에서 보이는 이른 시기의 유적에서 주로 동북계통의 토기가 나타나는 것은 적어도 기원전 2세기경부터 기원 1~2세기경까지 상호

---

10) 하지만 모든 유적이 기원전후의 것은 아니다. 안인리유적, 지경리유적, 병산동유적, 송정동유적에서는 기원3 ~ 5세기 전반기에 속하는 주거지가 확인되고 있다.
11) 편의상 북한강유역에 논하나 수계는 한탄강유역이다.

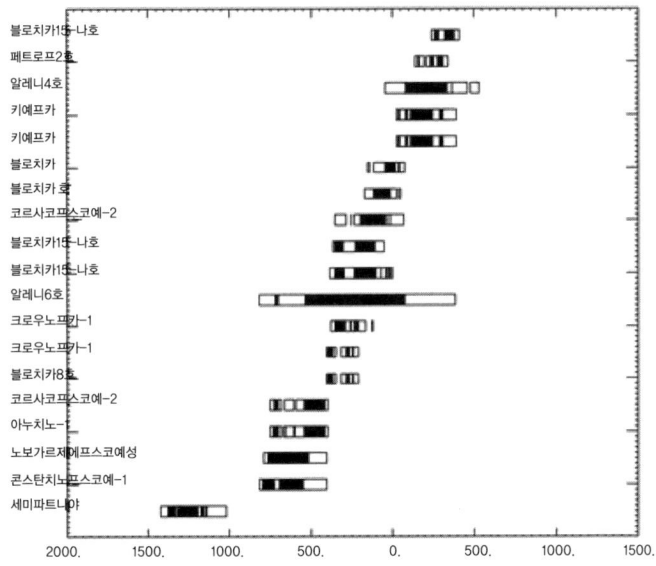

도 9. 동북지역 방사성탄소연대

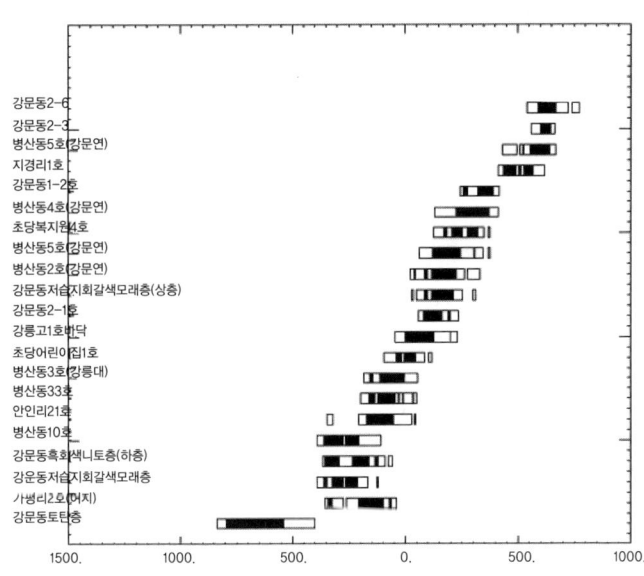

도 10. 영동지역 방사성탄소연대

작용이 이루어졌다는 상황을 보여준다(유은식 2006 : 174). 이에 비하여 남한 강 유역은 지금까지 이른 시기로 편년할 만한 유적의 조사예가 적기 때문에 동북지역과의 관련을 살필 수 있는 자료가 적다고 생각된다. 따라서 차후 이른 시기의 철기시대 취락이 확인 조사된다면 동북지역과의 관련성을 살펴 볼 수 있는 자료가 나타날 것으로 생각된다.

따라서 방사성탄소연대에 근거한 강원지역의 철기시대문화에 동북지역과 관련된 유물이 공반되는 유적 중에 양양 가평리유적과 철원 와수리유적이 가장 이른 시기에 속하는 것으로 나타나며 영동지역은 양양 가평리 2호 주거지, 강릉 병산동 3호·10호 주거지, 안인리 22호 주거지가 해당된다. 영서지역의 철원 와수리유적에서 戰國系 鐵莖附銅鏃, 鐵器類, 東北地域의 외반구연호와 철부가 보이는 등 계통의 다양성이 보이고 있다. 또한 춘천 율문리 75-2번지유적에서는 한식(樂浪)系土器와 동북요소인 구들[12], 파수부외반구연호 등이 확인되고 있다.

이처럼 영서지역은 동북계통의 유물과 전국계, 낙랑계의 요소가 동시에 나타나는 현상을 보여주고 있다. 또한 경질무문토기의 표면정면기법 중 치밀한 종마연기법이 보이지 않는 양상을 보여 주고 있다.

이상에서 살펴본바와 같이 영동·영서지역 간의 방사성 탄소연대 측정자료에서도 지역 간의 편차가 있음을 알 수 있다. 또한 동북지역의 연대와 영동·영서지역 간의 시기적인 차이를 설명하여야 하는 문제점이 있음을 알 수 있다. 결국 동북지역과 영동·영서지역 간의 관련성을 살피기 위해서는 이주 이외의 각 지역 간의 교류와 상호작용에 대한 면밀한 검토가 이루어져야 한다고 할 수 있다.

---

12) 최근 홍천 철정리II 유적에서 판석을 이용한 구들유구가 조사되어 주목된다.

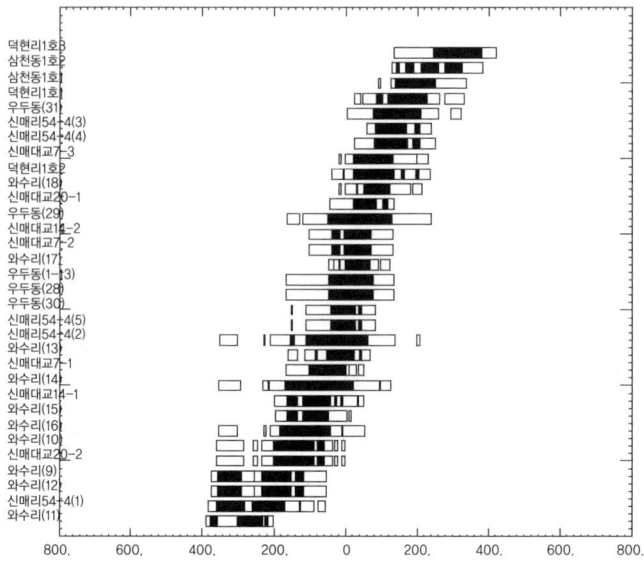

도 11. 북한강유역 방사성탄소연대

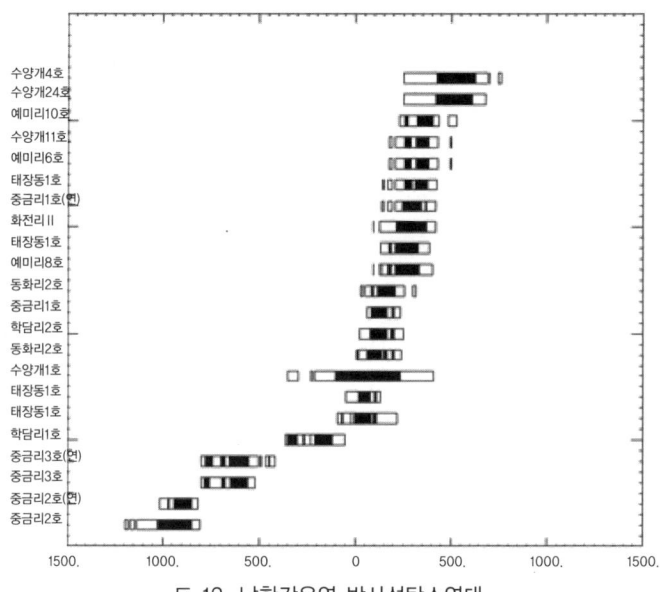

도 12. 남한강유역 방사성탄소연대

IV. 맺음말

강원지역 철기시대 취락 조사 결과 주로 철자형과 여자형주거지가 주로 확인되고 공반유물은 경질무문토기, 출토 빈도수의 차이는 있으나 타날문토기 등이 주를 이루고 있다. 이러한 유물 조합상을 통하여 최근까지 그 계보에 있어서 서북지방계통설이 주를 이루고 있었다. 서북지역 계통론은 선사시대 전시기 연구에 있어 주요 전파루트로 설명되는 것으로 유의미한 계통설로 자리매김을 할 수 있다고 생각한다. 하지만 동북지역의 영향 또한 신석기시대 이래로 지속적으로 진행된 것으로 판단된다. 이러한 영향에 대하여 주로 '이주' 관련하여 논의되었지만 철기시대에 들어와서는 각 지역 간의 상호작용속에서 각 지역의 문화적인 요소가 산견된다고 판단된다. 따라서 동북지역에서의 일방적인 이주 또는 전파로 설명될 수 없다고 생각한다. 즉, 강원지역 철기시대유적에서 보이는 다른 지역의 문화요소는 전파론적 관심보다는 재래집단의 내재적인 발전속에서 어떠한 양상으로 각 지역 집단 간의 상호 작용속에서 변화 발전하였는지를 밝히는 것이 더욱 중요한 과제라고 생각한다. 특히 본고에서 살펴본 동북지역의 요소는 주로 기원전 2세기경부터 기원 1~2세기에 걸쳐 상호작용이 일어난 것으로 보이며 원산만 일대에 대한 한군현 · 고구려의 영향력 따라 상호작용의 강도는 변화하였을 것으로 보인다.

[참고문헌]

강릉대학교박물관

2000 『발굴유적유물도록』.

2002 『襄陽 地境里 住居址』.

강원문화재연구소

2006a 「홍천 구성포~두촌간 도로 확·포장공사내 유적 발굴조사 洪川 哲亭遺蹟II-2차 지도위원회의자료」.

2006b 『鐵原 瓦水里 遺蹟』.

2007a 『新梅里 10·47番地遺蹟』.

2007b 「홍천 철정리II 유적-4차지도위원회의자료」.

2007c 『旌善 禮美里 遺蹟』.

2008 『춘천 율문리 335-4번지유적-춘천 율문리 생물산업단지 조성 부지내 유적 발굴조사 보고서』.

慶南考古學硏究所

2000 『道項里·末山里遺蹟』.

고동순

2006 「최근에 조사된 영동지방 신석기유적 고성 철통리·양양송전리 유적」, 『계층사회와 지배자의 출현』, 한국고고학회창립30주년기념한국고고학전국대회.

구자진

2006 「중서부지역 신석기시대 집자리의 특징과 전개양상」, 『南部地方 新石器文化의 諸問題』, 2006年 韓國新石器學會 學術大會 發表 資料集.

國立中央博物館

1981 『中島』(進展報告II).

金一圭

2006 「漢江 中,下流域의 中島式土器 編年 小考」,『石軒鄭澄元教授停年退任記念論叢』.

2007 「한강유역 원삼국시대의 성립과정」,『고고학』6-2호, 서울경기고고학회.

吉林省文物考古研究所編

1987 『榆樹老河深』, 文物出版社.

盧爀眞

2004 「中島式土器의 由來에 대한 一考」,『湖南考古學報』19.

박천택

2007 「가평 현리 원삼국시대 취락유적」,『원삼국시대의 한강유역』2007년도 제3회 서울경기고고학회 정기발표회.

백홍기 · 오건환

1997 「중부동해안지역 선사유적의 분포 특성과 지형환경 – 주문진-양양지역을 중심으로 –」,『古文化』第50輯, 韓國大學博物館協會.

사회과학출판사

1975 「무산범의구석유적발굴보고」,『고고민속논문집』6.

송기호

2006 『한국 고대의 온돌-북옥저 고구려 발해-』, 서울대학교출판부.

Subbotin Anastasia

2005 「鐵器時代 韓國과 러시아 沿海州의 土器文化 比較研究」, 서울대학교 석사학위논문.

宋滿榮

1999 「中部地方 原三國文化의 編年的 基礎」,『韓國考古學報』第41輯.

沈載淵

1998   「강원지역 철기문화연구」, 『韓國上古史學報』 第29輯.

2006   「강원 영동지역 철기시대 상한과 하한」, 『강원지역의 철기문화』, 강원고고학회.

2007a   「강원 영동지역 철기시대 발굴현황과 앞으로의 과제」, 『古墳研究』 9, 古墳研究會

2007b   「남한강 중상류지역의 철기시대 문화의 특징 – 최근 발굴조사를 중심으로」, 『고고학』 6-2호, 서울경기고고학회.

2008b   「강원도 동해시 철기~삼국시대 유적」, 『제5회 환동해선사문화연구회 학술발표회』, 한림고고학연구소 · 환동해선사문화연구회.

2008c   「江原 東海岸 地域 砂丘地帶 靑銅器時代 遺蹟의 存否에 對한 硏究」, 『江原史學』 第22 · 23合輯.

심재연 · 한관희 · 한재욱

2008a   「동해 망상동유적」, 『樣式의 考古學』 第32回 韓國考古學全國大會 發表資料集, 韓國考古學會.

연세대학교 원주박물관

2008   『원주 태장동유적』.

嶺南大學校博物館

1987   『陜川 苧浦古墳群 發掘調査報告書』.

예맥문화재연구원

2007a   「동해 송정동 도로개설부지내유적발굴조사지도위원회의자료」.

2007b   「춘천 서면문화산업단지조성지구내유적 발굴(시굴)조사 약보고서」.

2008a   『춘천 율문리유적 I -춘천 율문리 75-2번지 창고신축부지내유적 시굴조사보고서-』.

예맥문화재연구원

2008b 　『襄陽 松田里遺蹟 – 양양 송전리 23–1번지 주택신축부지내 유적 발굴조사보고서』.

오준혁 · 김규홍

2007 　「남양주 장현지구 유적 발굴조사 개보」,『원삼국시대의 한강유역』2007년도 제3회 서울경기고고학회정기발표회.

유은식

2006 　「두만강유역 초기철기문화와 중부지방 원삼국문화에 대한 일연구」,『崇實史學』第19輯.

尹龍九

2007 　「새로 발견된 樂浪木簡 – 樂浪郡初元四年縣別戶口簿 – 」,『韓國古代史研究』46.

靑谷町敎育委員會

2002 　『靑谷上寺地遺蹟』.

정석배

2007 　「연해주의 초기철기문화와 한반도」,『오르도스 청동기문화와 한국의 청동기문화』, 한국고대학회.

池賢炳

1999 　「嶺東地域의 鐵器時代 硏究」, 단국대학교 대학원 박사학위논문.

濟州大學校博物館

1989 　『龍潭洞古墳』.

忠淸南道歷史文化院

2007 　『牙山 城內里 新石器遺蹟』.

한림대학교박물관

2007 　『가평 덕현리유적』.

2008 　『춘천 천전리 121–16번지 유적』.

05

한카호~목단강 유역
초기철기시대의 동강 문화 일고찰

- 단결-크로우노프카 문화의 북-서 경계와 관련해서 -

김재윤

(러시아과학원 극동분소 역사 · 고고학 · 민속학 연구소 박사과정)

한카호~목단강 유역 초기철기시대의 동강문화 일고찰
- 단결-크로우노프카 문화의 북-서 경계와 관련해서 -

Ⅰ. 머리말

단결-크로우노프카 문화에 대해서는 최근 활발한 연구가 진척되고 있다. 특히 크로우노프카 문화와 한반도 강원도 철기시대문화의 관계(盧赫眞 2004, 劉銀植 2004, Subbotina 2005, 강인욱 2007, 심재연 2007)를 비롯해서, 단결-크로우노프카 문화의 계통(김재윤 2007), 크로우노프카 문화의 전체적인 양상(클류예프 2008) 등이 집중 연구되고 있다.

중국의 단결문화와 연해주의 크로우노프카 문화가 동일한 문화로 여겨지면서 그에 따라 문화의 영역이 상당히 넓어 졌다(그림 6).

그러나 구체적인 단결-크로우노프카 문화 영역에 대해서는 연구는 미흡하고 모호한 점이 많다. 현재의 대략적인 경계는 현재의 행정구역상 러시아 연해주와 중국 길림과 흑룡강성, 북한의 함경북도 등이 속하는 것으로 알려져 있다.

고고학 자료로서 남쪽은 호곡유적이 최남단인 것으로 보인다. 그러나 서쪽과 북쪽의 경계는 정확하게 구분되지 않고, 논란이 있는 부분이다. 목단강 유역에서 수분하의 북쪽인 한카호(興凱湖) 지역과 관련된 것으로 이 지역 문화의 특징이 단결-크로우노프카 문화와는 차이가 있기 때문이다.

이 지역은 단결문화와는 다른 동강문화가 분포한다는 의견(楊志軍, 1982)과 이 문화를 독립적인 것으로 보지 않고 단결문화에 포함하고 있는 견해(林澐 1985)가 양립되면서 문화권의 소속이 불분명한 상황이다.

연해주 학계에서 또한 막연하게 나무그릇터기형 파수와 비슷한 파수만 확인 되면 다른 문화요소를 고려하지 않고, 크로우노프카 문화로 간주하였다(보스트레쵸프 1986, Subbotina 2005). 그리해서 연해주 전체에 크로우노프카 문화가 분포하는 것으로 생각되었지만, 한카호 주변 유적의 문제점에 관해서는 이미 지적한바 있다(김재윤 2007).

전고에서 지적한 드보랸카-3 유적의 유물을 실견을 통해서 동강문화의 유물과 상당히 유사함을 파악하고 목단강과 목능하 유역의 유물들을 고찰할 필요가 있음을 판단하였다.

한카호 주변~선능하~목단강 유역의 문화적 특징이 밝혀진다면 단결-크로우노프카 문화의 북-서쪽 경계의 문제에 대해서도 어느 정도 구체적으로 다가갈 수 있을 것으로 보인다.

II. 한카호 주변

1. 드보랸카-3 유적[1]

드보랸카-3은 1997년 러시아과학원 극동분소의 클류예프 박사에 의해서 처음으로 조사된 유적이다. 한카호가 위치한 한카 지구의 드보랸카 마을에서 북쪽으로 1.7㎞, 중국국경과 5㎞ 떨어진 곳이다. 코미사로프카 강의 남서쪽 경사면에 위치하고 있다.

유적에는 육안으로 수혈이 관찰되는데[2], 고금속기시대 취락유적인 것으로 시굴조사로 판단하였다.

시굴조사에 의해서 파수가 부착된 발형토기(그림 4-33)로 인해서 크로우노프카 문화에 해당하는 것으로 보았다.

2005년 드보랸카-3 유적 남서쪽에 주거지 사이를 3×4m로 문화층 조사하였다.

결과, 유적은 표토층과 단일 문화층으로 이루어졌다. 문화층에서는 인공적으로 가공된 흔적이 남아 있는 사암제의 돌들이 같은 레벨에서 확인되었다.

돌은 발굴 범위를 전체적으로 덮고 있는 것이 아니라, 일정한 부분이 적석되었고, 북서-남동으로 방향으로 이루고 있다. 그러나 돌들이 어떠한 규칙적인 형태 · 크기나 적석 방법이 어떠한 규칙을 이루고 있지는 않다.

조사에서 확인할 수 있었던 점은 토층상으로 교란된 흔적이 없었던 단일 문화층이고, 적석된 돌들은 인접한 주거지와 관련이 많을 가능성을 시사하고 있다.

출토된 유물은 토기가 대부분이며 방추차 2점, 철제편 1점이 확인되었다

---

1) 본 유적은 2005년도 발굴된 유적으로 현재 한카호 주변의 연구대상 시기에 적합한 3 유적 중 직접 실견할 수 있는 유일한 자료이다. 구체적으로 한국고고학자들이 접근이 용이하도록 비교적 상세하게 설명하였다. 필자가 수학하고 있는 본 연구소의 클류예프 지도 교수, 칼라미예츠 박사와 부경대 강인욱 교수가 2005년 7월 공동발굴한 유적이다. 이들의 호의로 필자가 실견할 수 있었다.
2) 한국 고고학자들에게는 생소하지만, 연해주 고고학자들이 지표조사 시에 유적의 입지와 함께 가장 중요하게 관찰하는 것 중에 하나이다.
수혈이 폐기된 후에 흙으로 채워진 면이 현재의 지표면과 높이 차를 보이면서 수혈이 있었던 흔적이 그대로 남게 되어, 인공적으로 구덩이를 판 흔적을 관찰할 수 있다. 이러한 것은 수목이 울창하지 않은 봄 · 가을에는 더욱 쉽게 눈에 띈다.

표 1. 드보랸카-3 유적 출토 유물 일괄표(도면 1~4번호와 일치)

번호	유물	재질	색조	특징	크기:cm		
					구경	저경	기고
1	외반돌대구 연토기편	점토질 태토에 장석 등 다량 혼입	외면: 흑갈색 내면: 황갈색	구연단 끝에 돌대를 부착하고 각목을 새김	20	·	(8.5)
2	외반돌대구 연토기편	점토질 태토에 장석 등의 세석립 다량 혼입	외면: 흑갈색 내면: 황갈색	구연단 끝에 돌대를 부착하고 각목을 새김	13.6	·	(13)
3	외반돌대구 연토기편	점토질 태토에 장석 등의 세석립 다량 혼입	외면: 흑갈색 내면: 황갈색	구연단 끝에 돌대를 부착하고 각목을 새김	·	·	(3.8)
4	외반돌대구 연토기편	점토질 태토에 장석 등의 세석립 다량 혼입	외면: 흑갈색 내면: 황갈색	구연단 끝에 돌대를 부착하고 각목을 새김	·	·	(6.3)
5	외반돌대구 연토기편	점토질 태토에 장석·운모 등의 세석립 다량혼입	외면: 갈색 내면: 황갈색	구연단 끝에 돌대를 부착하고 각목을 새김	·	·	(6.4)
6	외반돌대구 연토기편	점토질 태토에 장석 등의 세석립 다량 혼입	외면: 흑갈색 내면: 황갈색	구연단 끝에 돌대를 부착하고 각목을 새김	·	·	(3.0)
7	외반돌대구 연토기편	점토질 태토에 장석·운모 등의 세석립 다량혼입	외면: 갈색 내면: 황갈색	구연단 끝에 돌대를 부착하고 각목을 새김	·	·	(4.5)
8	구연부편	점토질 태토에 장석·운모 다량혼입	내외면: 흑갈색	구연단 끝에 단면·평면 삼각형 모양의 손잡이가 부착	·	·	(3.5)
9	구연부편	점토질 태토에 장석·운모 다량혼입	내외면: 흑갈색	구연단 끝에 원뿔모양의 뾰족한 파수가 부착			(3.7)
10	돌대구연부편	점토질 태토에 세석립 다량 혼입	외면: 갈색 내면: 황갈색	구연단 끝에 단면 삼각형의 돌대를 부착해서 구연단을 두텁게 함.	17	·	(6)

번호	유물	재질	색조	특징	크기:cm		
					구경	저경	기고
11	이중구연	점토질 태토에 세석립 다량 혼입	외면: 황갈색 내면: 흑갈색	구연단 끝에 단면 삼각형의 대를 부착해서 이중구연으로 표현.	10	·	(4.5)
12	외반 이중구연편	점토질 태토에 세석립 다량 혼입	외면: 황갈색 내면: 흑갈색	구연단 끝에 단면 삼각형의 돌대를 부착해서 구연단을 두텁게 함.	10	·	(4.3)
13	외반 이중구연편	점토질 태토에 세석립 다량 혼입	외면: 황갈색 내면: 흑갈색	구연단 끝에 단면 삼각형의 돌대를 부착해서 구연단을 두텁게 함.	·	·	(4.5)
14	돌대구연부편	점토질 태토에 장석·운모 다량 혼입	외면: 적갈색 내면: 회갈색	구연단에서 0.6cm 가량 떨어진 곳에 단면 삼각형의 돌대문 부착.	·	·	(6.0)
15	돌대구연부편	점토질 태토에 장석·운모 다량 혼입	외면: 적갈색 내면: 황토색	구연단에서 0.6cm 가량 떨어진 곳에 단면 삼각형의 돌대문 부착.	·	·	4.5
16	돌대구연부편	점토질 태토에 장석·운모 다량 혼입	외면: 적갈색 내면: 고등색	구연단에서 0.6cm 가량 떨어진 곳에 단면 삼각형의 돌대문 부착.	·	·	(5.6)
17	구연부편	점토질 태토에 장석 운모 다량 혼입	내외면 : 회갈색	구연단은 둥글게 표현되어 있음.	·	·	(5)
18	소형잔발	점토질 태토에 장석 운모 다량 혼입	외면:적갈색 내면: 흑갈색	완형으로, 성형 후 물손질 정면되지 않아 지두흔적이 그대로 다 남아 있음.	4.4	3.6	1.4
19	소형잔	점토질 태토에 장석·운모 다량 혼입	외면: 흑갈색 내면: 적갈색	완형으로, 성형 후 물손질 정면되지 않아 지두흔적이 그대로 다 남아 있음.	4	3.5	4.2
20	소형잔	점토질 태토에 장석·운모 다량 혼입	외면: 흑갈색 내면: 적갈색	완형으로, 성형 후 물손질 정면되지 않아 지두흔적이 그대로 다 남아 있음.	5.7	4.8	5.8
21	잔발	점토질 태토에 장석·운모 다량 혼입	외면: 적갈색 내면: 황갈색	구연단을 삼각형으로 말아서	4.2	·	(11)
22	잔발	점토질 태토에 장석·운모 다량 혼입	내외면 : 흑갈색	구연단은 둥글게 처리되었다. 낮은 굽이 형성 되었는데, 굽을 동체부에 부착한 후 안쪽으로 점토를 덧대어 마무리 함.	5.8	5.5	12.8

번호	유물	재질	색조	특징	크기:cm		
					구경	저경	기고
23	고배편	점토질 태토에 장석·운모 다량 혼입	내외면 :적갈색	외면에 종방향으로 물손질 슨적이 잔존. 盃의 안쪽에는 검게 불탄 흔적이 잔존한 것으로 보아 내부에 무엇가를 넣고 태움	·	·	(6.8)
24	고배편	점토질 태토에 장석·운모 다량 혼입	내외면:적갈색	외면: 종방향 물손질. 대각의 안쪽 배신과 접합부분에, 직경 1.3cm 가량의 단면이 둥근 도구로 찌른 흔적이 있음. 배신과 대각을 부착한 후에 기능상의 이유등으로 도구로 단을 낸 것으로 보임.	·	·	(5)
25	고배편	점토질 태토에 장석·운모 다량 혼입	내외면: 적갈색	굽과 동체를 따로 제작하지 않고 동체베 바로 부착해서 만든 후 물손질 하여 마무리.	·	8.6	3.8
26	저부편	점토질 태토에 장석·운모 다량 혼입	내외면:적갈색	·	·	8	3.4
27	저부편	점토질 태토에 장석·운모 다량 혼입	내외면:적갈색	·	·	5.5	1.8
28	저부편	점토질 태토에 장석·운모 다량 혼입	내외면:적갈색	내면이 아주 정밀하게 매끈하게 물손질 정면됨.	·	6.6	5.0
29	저부편	점토질 태토에 장석·운모 다량 혼입	내외면 적갈색	저부에서 동체부로 만곡하면서 갑자기 벌어지는 형태.	·	9	5.6
30	철기편		상하면 : 적갈색	철기편으로 윗부분이 파손. 상단면은 'ㄱ', 중간부분은 약간 하면이 오목하게 들어감. 상면에 부식이 약간되어 있으나 비교적 보존상태 양호.	길이 3.2	너비 0.9 ~ 1.4	두께 0.5
31	방추차	점토질 태토에 장석·운모 다량 혼입	외면 : 적갈색	단면 직사각형, 구멍을 뚫은 흔적은 남아 있지 않음.	·	3.7	1.4
32	방추차	점토질 태토에 장석·운모 다량 혼입	외면 : 적갈색	단면 삼각형	·	4.8	1.8
33	발형토기	정선된 점토질 태토	내외면 황갈색	단면 사다리꼴의 파수가 4개 부착되었으나 현재는 2개만 잔존. 파수의 측면에 침선문	20.4	11.2	42.4

(표 1 참조).

토기는 외반 돌대구연 토기(그림 1-1~2, 3~7, 2-10, 13~14), 이중구연 토기(그림 2-11 · 12), 호형토기(그림 2-17), 이중 구연 잔발(그림 3-21), 잔발(그림 3-22), 고배(그림 3-23~25), 소형토기(그림 2-18~20), 삼각형 파수토기편(그림 1-8), 乳丁耳 파수 토기편(그림 1-9, 그림 4-32) 등이 있다.

외반 돌대구연 토기는 구연단 끝에 단면 사다리꼴의 돌대를 부착한 한 것이다. 구연단 끝에 돌대가 부착되어서 이중구연으로 볼 수도 있으나, 구연단을 말아서 이중으로 구연을 표현했다기보다는 돌대를 부착하려는 의도가 강한 것으로 파악되어 돌대구연토기로 판단된다.

외반 돌대구연 토기는 돌대의 상단에 각목을 새긴 것과 새기지 않은 것으로 나눌 수 있다.

돌대구연 토기의 기형은 출토유물이 편들이어서 파악하기 어렵지만, 대체적으로 외반 구연으로서 호형인 것으로 보인다.

이중 구연으로 표현된 토기(그림 2-11, 12)는 구연단에 점토띠를 부착했으나 부착된 점토띠를 납작하게 표현된 점은 이중구연에 더 가까운 것으로 보인다.

이중 구연토기 중에서는 잔발의 기형인 것도 확인되었다.

그 밖에 토기 중에는 대각 3점이 확인되었다. 2점은 배신과 대각 일부분만 남았기 때문에 대각의 길이를 알 수 없고, 1점은 단각고배이다.

그 중에 한 점(그림 3-24)은 배신부 대각의 내면에 직경 1.3㎝ 가량의 도구로 대각에서 배신방향으로 찌른 흔적이 남아 있다. 대각의 내부가 단면상으로 '凸' 형태가 된다. 이것은 배신과 대각을 부착한 후에 처리한 것으로 보이는데, 배신과 대각의 두터운 접합부가 잘 소성되도록 한 것으로 보인다.

이러한 고배는 단결-크로우노프카 문화에서는 확인되지 않는다.

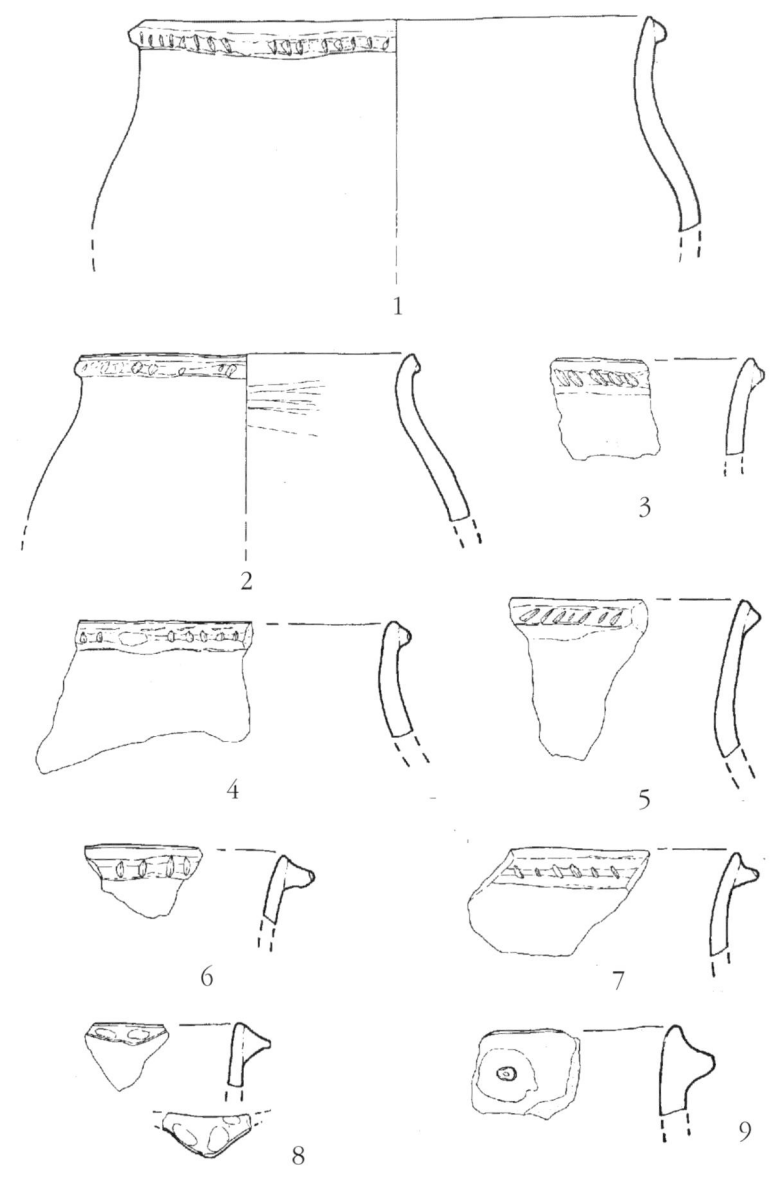

그림 1. 드보랸카-3 유적 출토유물1 (1/3)

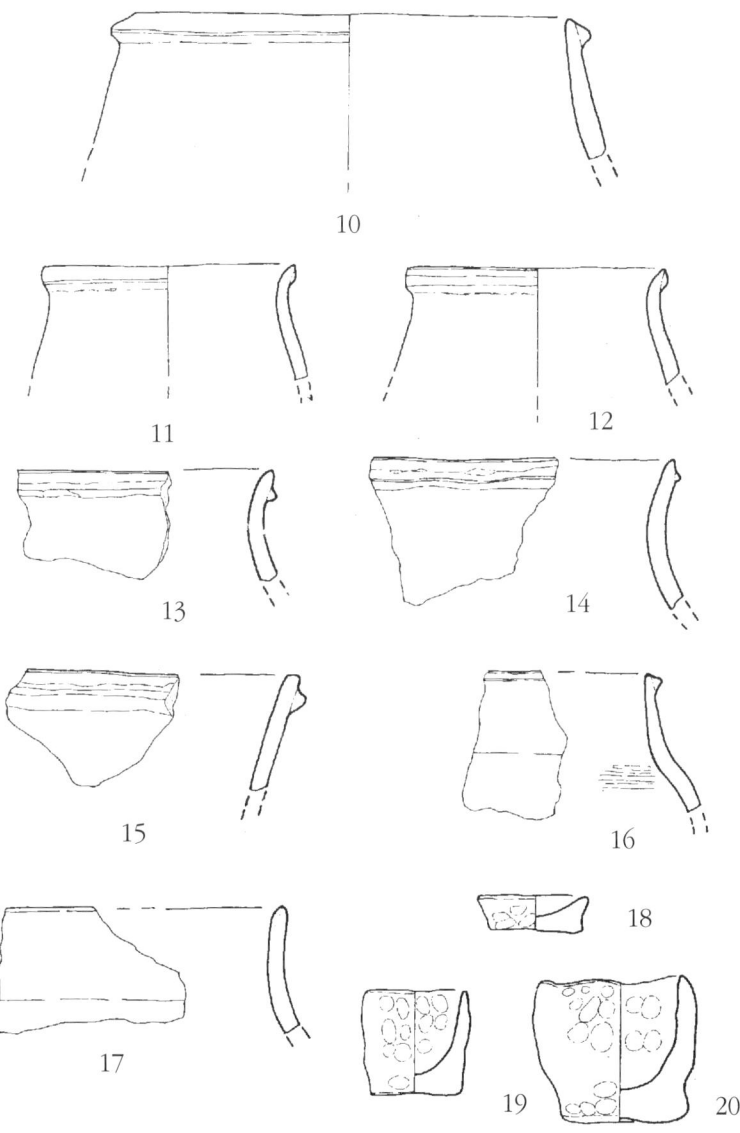

그림 2. 드보랸카-3 유적 출토유물 2 (1/3)

한카호~목단강 유역 초기철기시대의 동강문화 일고찰 | 169

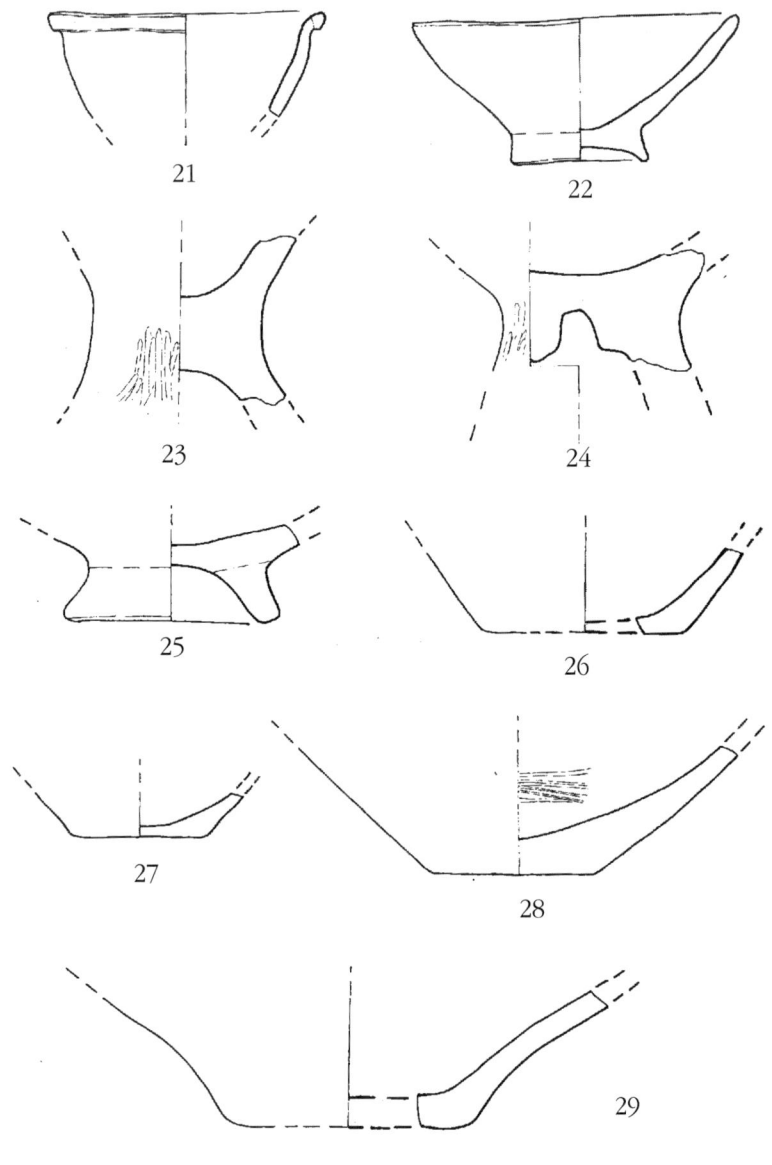

그림 3. 드보랸카-3 유적 출토 유물 3 (1/3)

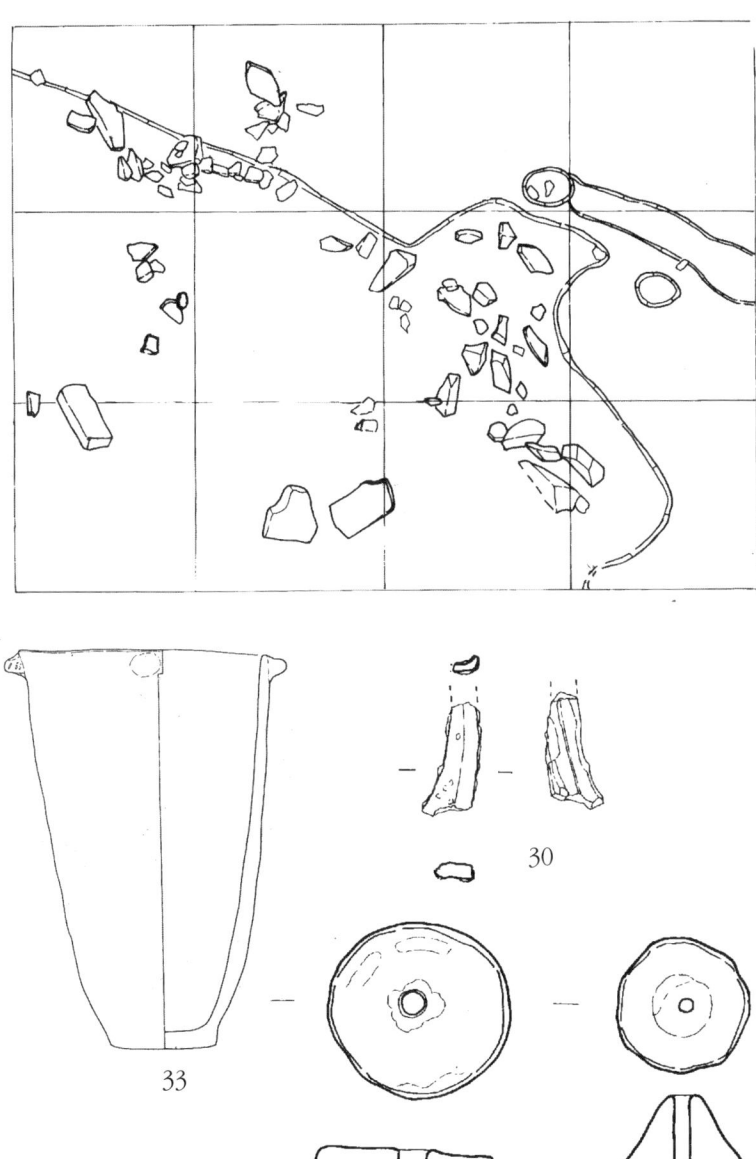

그림 4. 드보랴카-3 유적 출토유물과 평면도(30~32:1/2, 33:1/6, 평면도: 1/40)

삼각형 파수부 토기와 사다리꼴 파수부 토기 등은 전체적인 기형을 파악하기는 힘드나, 구연부가 외반되지 않은 점 등으로 보아 발형토기의 구연부 인 것으로 판단된다.

처음 시굴조사에서 파수부 토기(그림 4-32)로 인해서 乳丁耳가 나무그릇터기형의 파수로 간주되어 크로우노프카 문화의 것으로 알려졌다. 그러나 출토된 토기는 4개로 나무그릇터기형과는 다른 형식이다.

크로우노프카 문화의 전형적인 토기조합은 나무그루터기형 파수부 발, 대형 옹형토기, 시루, 고배 등이다.

그러나 본 조사에서 확인할 수 있는 바와 같이 드보랸카-3 유적은 크로우노프카 문화와는 전혀 양상이 다른 것으로 파악되었다. 크로우노프카 문화의 가장 특징적인 나무그릇터기형 파수를 대신해서 형태가 삼각형인 것, 乳丁耳 점 등이 그러하다. 뿐만 아니라 유물의 대부분을 차지하고 있는 외반구연 돌대문토기인데, 이러한 유물은 단결-크로우노프카 문화 유적에서는 확인된 예가 없다.

연해주에서 돌대문토기는 신석기 말기의 자이사노프카 문화와 마르가리토프카 문화에서 확인되고, 중국 길림은 흥성문화에서 확인되고 있다.

그러나 이러한 이른 시기의 돌대문토기는 대부분 발형토기라는 점과 신석기 문양이 시문된다는 점에서 본 유적의 것과는 차이가 있다. 또한, 드보랸카-3 유적에서 철제유물이 확인되었으므로 시기적으로 큰 차이를 보이고 있다.

따라서, 이러한 외반 돌대구연토기와 파수부 토기 등은 단결-크로우노프카 문화와 다른 유형일 가능성이 충분하다.

필자는 전고에서 한카호 부근에 드보랸카-3, 세이퍄트노예-1·3 등 유적이 전형적인 크로우노프카 문화와는 다른 양상을 보이고 있음을 지적한 바 있다(김재윤 2007).

한카호와 인접한 중국 국경내의 흑룡강성에는 초기 철기시대의 단결문
화와 병행하는 시기에 동강문화가 존재한다.

동강문화는 목단강 유역을 따라서 분포하는 문화로 대형옹과 시루가 부
재하는 점, '火壇'(온돌시설)이 확인되지 않는 점 등으로 단결문화와는 구별
하고 있다(楊志軍, 1982).

동강문화를 단결문화의 지역적인 유형으로 파악하는 의견도 있다(林澐
1985). 그러나 드보랸카-3유적을 살펴본 결과, 단순히 나무그릇터기형 파
수의 변형으로서 유정이 파수로서, 동강문화와 단결문화를 관련시키는 것
은 문제점이 있는 것으로 보인다.

따라서 드보랸카-3 유적의 문화적 성격을 파악하기 위해서, 중국 목단
강 유역과 목능하 유역의 동강문화 유물을 고찰해서 동강문화의 분포권을
살펴보고자 한다.

더불어서 동강문화와 단결-크로우노프카 문화가 뚜렷하게 구분되면 단
결-크로우노프카 문화의 북-서 경계를 밝히는 것과도 관계 있는 것으로
생각된다.

2. 세이퍄트노예-1(오클라드니코프 1957)

한카호 지구의 노보카찰린스크 마을에서 8km 떨어진 곳에 위치하는데,

나지막한 언덕 위에 위치한다.
1957년에 조사된 곳은 세이퍄트노
예-1(오클라드니코프 1957), 1983년
조사는 세이퍄트노예-3(보스트레쵸
프 1986)으로 명명하고 있으나, 유적
위치는 거의 동일한 곳이다.

세이퍄트노예-1 유적에서는 화

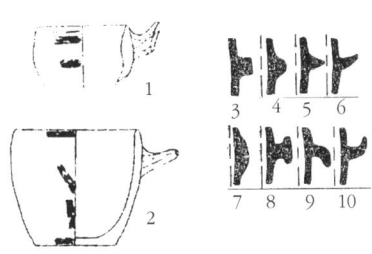

그림 5. 세미퍄트노예-1·3 출토 유물(1·2: 수
보티나 2005, 3~7: 쥬쉬호프스카야 1984)

재난 장방형 주거지1기가 확인되었다. 주거지 중앙에 위석식 노지가 확인되었다. 출토 유물은 유정이가 4개 달린 토기, 봉상파수 달린 토기, 방추차, 철기 편 등이 출토 되었다.

3. 세이퍄트노예-3(보스트레쵸프 1986)

세이퍄트노예-3 유적에서는 주거지 2기와 부속유구 2기를 발굴하였다. 모두 장방형 주거지로 노지는 부시설식이다. 출토된 토기는 파수부 토기, 접시, 단각 고배, 지석, 방추차, 갈판과 갈돌 등이 출토되었다.

쥬쉬호프스카야(1984)에 의하면 유적에서는 봉상파수와 유정이 파수, 삼각형 파수 등 여러 가지 형태의 파수와 단각 고배가 특징적이고(그림 5), 크로우노프카 문화의 크로우노프카 유적, 키예프카 유적, 소콜치 유적 등과 차이가 있는 것이라는 지적이 있다.

III. 목단강 유역

본 장에서는 중국 목능하와 목단강 유역에 분포하고 있는 동강문화유적과 유물을 살펴보고 드보랸카-3 유적과 비교하도록 하겠다.

1. 大牧丹屯 유적-하층(黑龍江省博物館 1981)

유적은 영안현의 서남쪽에서 20㎞ 떨어진 곳으로, 목단강 북안의 강안대지 위에 위치하며 대목단 성지에서 1㎞ 떨어진 곳에 위치한다. 유적은 강의 충적대지 위의 단애면에 위치하는데, 풍우로 인해서 많이 교란된 상태이다.

발굴결과 주거지 1기, 회갱 2기가 조사되었다. 문화층은 상하로 나누어

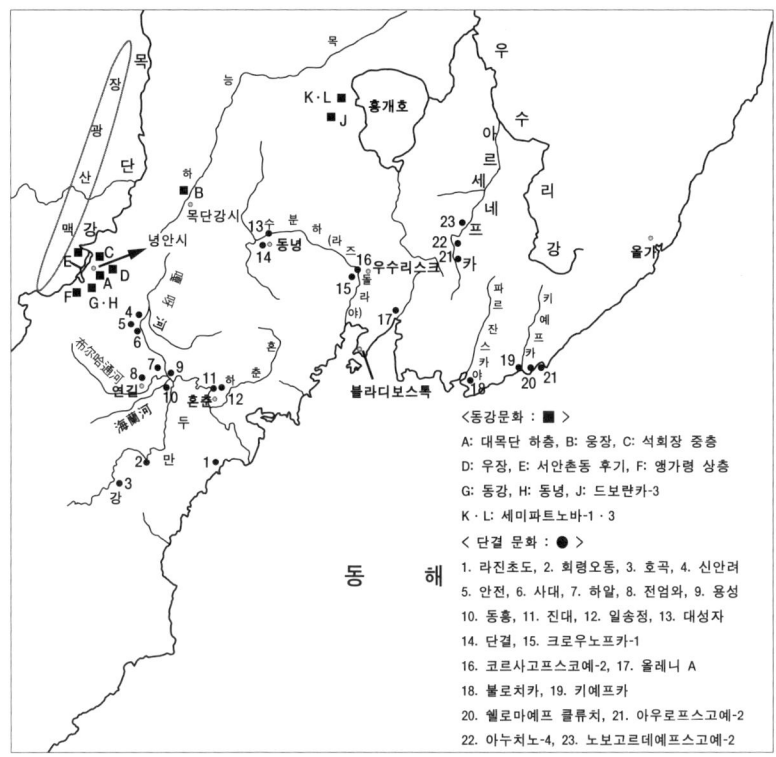

그림 6. 동강문화와 단결문화 분포도

지는데, 상층은 발해, 요, 금나라 시기가 뒤섞여 있고 아래층은 철기시대
이다.

철기시대와 관련된 유구는 2호 주거지로 남북 방향으로 돌을 쌓은 적석
기단이 확인되었다. 기단의 길이는 4.1m, 너비는 0.23m 이다. 주거지 잔
존 상태는 불량한 편이어서 평면형태 파악이 힘들다. 주거지 내부에는 석
부, 석도, 석착, 갈돌과 갈판 등 석제 유물과, 골각기, 동물유존체 등이 확
인되었다. 토기는 흑갈색의 마연토기가 보고되었다(그림 7).

보고서에서는 토기에 대해서 뚜렷한 설명하지 않고, 출토되는 석기와 골각기, 토기 등으로 보아서 유장유적과 비슷한 시기의 철기시대로 언급하였다.

2. 雄場유적(牧丹江市文物管理站 2003)

유적은 목단강시 교구 삼도향 2촌에서 남쪽으로 1km 떨어진 곳으로 산사면에 위치하고 있다. 지표면은 경작층으로 토기와 석기들이 채집되면서 유적이 알려지게 되었다.

주거지 1기가 조사되었는데 장방형 주거지로, 북부는 파손되었다. 잔존한 주거지의 크기는 4.6(남북)×3.8(동서)m이다. 주거지에서는 반수혈식으로 입구, 노지, 주혈 등이 전혀 확인 되지 않았다. 출토된 유물은 갈판과 갈돌을 비롯해서 대량의 석기와 토기, 직물과 곡물도 확인되었다.

토기는 소형 발을 비롯해서, 유정이가 달린 발형토기, 저면이 타원형인 토기 등이 확인되었다(그림 7).

유적은 입지와 유정이가 달린 토기, 이중구연 토기, 호와 석기 등으로 보아서 東康, 丰收과 비슷한 것으로 보았다.

3. 石灰場유적-중층(牧丹江文物管理站 1990)

유적은 흑룡강성 정안현의 성동향 석회장촌에서 동북으로 2km떨어진 곳, 목단강과 烏蓮河가 합해지는 지점의 충적대지 위로 해발 283m이다. 유적에서 서쪽으로 4km 떨어진 곳에는 우장유적, 서남쪽으로는 동강유적이 위치한다.

유적의 상층은 발해, 하층은 목단강 유역의 대표적인 신석기 말기 유적으로 알려져 있다. 주거지 4기, 회괭 12기, 무덤 1기가 조사되었는데, 초기 철기시대의 것은 F1, F2, H1~H3, H9~H12이다.

1호 주거지는 추정 장방형으로 북동·서면이 대부분 잘려나갔으며, 남

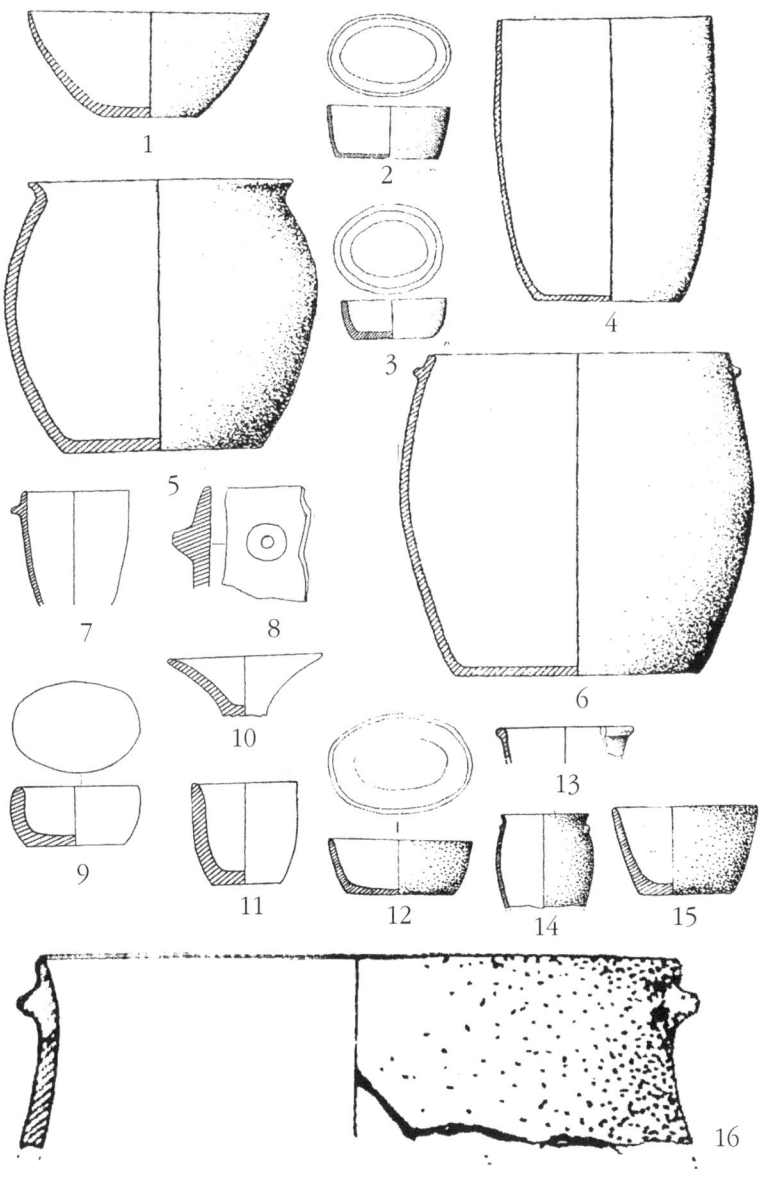

그림 7. 1~6: 웅장 출토 유물, 7~11: 대목단유적 하층, 12~16: 석회장유적 중층(1/6)

은 부분의 크기는 5×4.5m이다(그림11). 벽을 따라서 돌이 등간격으로 놓여 있는데 주거지와 관계된 시설물인 것으로 석벽 혹은 석단인 것으로 보인다.

출토 유물은 석겸, 석도, 석부 등의 석기와 乳丁耳가 붙은 이중 구연토기, 잔발 등이 확인되었다(그림 7).

이러한 석기 유물과 토기 등으로 보아서 석회장 중층은 동강문화에 해당하는 것으로 보았다.

4. 牛場유적(黑龍江省博物館 1960)

유적은 영안현 동경성 철도에서 동북으로 5km 떨어진 곳에 위치하는데, 발해 상경용천부와 4km 떨어진 곳이다. 유적은 모란강의 강안 충적대지의 해발 200m에 위치한다.

유적에서는 길이 5m, 너비 0.5m의 석축이 확인되었는데, 잔존상태가 불량하나, 석축의 내부에서 석부 등의 유물이 확인된 것으로 보아 주거지의 일부인 것으로 추정된다.

그외에 문화층에서는 토기, 파수, 소형발, 방추차, 이중구연 토기 등, 갈판, 골제침, 동물 유존체 등이 대량 확인되었다(그림 8). 완형을 제외하고는 보고서 도면은 소개되어 있지 않으나 구연단을 두껍게 붙인 토기가 대량인 것으로 보인다.

이러한 이중 구연토기 편으로 인해서 보고당시(黑龍江省博物館 1960)는 신석기시대 늦은 시기의 것으로 보았으나, 주변의 유적(석회장 중층, 동강, 웅장)이 확인되어 비교되면서 이들 유적과 함께 초기 철기시대로 재고되었다(朱國沈·張太湘 1975).

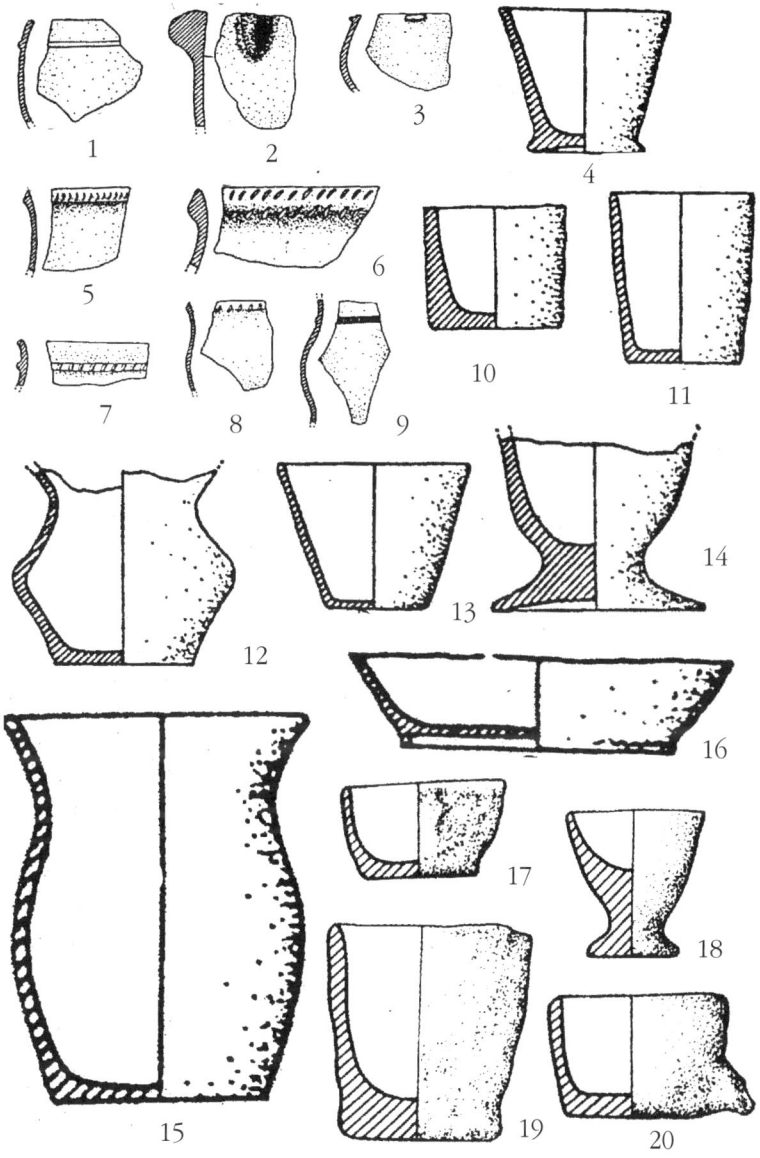

그림 8. 1~16: 서안촌동유적 후기(1/3), 17~20: 우장유적(부동)

5. 西安村東유적-후기(牡丹江市文物管理站, 2004)

목단강 유역으로, 서안촌동유적은 발해진에서 서쪽으로 10㎞, 서안촌에서 북쪽으로 100m 떨어진 곳이다. 유적의 면적은 1만평 정도이고 도로를 만들기 위해서 흙을 다듬는 가운데 확인되었다.

유적의 성격은 2기로 나누어지는데 A지구 4호 주거지는 이른 시기(신석기 후기), B지구 1호, 2호, 3호 주거지는 늦은 시기(동강문화)이다.

세 주거지는 주거지 평면형태와 축조방법 등이 유사하다. 장방형의 반수혈식 주거지로, 벽을 돌로 쌓아서 축조한 것이 특징이다.

1호 주거지는 주거지의 북서쪽이 유실되었는데, 동벽과 남벽을 기준으로 할 때 주거지의 크기는 9×5.6m이다.

석벽은 남쪽 벽이 가장 잘 남아 있는데 높이가 1.6m이다. 노지는 주거지 남쪽에 위석식 노지 1기가 잔존한다. 여러 가지 크기의 돌을 서로 맞물리게 쌓아서 가지런하도록 축조하였다(그림 10-2).

출토유물은 외반 돌대구연 토기, 이중구연 토기, 외반구연 호, 단각 고배, 외반구연 발, 유정이 파수부 토기 등, 방추차, 토제 환등이다. 다량의 골각기와 마제석부, 석촉등도 대량으로 확인되었다(그림 8). 그중 이중구연 토기는 동강유적, 고배 등은 우장유적과 유사한 것으로 보았다.

6. 鶯歌岭유적-상층(黑龍江省文物考古工作隊 1981)

앵가령유적은 정안현 장백향 학원촌동 서남쪽에서 1.5㎞ 떨어진 곳에 위치한다. 宋乙河가 동쪽으로 흘러 장백호로 들어간다. 유적이 위치한 곳은 유적의 서, 북, 동쪽이 호수에 위치하고 있어 마치 반도 같은 모습을 하고 있다.

유적은 5개의 층으로 나누어지고, 2·3층은 상층문화(철기시대), 4·5층은 하층문화(신석기 말기)로 판단된다.

상층문화에 해당하는 것은 1호 주거지, 2호 주거지, 1호 수혈(회갱)있다.

1호 주거지(그림 9) 장방형 수혈식 주거지로 벽을 돌로 쌓았다. 석벽은 크고 작은 돌을 여러 겹 쌓았는데 높이가 25cm가량이다. 바닥에서 대량의 목탄이 확인되었는데, 화재난 주거지일 가능성이 있다. 1호에서는 토기들이 많이 확인되지 않았고 골각기와 석기 등이 남아 있다.

2호 주거지는 반수혈식 주거지이고 단벽의 높이는 45~51cm이다. 주거지의 서벽과 북벽은 호수에 의해서 유실되고 남벽과 동벽만이 잔존하며 남벽에는 1열의 석단이 남아 있다. 석단의 길이는 1.43m, 높이 0.73m로, 석축방법과 돌의 크기와 형태 등이 1호와 상당히 유사하다. 주혈과 저장혈이 남아 있다(그림 9).

출토 유물은 토기 1점과 뼈, 석기 등이 잔존하고 목탄은 확인되지 않는다.

그 밖에 회갱에서 출토된 유물은 무문토기가 대부분이다. 이중구연토기와 유정이 파수가 부착된 발형토기, 배 등이 있다. 그 외에 돼지, 곰, 개를 표현한 토우가 출토되었다. 석부, 유견 석조, 마제석부, 석촉 등이 출토되었다.

이중구연 토기와 유정이 파수부 토기 등으로 보아서 동강문화에 속하는 것으로 보았다(黑龍江省文物考古工作隊 1981).

앵가령유적은 1931년대 일인학자에 의해서 소개되면서부터 목단강 유역의 대표적인 선사유적으로 표지유적이다. 따라서 앵가령유적의 시기 문제는 상·하층을 막론하고, 상당히 중요한 점으로 보인다. 유적의 하층은 대체적으로 신석기 말기로 보고 있으나, 상층은 청동기시대 혹은 철기시대 등으로 그 문화적 속성의 구분이 모호하다. 석벽을 쌓은 주거지나 토기로 보아서는 고고학적으로 동강문화에 속하는 것으로 보인다. 그러나 상층의 절대연대 3025±90 B.P.(1240±155 B.C.), 2985±120 B.P.(1190±145 B.C.)으로 알려져 있는데, 동강문화 철기시대의 연대로는 지나치게 빠른 면이 있다.

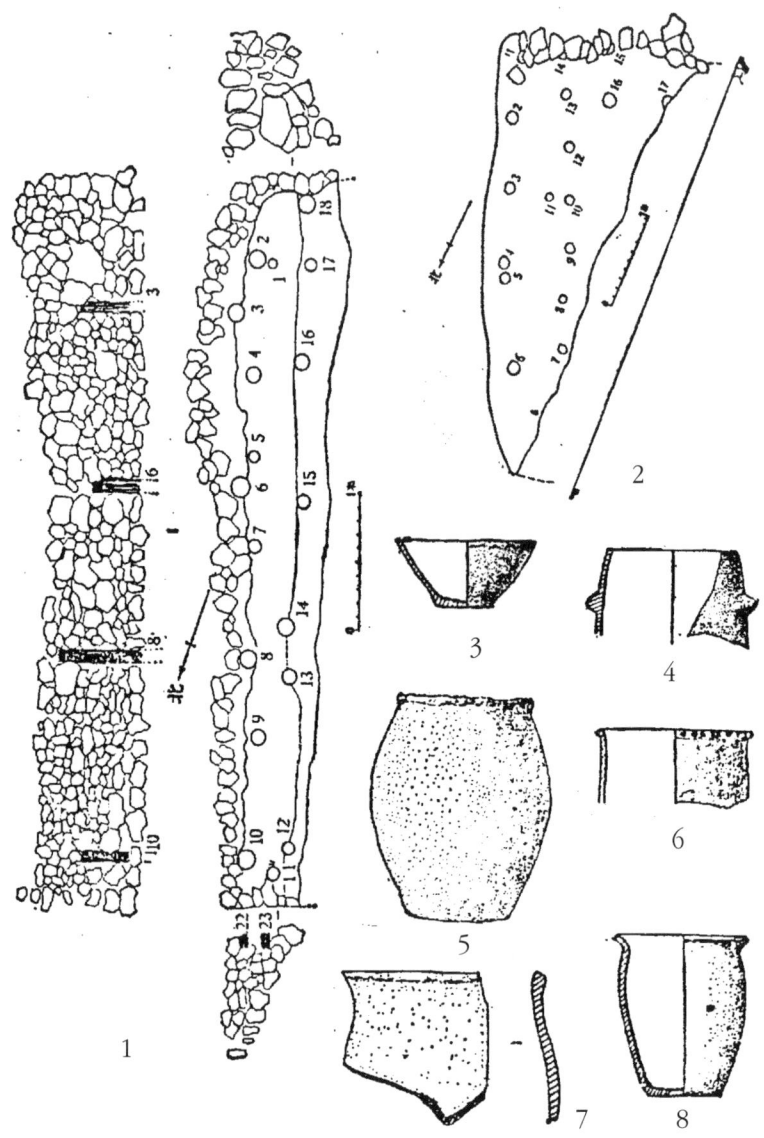

그림 9. 앵가령유적 1: 1호 주거지, 2: 2호 주거지,
3~8: 출토유물과 채집유물(축척부동)

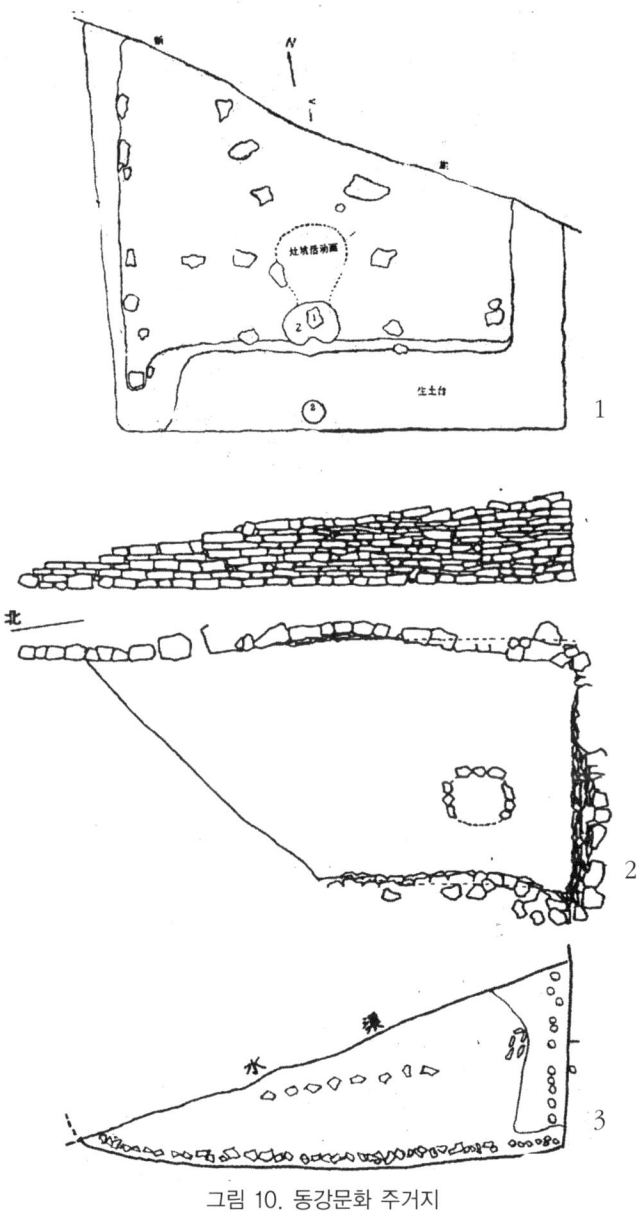

그림 10. 동강문화 주거지
(1: 석회장유적 중층 1호, 2: 서안촌동유적 후기 , 3: 동강유적 2호)

이웃한 단결-크로우노프카 문화의 상한 연대가 기원전 6~7세기(김재윤 2007)로 볼 때 상응하지 않는다.

따라서 앵가령 상층문화로 알려진 문화는 한 시기가 아닌 여러시기 일 가능성이 있다. 알려진 유물이 단순하고 많지 않기 때문에 구분하기가 힘 들지만, 단순히 목단강 유역의 절대연대를 '앵가령 상층문화 혹은 그에 상 응하는 시기'로 구분하고 그 절대연대를 제시된 연대로 이해하는 것은 재 고해야 할 것으로 보인다.

7. 東康유적(朱國沈·張太湘 1975)

유적은 黑龍江省 寧安市東京城의 東康촌에 위치하며 목단강 지류의 烏蓮 河 북안의 하안대지에 위치하며 주거지 4기, 회괭 6기, 무덤 1기가 조사 되 었다.

주거지 2호는 강에 의해서 북동쪽이 유실되었으나 남서부분이 잔존한다. 주거지 서벽을 따라서 적석 되어있고, 남벽에는 단시설이 잔존한다. 2호에 서 대량 유물이 확인되었는데 옹, 발, 완, 고배, 접시, 소형토기 등과 마제 석검 류가 대량으로 확인되었다.

절대연대가 2개 알려졌는데 목탄에서는 1695±85 B.P.(255), 주거지 출 토 옹 내부에서 탄화된 밤에서는 70±105 B.C.라는 결과를 얻었다.

전체적으로 출토유물은 젖꼭지 형태의 乳丁狀, 봉상 파수가 붙은 토기와 외반 구연 돌대 토기, 고배 등이 특징적이다. 이러한 토기는 문양이 없는 것이 대부분이고, 돌대문의 각목된 형태는 여러 가지인 것으로 보고 되었 다. 또한 구연부에 돌대 혹은 점토대를 덧대어 구연을 두텁게 한 토기(이중 구연)도 확인되었다(그림 11).

보고된 도면상으로 돌대 구연토기는 1점이지만, 보고서에 기술된 점으 로 볼 때 동강유적의 특징적인 토기로는 유정이 파수부 토기와 이중구연,

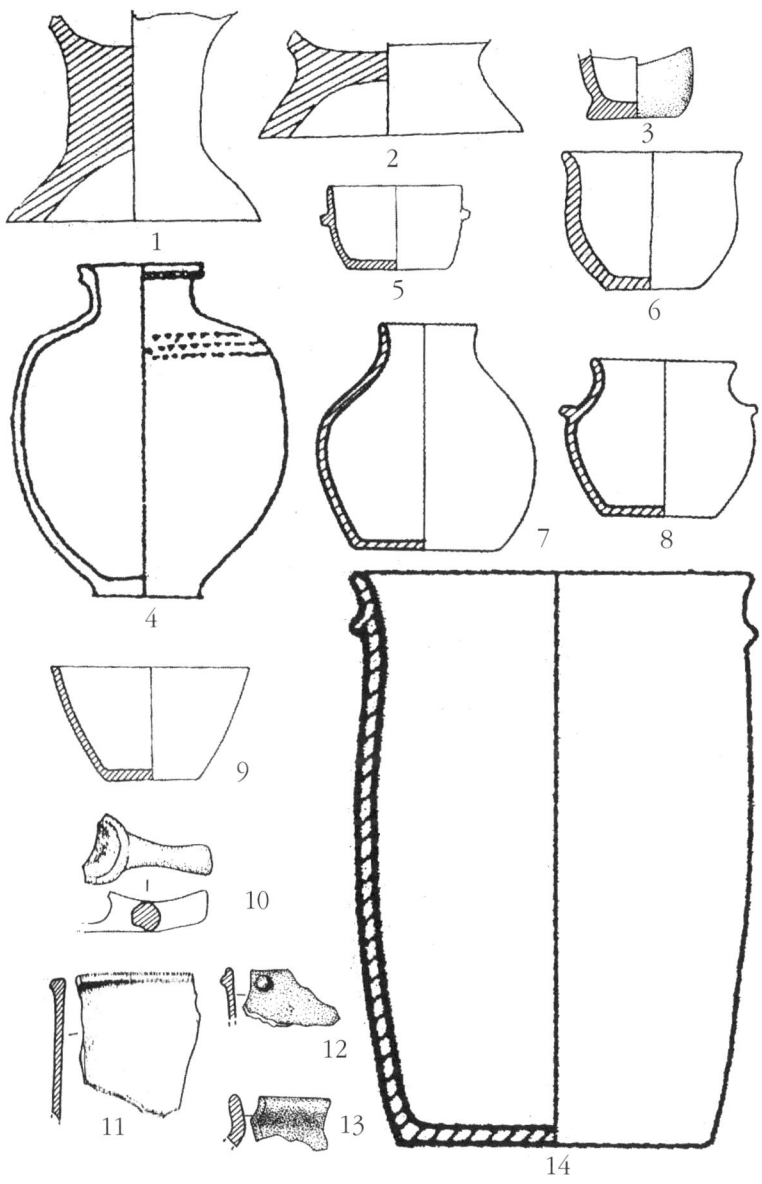

그림 11. 동강유적 출토유물(1~3·6~8:1/3,3·4, 10~14:1/6)

외반 돌대구연 토기인 것으로 보인다.

8. 東升유적

영안현 서남쪽에서 10km 떨어진 동승촌에 위치한다. 목단강의 지류인 蛤蟆河子의 북안의 고지 위에 위치한다.

문화층은 경작층 바로 아래 단일층으로 드러났는데, 조사 결과 유물이 대량 출토 되었다. 석부, 석도, 석모 등 다양한 마제석기와 골편, 골도 등의 골각기가 대량으로 확인 되었다. 토기는 고배, 발형토기, 배, 외반구연 호 등의 기형이다. 구연부에 乳丁耳가 부착된 토기 등이 대량으로 확인되었다.

유적은 우장, 대목단, 동강유적과 비슷한 문화에 속하는 것으로 보고 되었다.

표 2. 동강문화 유적

유 적	주변강	주거지		토 기							
				파 수		구연부		배		소형잔	타원형
				유정이	봉상	이중구연	돌대문	단각	고각		
A 대목단	목단강	장방형	석단	O	·	O	·	·	?	·	O
B 웅장	선능하	장방형		O	·	O	·	·	·	·	O
C 석회장 중층	목단강	장방형		O	·	O	·	·	·	·	O
D 우장	목단강	장방형	석축	·	·	O	O	·	·	O	·
E 서안촌동 -후기	목단강	장방형	석축	O	·	O	O	O	·	O	·
F 앵가령 상층	목단강	장방형	석축	O	·	O	O	·	·	·	·
G 동강	목단강	장방형	석단	O	O	O	O	O	·	·	O
H 동승유적	목단강	·	·	O	·	O	O	O	·	O	·
I 봉수유적	목단강	?	?	?	?	?	?	?	?	?	?

유적		주변강	주거지	토기							
				파 수		구연부		배		소형잔	타원형
				유정이	봉상	이중구연	돌대문	단각	고각		
J	드보랴카 -3	한카호	? 석단 가능	O	·	O	O	O	·	O	·
K	세미파트 노예 1	한카호	장방형	·	O	O	·	·	·	·	·
L	세미파트 노예 3	한카호	장방형	·	O	O	·	·	O	·	·

IV. 동강문화와 단결-크로우노프카 문화의 비교

1. 동강문화의 특징

동강문화를 단결문화의 일부로 볼 것인지, 독립적인 문화로 볼 것인지에 대해서 논란이 있다. 이러한 점은 단결-크로우노프카 문화의 경계와 관련되었다는 점에서 구체적으로 살펴볼 필요가 있을 것으로 보인다.

동강문화에서는 단결문화에서 자주 보이는 대형옹과 시루가 부재하고, 고배가 드물고, 단결문화에서 보이지 않는 타원형토기, 소형잔 등이 확인됨으로 해서 단결과 동강문화는 구분해야 한다는 것이다. 이중구연과 외반구연의 돌대문토기도 동강문화의 중요한 속성으로 파악하고 있다. 또한 단결유적의 중요한 특징인 온돌이 없는 점도 동강문화의 특징으로 보고 있다. 이러한 동강문화는 수분하 유역의 단결문화와는 차이가 있는 것으로 목단강 유역의 특징으로 단결문화와 구별되어야 할 것으로 지적하고 있다 (楊志軍 1982).

반면에 동강문화는 기본적으로 우장과 대목단유적의 토기 기형이 단결유적의 것과 비슷하며, 동강유형에서 확인되는 유정이 또한 단결문화의 나무그루터기 파수(주상파수)에서 변화된 것으로 보았다. 따라서 동강문화는 독립적인 문화가 아닌 단결문화의 다른 유형이라는 것이 설명이다(林澐, 1985).

앞서 살펴본 한카호 주변과 목단강 유역의 자료로 살펴 볼 때, 주거지의 특징이 단결-크로우노프카 문화의 것과 차이가 있음을 알 수 있다(그림 10). 장방형 주거지로 반수혈식이며, 대체적으로 석벽을 설치하고 노지는 위석식이다. 이러한 석벽시설은 단결-크로우노프카 문화에서는 찾아 볼 수 없고, 온돌의 부재는 큰 차이를 보이는 것이다.

유물의 특징은 마제석부, 석도 등이 대량으로 확인되며, 토기는 파수가 부착되었는데 대체적으로 끝이 뾰족한 유정이의 형태이거나 삼각형, 봉상이다. 구연부에 돌대를 부착해서 이중구연으로 구연부가 두텁게 표현되거나, 각목을 해서 돌대를 부각시키는 외반 돌대구연 토기가 우장유적, 서안촌동유적 후기, 드보랸카-3 동강유적, 동승유적 등에서 대체적으로 확인된다.

盉도 확인되지만 단결-크로우노프카 고배와는 달리 대체적으로 단각고배이다(표 2참조). 필자는 전고에서 단결-크로우노프카 고배가 높은 고각에서 단각으로 변화는 것으로 상정하였다(김재윤 2007).

그러나 대목단유적과 드보랸카-3 유적의 고배는 단결-크로우노프카 고배와는 제작상의 차이점이 확인된다.

단결-크로우노프카 고배는 단각이든지 고각이든지 기본적으로 배신과 대각을 따로 제작해서 부착된다. 그러나 드보랸카-3 유적의 단각고배는 배신에서 바로 대각을 부착해서 제작한 것이 관찰되었다. 뿐만 아니라 대각의 안쪽에 횡단면원형의 도구로 찌른 섬 등도 단결-그로우노프카 문화의 것에서는 볼 수 없는 것이다.

이런 제작상의 특징뿐만 아니라, 동강계열 유적에서는 고각의 배는 확인되지 않는다. 전체적으로 낮은 잔배에 굽을 부착한 것이다.

동강문화의 乳丁耳는 2개 혹은 4개가 부착되고, 봉상파수는 단독으로 부착된다. 林澐은 이러한 젖꼭지 모양의 파수를 나무그루터기형 파수의 변형으로 판단해서 동강문화를 단결문화의 지역적인 유형으로 보았다(1985).

그러나 乳丁耳 파수는 이 지역의 청동기시대 후기 인 유정동 유형 후기의 특징적인 속성이기도 하다 (그림 12). 단결-크 로우노프카 문화 도 유정동 유형이 라는 배경 아래 성립되었지만, 그 외에 얀콥스키 문 화라는 철기문화 가 큰 역할을 한

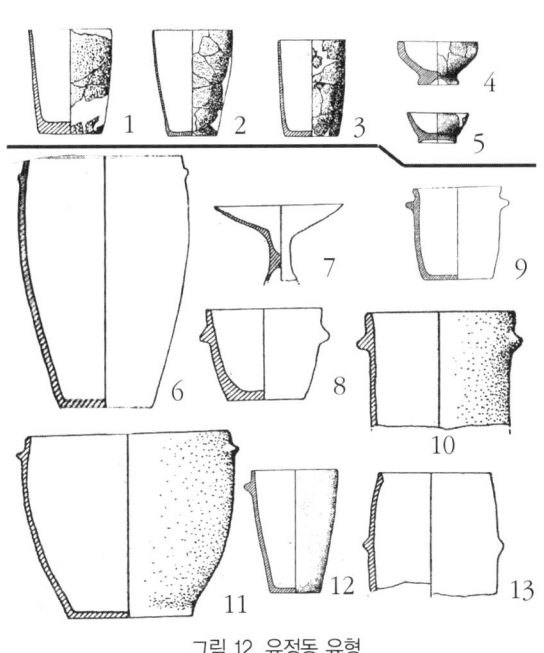

그림 12. 유정동 유형
(1~5:전기-유정동 출토, 6~13: 후기-10~12:수북2기, 그 외 신광)

것으로 보인다(김재윤 2007).

동강문화의 성립배경에 대해서는 더욱 신중하게 고려해야 하겠지만, 단결-크로우노프카 문화의 변형이라기보다는 이전 시기의 유정동 유형과 관계가 깊을 가능성이 있다.

그렇다면 동강문화의 구연단에 돌대를 덧붙여 각목을 새긴 토기는 어디에서부터 관련 해 볼 수 있는가 하는 의문이 생긴다.

청동기시대의 흥성문화에 각목돌대문이 등장하고 있으나, 후기인 유정

동 유형이 되면 이러한 현상은 사라진다(宋玉彬 2002).

흥성문화의 것이 주로 발형토기에 부착되었다면 동강문화의 것은 외반 구연된 토기가 주류를 이룬다. 이웃한 연해주에서 구연단에 돌대를 부착하고 시문을 하는 토기는 신석기 후기와 마르가리토프카 문화단계가 되면 사라진다.

연해주와 중국 길림을 포괄하는 동북한 문화 지역에서 청동기시대 이후에 다시 동강문화에서 돌대문 요소가 등장하는 것이다. 시간상의 단절을 두고 다시 등장하는 것으로 보이는 동강문화의 돌대구연토기는 현재로서는 그 계보를 찾기 힘들다.

다만 드보랴카-3 유물을 살펴 볼 때, 구연단 끝에 돌대를 부착해서 이중구연으로 표현되거나, 각목을 해서 돌대문이 뚜렷하게 표현되는 것으로 보아서, 돌대 구연토기는 이중구연을 표현하는 가운데서 생겨나는 것으로 보인다.

서안촌동유적의 후기 외반 돌대 구연토기도 그러한 것으로 보인다.

단결-크로우노프카 문화는 유정동 유형과 얀콥스키 문화의 바탕 아래 성립되었고 이 문화에서 부터 온돌이 설치된 것으로 보고 있다. 나무그릇터기형 파수가 부착된 토기, 시루, 고배 등이 그 문화적 특징이다. 단결-크로우노프카 문화 유적의 최대 분포지는 수분하(러시아명:라즈돌라야 강)과 두만강 유역이다.

반면에 동강문화는 주거지에 온돌 시설이 없고, 주거지 벽이 돌로 쌓아졌다. 乳丁耳가 부착된 토기, 단각 고배, 시루의 부재, 외반 구연 이중구연 토기 혹은 돌대 구연토기 등이 특징이다. 분포지는 목단강 유역~한카호 주변인 것으로 보인다. 또한 동강문화는 유정이 파수 등으로 볼 때 얀콥스키 문화가 영향을 미친 단결-크로우노프카 문화보다는 前 시기의 유정동 유형과 관계가 깊은 것으로 보인다.

따라서 주거지와 토기 유형에서 차이가 있고, 지역적으로 분포를 달리하는 동강문화와 단결-크로우노프카 문화는 서로 구별되는 것이 더 타당한 것으로 판단된다.

드보랸카-3 유적 조사가 아주 일부 조사여서 한계가 있지만, 조사에서 확인된 석축물도 그 옆의 주거지와 관계된 것일 가능성이 있다. 유정이가 부착된 토기, 이중구연 토기, 외반 돌대 구연토기 등으로 보아서 크로우노프카 문화보다는 동강문화에 속하는 것으로 볼 수 있다.

한카호 부근의 세이퍄트노예-1, 3도 파수의 특징으로 보아서 동강문화에 더 가까운 것으로 보인다.

(2) 상대연대와 분포범위

동강문화의 유적은 토기의 형태로 우장유적과 대목단유적을, 동강유적과 동승유적을 같은 유형으로 양분하고 전자를 목단강 1기, 후자를 목단강 2기로 보았다(陽志軍 1982).

우장유적과 대목단유적을 동강유적과 동승유적에 비해서 빠르게 본 이유는 단결 1기와 비슷한 기형의 토기가 대목단유적에서 확인되기 때문이다. 또한 동강유적에서 확인되는 외반 돌대구연토기가 발해시기의 말갈토기와 연결되는 것으로 보고, 동강유적의 단각고배와 단결2기의 고배 유사성으로 인해서 대목단과 우장유적보다는 늦은 것으로 보아 목단강 유역 2기로 보았다.

목단강 1기 내에서도 우장유적은 돌대구연으로 인해서 늦은 단계로 보았다. 그러나 대목단유적과 우장유적에서 돌대구연토기 등의 새로운 요소가 파악됨에도 같은 분기 설정한 것은 단결문화의 분기를 너무 염려해 둔 것으로 보인다.

앞서 언급한 바와 같이 연구대상 문화유적의 출토유물은 본문 내용은 제시되었으나, 도면은 그렇지 않은 경우가 대부분이다. 따라서 상당히 개개 유물을 분석하기 힘들다.

따라서 대강 전체적인 흐름과 문화적인 속성들로 목단강1기와 2기로 분류된 후의 유적들을 상대적인 서열을 세워 보고자 한다.

동강문화의 특징적인 요소는 나무그릇터기형 파수와는 다른 돌기형(乳丁耳)을 비롯한 파수, 이중구연 혹은 돌대구연토기, 단각고배, 타원형 토기 등이다.

이러한 문화적 특징들이 문화적 속성인지 시간적인 속성 혹은 지역적인 속성인지 등은 구체적인 연구가 필요하지만 본고에서는 앞서 밝힌 이유로 전체적인 흐름만 파악하고자 한다.

乳丁耳는 전체유적에서 확인되고 있기 때문에 동강문화를 구분하는 문화적 속성일 가능성이 많다. 시간적으로 비교적 늦은 것으로 파악하고 있는 돌대 구연 요소 또한 목단강 1기에 출현하고 있기 때문에 단순히 늦은 요소일 것이라고 단정하기 힘들다.

외반 돌대 구연토기가 주류를 이루는 드보랸카-3 유적의 절대연대 자료가 없기 때문에 유물의 특징으로 대체적인 상대연대만을 파악할 수 있다.

드보랸카-3 유적과 가장 유사한 토기 조합을 가지는 곳은 서안촌동유적 후기이다. 이중구연과 돌대구연토기, 단각고배, 소형잔, 유정이 등이 모두 확인된다(표 2). 서안촌동유적 후기의 동강문화내의 상대편년과 절대연대는 알려져 있지 않으나, 우장유적과 가장 근접한 단계로 보고되었다(牧丹江市文物管理站 2004).

그 외 옹장유적과 석회장 중층에서는 유정이가 달린 토기, 타원형 토기, 이중 구연토기 등이 보고되었고 고배와 돌대 구연토기 등은 확인되지 않았다. 이러한 점은 목단강 1기의 우장유적보다는 약간 이른 단계가 아닐까 생각된다.

웅장유적과 봉수유적은 자연적 입지, 문화적 특징, 주거지, 석기 등이 거의 유사하며 같은 단계인 것으로 보고 있다(牧丹江市文物管理站 2003).

동강문화에서 알려진 절대연대 자료는 두 유적에서 인데 봉수유적의 것과 동강유적의 것이다.

표 3. 동강문화의 상대연대

	필자안	절대연대	목단강	한카호
陽志君 1982		2475±250 B.P.	대목단, 웅장, 봉수,	
목단강 1기	동강1기	(525±250 B.C.),	석회장중층,	드보랸카-3
	동강2기	2525±255B.P.	우장	
		(565±255 B.C.)	서안촌동후기,	
목단강 2기	동강3기	70±105 B.C 1695±85B.P.(255)	동강유적 · 동승유적	

봉수유적의 탄소연대는 ①2475±250 B.P.(525±250 B.C.), ②2525±255 B.P.(565±255 B.C.)이다. 동강유적은 목탄에서 얻어진 연대는 ①1695± 85B.P.(255)과 주거지의 토기내부에서 확인된 탄화된 밤에서는 ②70±105 B.C.로 보정되었다.

대체적으로 목단강 1기는 5~6 B.C.부터, 목단강 2기는 1~2 B.C.부터 시작되는 것으로 보인다. 동강유적의 늦은 절대연대 치를 고려한다면 하한은 2 A.D.세기 가량이다.

그러나 700년 가량을 2기로 나누는 것은 고고학 편년상 많은 무리가 있는 것으로 보이지만 분석할 수 있는 양호한 자료가 많지 않기 때문에 현재로서는 대략적 시간 흐름만을 파악해 볼 수 있다. 유적들 간의 상대편년 설정은 분기설정을 위해서는 개개 유물의 분석이 반드시 필요하지만 빈약한 자료로 아주 한계가 많다.

외반 돌대구연토기로 목단강 1기를 양분해서 전체적으로 3기로 분기 가능한 것으로 보인다.

대목단유적 하층과 비슷한 유적으로 지적된 웅장유적, 봉수유적, 석회장 중층 등을 동강문화 1기로 보고자 한다.

기존의 대목단유적 하층보다 늦은 것으로 본 우장유적과 서안촌동유적 후기, 드보랸카-3 등은 대략 비슷한 시기로 동강문화 2기로 보고자 한다. 동강 2기가 목단강 2기의 시작보다는 빠른 것으로 상정해 볼 때 드보랸카-3 유적은 3~2 B.C.세기 가량인 것으로 보인다.

한카호 주변의 세이퍄트노예-1·3번 유적의 출토 유물은 유정이형태 파수, 봉상파수, 삼각형 파수 등 여러 가지 형태의 파수만이 알려져 있다. 따라서 대략 동강문화권에 포함되는 것으로 보이나 정확한 상대연대는 알 수 없다. 유적의 절대연대 자료가 3010±80 B.P.(1430~1020 B.C.) 있으나 너무 올라가는 것이어서 신빙성이 결여된 문제가 제기되었다(Subbotina 2006).

단결-크로우노프카 문화의 최대 분포지는 수분하로 알려져 있다(니키틴 2000). 두만강 주변과 그 지류에도 이 문화의 많은 유적이 알려져 있다(김재윤 2007). 그 문화의 계보는 그 지역의 유정동 유형과 얀콥스키 문화와의 관계에서 발전된 것으로 보고 있다.

반면 동강문화는 단결-크로우노프카 문화의 고배가 없고, 파수형태에서도 차이가 있으며, 이중구연 혹은 돌대구연을 가지는 토기가 특징이다. 파수 중에서 乳丁耳는 전단계의 유정동 유형과 관련이 있을 가능성이 있다.

단결-크로우노프카 문화는 삼국지 위지동이전의 옥저와 관련 있는 것으로 보고 있고, 옥저는 소금, 해산물, 맥포 등의 특산품을 생산하는 것으로 보아 바다와 많은 관련을 띤 정치체이다.

반면 수분하 유역과 한카호 주변의 동강 문화는 바다와는 어느 정도 거리를 두고 있고, 고고학 문화에서도 단결-크로우노프카 문화와는 구별이 된다.

시기 상으로도 단결-크로우노프카의 연대는 기원전 7세기에서 기원후 1세기 중반에서 2세기까지로, 동강문화의 연대와 어느 정도 병행하는 것으로 보인다.

물론, 以前 단계의 문화 계통은 같은 청동기시대 후기인 유정동 유형이 바탕이 된다는 점은 인정이 되지만, 단결-크로우노프카 문화에는 얀콥스키 문화의 요소가 강하게 반영되기 때문에 두 고고문화는 많은 차이를 보인다.

따라서 동강문화와 단결-크로우노프카 문화는 비슷한 시기에 지역적 분포를 달리 하는 개별적인 문화일 것으로 보인다. 그에 따라서 단결-크로우노프카 문화는 북쪽 경계는 한카호에 밑치지 못하며 수분하 까지 경계가 되고, 서쪽으로는 동강 문화와 맞닿아 있는 것으로 보인다.

단결-크로우노프카 문화는『魏志』東夷傳의 옥저로 비정된다(林澐 1985).

기록의 정치체를 현재 지리상으로 찾는 것은 상당한 고고학적인 자료가 필요하며 또한 기록과의 차이를 좁히는 것도 한 과제이다.

고고학상으로 이 문화의 전체시기를 옥저로 보기 보다는 단결-크로우노프카 문화의 2기 기원전 3세기 경부터 옥저로 비정할 수 있다(김재윤 2007).

사료에서는 옥저는 동옥저로도 불렸으며, 남과 북에 각각의 중심지가 있어 남옥저와 북옥저로 구분하였다. 동옥저는 넓은 의미에서 옥저의 총칭으로 사용되었으나 좁은 의미에서 옥저의 중심세력인 남옥저를 가리키기도 하였다. 남옥저의 중심지인 옥저성은 현재의 함흥지역인 것으로 추정되고 있다(이현혜 1997).

북옥저는 남옥저에서 북으로 8백여 리 떨어져 있는 것으로 기록되었다. 그러나 북옥저의 중심지는 여러 가지 설이 있다. 중심지인 置溝婁의 위치는 琿春설(島山喜一 1938, 박시형 1979), 함북 鐘城설(李丙燾 1976), 간도 局子街설(池內 宏 1951) 등이 있다. 북옥저의 중심지 문제는 북쪽 영역 문제와 관련되어서 老爺嶺 이동, 흥개호 이남을 북옥저 지역으로 추정하는 견해(李 强 1981), 張廣산맥 동쪽 목단강 유역까지로 보는 견해(匡 瑜 1982)와 이를 비판하면서 鏡泊湖 이남, 英額領 이동의 두만강 북쪽에 북옥저를 비정하는 견해도 있다(日野開三郎 1988).

현재까지의 고고학 상의 자료로 단결-크로우노프카 문화의 최대 유적 분포지는 수분하와 두만강이다. 옥저로 비정되는 이 문화의 Ⅱ · Ⅲ기에는 두만강(호곡6기)의 지류인 嘎呀河(일송정), 바다로 흘러들어가는 綏芬河(라즈돌라야 강), 키예프카 강, 파르티잔스카야 강, 아르체모프카 강, 섬에서 유적들이 나타난다(김재윤 2007).

물론 남옥저의 영역이 얼마나 되고, 남옥저의 중심지로 비정되고 있는 함흥과 두만강 유역 사이의 단결-크로우노프카 문화의 구체적인 양상은 밝혀지지 않고 있다.

그러나 綏芬河 주변으로 본 문화의 유적이 상당히 존재하고 있고, 두만강 북쪽의 목단강 지역과 수분하 북쪽의 한카호(興凱湖) 지역에 동강문화라는 다른 문화가 존재함을 볼 때, 수분하 이북으로 옥저의 분포범위로 보기에는 무리가 따른다.

그렇다면 북옥저의 위치비정 문제는 가능할 수 있으며, 북옥저의 위치로 본다면 북쪽영역도 어느 정도 부합하는 것으로 보인다. 그 북쪽경계는 두만강의 지류로서 북쪽으로 흐르고 있는 嘎呀河와 綏芬河를 잇는 선이 아닐까 생각된다.

V. 맺음말

필자는 단결-크로우노프카 문화의 북쪽경계를 살피기 위해서 목단강 유역과 한카호 주변의 초기철기시대 유적을 살펴 보았다.

그 결과 연구대상 지역의 특징은 주거지 내부에 석벽이 설치되고, 온돌 시설이 없다. 유정이가 부착된 파수, 삼각형 파수, 이중구연 · 외반 돌대 구연 토기, 타원형 토기, 단각고배 등이 문화적인 특징으로 보인다.

이러한 특징을 가지는 동강문화는 한카호 주변의 드보랸카−3 유적은 이러한 특징에 부합하며, 목단강 유역의 서안촌동유적 후기와 비슷한 문화적 속성을 가지고 있다. 기존의 크로우노프카 문화로 알려진 한카호 주변의 세이퍄트노예−1 · 3 유적 또한 동강문화에 더 가까운 곳으로 보인다.

따라서, 목단강 유역과 한카호 주변까지의 지역은 동강문화가 존재한 지역으로 단결−크로우노프카 문화의 북쪽경계는 수분하와 두만강의 지류로 북쪽으로 흐르고 있는 嘎呀河를 잇는 선인 것으로 보인다.

동강문화의 내부적인 시기편년의 문제는 대체적으로 3시기로 분기 가능하지만 앞으로 양호한 고고자료가 절실히 필요하다.

[참고문헌]

〈한국어〉

강인욱

　2007　「연해주 초기철기시대 크로우노프카문화의 확산과 전파」, 『국가
　　　　형성에 대한 고고학적 접근』 제 31회 한국고고학전국대회.

김재윤

　2007　「단결-크로우노프카 문화의 기원-토기 자료를 비교로-」, 『국
　　　　가형성에 대한 고고학적 접근』 제 31회 한국고고학전국대회.

盧爀眞

　2004　「中島式土器의 由來에 대한 一考」, 『湖南考古學報』 19

박시형

　1979　『발해사』

劉銀植

　2004　『두만강유역 초기철기문화 연구』, 숭실대학교 대학원 사학과 석
　　　　사학위

李丙壽

　1976　「沃沮와 東濊」, 『韓國古代史研究會』

이현혜

　1997　「동예와 옥저」, 『한국사』 4, 국사편찬위원회

심재연

　2007　「강원도 중도식 토기 문화에 보이는 동북지방 요소」, 『국가형성
　　　　에 대한 고고학적 접근』 제 35회 한국고고학전국대회

Subbotina

　2005　『철기시대 한국과 러시아 연해주의 토기문화 비교연구』, 서울대

학교 대학원 고고미술사학과 고고학전공

클류예프

2008 「러시아 연해주 남부 크로우노프카 문화 현황」, 『연해주와 인접
한 지역의 고고학 자료로 본 옥저』, 동북아역사재단(출간예정)

〈중국어〉

匡 瑜

1992 「戰國至兩漢的北沃沮文化」, 『黑龍江文物叢刊』, 1982-1

寧安縣文物管理所

1997 「黑龍江寧安縣東升新石器時代遺址調査」, 『考古』3期

牡丹江市文物管理站

1990 「黑龍江省寧安縣石灰場遺趾」, 『北方文物』2期

2003 「牡丹江市郊區熊場遺址淸理簡報」, 『北方文物』3期

2004 「丁安市渤海鎭西安村東遺趾發掘通報」, 『北方文物』4期

楊志軍

1982 「牧丹江地區原始文化試論」, 『黑龍江文物叢刊』3期

李 强

1986 「沃沮, 東沃沮考略」, 『北方文物』1 期

日野開三郎

1988 『東北 アシア民族史』, 日野開三郎 東洋史學論集 14

林 澐

1985 「論團結文化」, 『北方文物』1期

朱國沈 · 張太湘

1975 「東康原始社會遺址發掘報告」, 『考古』7期

張泰湘

1980　「東寧團結遺趾出土的鐵鎌和陶甑」, 『學習與探索』 6期

1982　「綏芬河流域原始文化初探」, 『社會科學戰線』 2期

宋玉彬

2002　「圖們江流域靑銅器時代的幾個問題」, 『北方文物』 4期

黑龍江省博物館

1960　「黑龍江省寧安牛場新石器時代遺址淸理」, 『考古』 4期

1975　「東康原始社會遺趾發掘報告」, 『考古』 3期

1983　「黑龍江寧安大牧丹屯發掘報告」, 『考古』 6期

黑龍江省文物考古工作隊 · 吉林大學歷史係考古專業

1978　『東寧團結遺趾發掘報告』

黑龍江省文物考古工作隊

1981　「黑龍江寧安縣鶯歌岭遺址」, 『考古』 6期

黑龍江省博物館考古部 · 哈尔濱師範大學歷史系

1983　「宁安縣東康遺趾第二次發掘記」, 『黑龍江文物叢刊』 3期

〈일본어〉

島山喜一

1938　「渤海東京考」, 『史學論集』

池内 宏

1951　「曹魏 東方略史」, 『滿洲史硏究』

〈러시아어〉

Вострецов Ю.Е

1986　Раскопки поселения падь Семипятнова III В приморе //КСИА 1986,
　　　вып.186(보스트레초프 1986, 세이퍄트노예- 3 유적 발굴)

Жущиховская И.С.

1984   О локально-хронологических врантах памятников кроуновскрой
        культуры(по данным анализа керамика)//Археология и этнография
        народов дальнего востока(쥬쉬호프흐카야 1984, 크로우노프카 문
        화 유적의 지역 유형에 관해서)

Окладников А.П.

1959   Начало железного века в Приморье // Тр. / АН СССР. СО. ДВФ.
        Сер. ист. Т. 1. С. 13-36.(오클라드니코프, 1959, 연해주 초기 철
        기시대)

Окладников А.П. БродянскийД.Л.

1984   Кроновская культура //Археология юга Сибири и Дальнего
        Востока-Новосибириск Наука.(오클라드니코프 · 브로단스키
        1984, 크로우노프카 문화)

Никитин Ю.Г.

2000   Исследование памятников кроуновской культуры в доине р. Суйфун
        // Впред..В прошое. К 70-легию Жанны Васильвны Андреевой(니
        키틴 2000, 수핑헤 강 주변의 크로우노프카 문화 유적의 연구)

06

연해주 초기철기시대
크로우노프카 문화의 확산과 전파

강인욱
(부경대학교 사학과)

연해주 초기철기시대 크로우노프카 문화의 확산과 전파

I. 서론

이 논문에서는 학계의 주관심주제인 크로우노프카 문화의 확산은 어떻게 이루어져 있는가에 대해서 검토하겠다. 주거지, 토기, 생계경제 등 세부적인 논의는 이 책의 다른 논문에서 이루어졌을 것이며, 필자의 몫은 그 논의를 종합적이고 거시적인 관점에서 논하는 것이다. 러시아 연해주-연변지역과 동북한 일대의 초기철기시대와 한반도 중부지방과의 관련성은 한국 학계에서 활발히 제기되고 있다. 두 문화의 관련성은 개설서(최몽룡 외, 2003)로 언급되었으며, 연해주 세형동검 관련 유적을 보고하며 철기시대 연해주와 한반도의 관련성이 제시된 바 있다(강인욱 · 천선행, 2003). 그 밖에 중도식토기문화와 연해주 철기시대의 토기와 주거문화 등을 중심으로 한 양 지역의 관련성에 대한 논고들과(노혁진, 2004 ; 수보티나, 2004; 유은식, 2004, 2006 ;정석배, 2007) 온돌의 기원문제(송기호, 2006; 김현, 2006), 발굴보고서(문화재연구소 외, 2004, 2005, 2006), 도록(문화재연구소b, 2006) 등이 발표되었다. 두 지역의 공통적인 요소로는 외반구연호, 직립호, 시루, 나무그루형 손잡이 등의 경질무문토기, 철기, 주거지형태, 온돌 등으로 그 유사성은 단순한 일부 문화요소의 전파로만 보기 어려울 정도이다. 필자 역시 연변·연해주 남부를 포함하는 두만강 유역의 초기철기문화가 한반도 중부지방으로 남하해서 중도식토기문화의 기원이 되었다는 기본적인 연구의 틀은 다른 연구자와 같이한다. 학자에 따라서 세부적인 문제에 대해서는 이론도 있지만 이는 결국 소략한 자료를 어떤 관점에서 보느냐의 차이이지 기본적인 문제의식의 차이라고는 생각하지 않는다.

그럼에도 불구하고, 기존의 연구는 원론적인 수준에서 관련성을 논했을 뿐 정작 상당히 떨어진 두 지역 간의 공간적 시간적 차이를 어떻게 설명하며 과연 전파인지 이주인지에 대한 구체적인 논고는 없었다. 대부분의 연구에서는 두 지역 간의 관련성의 주요동인(prime mover)으로 기후의 변화를 지목한다. 기후변화에 따른 주민집단의 이동 또는 확산은 지역 간의 전파와 문화의 흥망을 검토하는 데에 매력적인 설명이 아닐 수 없다. 특히 중도식토기문화가 선행문화와 관련 없이 출현했으며, 독특한 주거지와 토기문화를 영위했다는 점에서 기후의 변화와 함께 주민이 남하했으리라고 추정하는 것은 현재로서는 유일한 설명이 될 수도 있다. 이러한 연구경향이 주류를 이루는 또 다른 이유는 북한의 자료가 매우 빈약한 상황이라는 점과도 관련되어있다. 하지만 최근에 이와 관련된 많은 논고들과 자료가 상당히 축적되었으므로 좀 더 구체적인 수준에서 크로우노프카 문화의 확산과정을 사회 내부적인 요인과 기후의 변화 등을 종합적으로 논의할 필요성이 있다. 이에 본고에서는 크로우노프카 문화는 어떻게 전개되고 주변지역으로 확산되었는지를 기후변화와 주민의 이주라는 문제를 중심으로 살펴보고자 한다. 본고 이전에 다른 발표자들에 의해 크로우노프카 문화의 편년·유적·지역상 등이 충분히 다루어졌을 것으로 보고 여기에서 구체적인 유적·유물의 소개는 피하고자 한다.

II. 기후의 한랭화와 크로우노프카 문화의 전개

1. 크로우노프카 문화의 지리적 환경과 기후변화

본 장에서는 필자가 2004~2005년에 답사 및 발굴조사를 한 크로우노프카 문화 분포 지역 중에 유적의 중심지역이라고 할 수 있는 한카호 지역의 지리적인 환경을 중심으로 살펴보겠다. 한카호 근처의 청동기시대~중세시대 유적들은 대부분 여러 시기의 유적들이 한 곳에 모여 있는 다층위유적들이다. 유적의 입지조건은 크게 1) 하천을 끼고 발달한 구릉상의 완만한 경사에 분포한 경우, 2) 강가의 넓은 하안대지에 발달한 경우, 3) 가파른 산 등성이의 방어성 취락 등으로 나뉜다(강인욱 외, 2005).

이 중 크로우노프카 문화는 2)번 강가의 넓은 하안대지에 집중적으로 분포한다. 물론 3)번의 방어성 취락은 한카호보다는 동쪽의 해안지대에서는 일부 분포하지만, 늦은 시기 폴체 문화의 요소가 유입된 흔적이 대부분 보이기 때문에 크로우노프카 문화의 전형적인 특징이라 보기 어렵다. 필자가 2005년에 조사한 초기철기시대인 드보랸카-1 유적의 경우(도면 2)도 인접한 청동기시대유적인 드보랸카-3은 가파른 절벽위에 위치한 반면 근처의 하천을 낀 낮은 구릉에 분포한다(도면 1). 이와 같이 대부분의 크로우노프카 문화는 강가의 넓은 충적대지가 발달된 곳에 대형취락을 이룬다. 이러한 입지조건은 중국 경내의 일송정, 단결과 같은 필자가 답사하였던 대부분의 단결문화에서도 마찬가지였다. 특히 크로우노프카 문화가 집중된 한카호의 호반과 우수리강 유역의 저지에는 「우수리 흑토」라는 비옥한 토양을 가진 우수리 평야가 발달하여 현재도 극동 제일의 농업생산지역을 형성하였다(원학희, 한종만, 공우석, 2002). 이와 같이 농사가 유리한 강가의 넓은 하안대지를 입지조건으로 하는 상황은 비슷한 환경적 조건은 필자가 답사할 수 있었던 니콜로-르보브노예, 단결, 일송정, 굴가령 등 대부분의 단결-크로우노프카 문화유적에서도 보였다(도면 3~5).

두 번째로 한카호 지역의 환경과 기후적 여건 등을 보자. 크로우노프카 문화는 대체로 북위 44~41도, 경도 130~140도의 범위에 분포한다. 이 지역은 시호테-알린 산맥이 가로지르고 동해로는 한류가 흐르기 때문에 겨울이 비교적 길고 추운 편이다. 블라디보스톡의 경우 연평균 기온은 4도이고 1월 평균기온은 -14.4도, 7월은 17.5도이며 강수량은 831mm이다. 좀 더 내륙지방인 우수리스크는 연평균 기온이 3.6도로 다소 낮으며 1월 평균기온은 -18.6도, 7월 평균기온은 17.5도이며 강우량은 599mm 정도이다. 곡물의 수확과 큰 관련이 있는 무상기일은 153일 내외로 벼를 제외한 잡곡을 재배하는 데에는 큰 문제가 없다. 실제로 연해주 남부 지역에서 벼농사는 19세기말 고려인이 정착했을 때에 비로소 가능했으며 고려인의 강제이주 이후 모든 논은 황폐화되었다[1].

다음으로 크로우노프카 문화 당시의 기후를 살펴보면, 크로우노프카 문화의 중심연대인 기원전 4~기원전후한 시기에[2] 대한 고기후 자료는 주로 한러국경에 인접한 하산남부지역 해안지대를 중심으로 이루어졌다. 주지하다시피 고기후에 대한 여러 연구는 대상범위, 대상자료에 따라 다양한 결과가 있기 때문에 특정한 데이터에 전적인 신뢰를 부여하는 것은 곤란하다. 하지만 중국내의 화분분석, 역사기록의 재해기록 비율 등을 비롯하

---

1) 필자의 답사에 의거함.
2) 크로우노프카 문화의 연대에 대해서는 많은 이론이 있다. 그 핵심은 크로우노프카 문화의 절대연대치 상한을 어디까지 보는 것인가로 학자에 따라 기원전 8~7세기로 소급하기도 한다. 필자 역시 크로우노프카 문화의 상한에 대해서는 얀콥스키 문화와 상당 기간 겹쳤을 가능성에 동의한다. 하지만 연해주 전역에 넓게 분포하는 시점은 대체로 기원전 4~3세기대로 생각된다. 상한연대에 대한 다양한 이견은 1) 크로우노프카 문화의 정의가 다른 점, 2) 철기를 중심으로 중국(연)의 연대에 맞추려는 경향 때문이다.

여 동아시아 전역의 자료에서 공통적으로 기원전 4~서기 2세기대의 한랭화가 확인된다. 笹谷文則(1995, p.66)의 도표를 보면 중국사서의 재해기록은 기원전 3세기대에 급증하여 기원전후한 단계까지 계속 이어진다. 한반도 자료의 경우 기원전에 대한 분석은 그리 많지 않지만, 삼국사기 기록을 분석한 김연옥(1998)은 자료를 보면 한국에서도 기원전후한 시기의 한랭화가 되었다고 하며, 그를 중도식토기의 발전과정에 연결시키는 노력은 오세연(1995)에 의해 시도된 바 있다. 서현주(2000) 역시 서기 2~3세기를 주요한 한랭기로 보고 한반도 남부지방의 패총형성을 농업경제가 어려워지면서 해양경제로 전환되었다고 보았다[3]. 물론, 중국의 경우 서한대를 온난기로 보는 견해도 있지만 이에 대한 반론도 만만치 않다(笹谷文則, 1995). 적어도 동아시아의 북방지역에서는 기원전 4세기대에 중국 북방에 흉노세력이 나타나고 이들이 기원전 1세기대에 세력을 급격히 상실하고 송화강 유역의 老河深, 平洋과 같은 유목문화계통의 문화가 출현하는 것도 한랭건조와 관련된 것으로 설명할 수도 있다. 한편, 연해주에 대해서는 보스트레초프는 여러 논저에서(Вострецов, 2005 ; Vostretsov, 1996, 1999) 연해주 남부 해안지역의 자료를 분석하여 2500~2200년에 짧지만 심한 한랭기가 도래해서 해수면이 현재보다 1.5m 정도 낮았으며, 이에 동반하여 연해지역에 분포한 얀콥스키 문화가 사라지게 되었다고 보았다[4].

여하튼 연해주 해안지역에 대한 보스트레초프의 연구나 중국이나 한국의 문헌 및 고기후에 대한 분석결과를 보면 크로우노프카 문화와 그 이후 폴체 문화가 존속했던 시기인 기원전 4세기~서기 2세기대에 전반적인 기

---

3) 서기 2~3세기의 상황에 대해서는 국내 고환경연구자(조화룡, 황상일)들은 공통적으로 해수면이 상승한다고 보나 이는 최성락 · 김건수(2002)에 의해 반박된 바 있다.
4) 본 서의 보스트레초프 논문에도 상술되었다.

후의 한랭화가 있었던 것은 분명한 것 같다[5].

2. 크로우노프카 문화의 발전과 기후환경 변화의 상관관계
: 선사시대 소빙기의 사회발전문제

크로우노프카 문화는 강가의 하안대지에 몇 헥타르에 이르는 대형취락을 만들었고 거의 모든 주거지에서 대량의 조, 수수 등의 잡곡이 출토된다. 그래서 대부분의 학자는 크로우노프카 문화의 발전요인을 집약적 잡곡농경경제의 확산으로 보는 데에 동의한다. 한편, 크로우노프카 문화의 주변지역으로 확산 원인에 대해서는 보스트레초프(2005)가 주장하는 기후의 변화와 이에 따른 환경조건의 악화라는 설이 많은 지지를 얻고 있다. 이 견해는 기후의 변화를 가장 큰 조건으로 보고 기타 요인에 대해서는 큰 비중을 두지 않았다는 점에서 기후결정론(climatic determinism)적 관점에 많이 가깝다. 그는 2,500~2200B.P.에 전반적인 기후가 한랭화 되었다는 것을 중시하고 이때의 환경변화로 연해경제(maritime economy)가 붕괴되고 그 공백지를 크로우노프카 문화의 주민이 메운 것으로 보았다. 그리고 이러한 문화의 확산은 궁극적으로 두만강지역으로도 확산되었다고 보았다. 이 견해는 대부분의 한국학자들에 의해 기본적인 동의를 얻고 있는 견해이기도 하다.

하지만, 크로우노프카 문화의 확산에 기후의 변화라는 점이 절대적인 요

---

5) 필자는 동아시아에서 공통적으로 기후 한랭화가 간취되는 기원전 4~서기 3세기 단계는 15세기~19세기 유럽을 중심으로 한랭화되는 시기인 小氷期(little ice age)와 같은 단계였다고 생각된다. 소빙기는 계속 한랭하지 않고 1650, 1770, 1850 년 등이 최고 한랭기였고, 중간에는 다소 온난한 시기가 존속되었다. 마찬가지로 기원전 4~서기 3세기 단계에도 한랭화 단계라고 해도 온난기와 한랭기가 반복되었을 것으로 생각된다.

건이 될 수 없는 이유는 다음과 같다. 가) 기후의 불안정함은 비단 얀콥스키 문화와 같은 해양문화뿐 아니라 寒帶에 위치한 연해주 지역의 잡곡농경에도 위기를 초래했을 텐데 오히려 크로우노프카 문화권은 확산되고 크로우노프카 문화의 중심지역에서는 대형취락이 존속한다는 점, 나) 기후 한랭화는 내륙지방 뿐 아니라 해안지역에도 영향을 미쳐서 패류와 같은 해양자원이 감소했을 것이기 때문에 해안지방으로의 확산·이주가 결코 유리할 수 없다는 점, 다) 기후의 악화와 함께 크로우노프카 문화가 두만강 유역으로 진출했다고 보았지만 연해주 남부 핫싼지역의 해안과 같은 넓은 지역에 크로우노프카 문화가 전혀 확인되지 않는 점 등이다.

필자는 보스트레초프나 기타 학자들이 기후결정론적 관점에 쏠리는 이유가 기후의 요인을 절대적인 요인으로 보기 때문이 아니라 북한지역이 공백이고, 고고학적 자료가 제한적으로 접근되기 때문에 원론적인 수준의 논의를 제기하는 것이라고 생각한다. 즉, 결정적인 자료가 없는 상태에서 가장 용이하게 제안할 수 있는 것이 기후변화에 따른 주민의 이동이기 때문이다. 어쨌든 기후결정론만으로는 크로우노프카 문화의 확산을 논하기는 턱없이 부족한 것이 사실이다. 무엇보다도 백 여기가 넘는 주거지를 이루는 대형 취락을 영유하고 농경을 주업으로 했던 크로우노프카 문화의 전성기(기원전 4~1세기)대가 한랭건조 시기였다는 점은 이 주민집단이 적극적으로 환경변화에 대처했을 것이라는 점을 반증한다. 즉, 크로우노프카 문화의 확산과정은 단순히 기후결정론적인 차원보다는 그 자체의 사회적 적응잠재력(preadaptation[6])을 고려하는 사회내부적 요인에서도 찾을 수 있

---

6) 생물학적 개념에서는 '전적응' 이라는 용어로도 번역된다. 하지만 본고에서는 기후의 변화에 대처하는 고고학적 문화의 사회시스템을 말하는 것이기 때문에 잠정적으로 적응잠재력이라고 번역한다.

다고 생각된다.

　적응잠재력, 그리고 기후에 대응하는 주민집단의 역할을 강조하는 연구
는 최근에 중국문명사와 중국농학사 연구에서 적극적으로 시도되고 있다.
우선 고기후 자료와 중국문명의 형성과정 관계를 논한 宋豫泰(2002)는 人地
關係(Man-land relationship)[7]로 중국 각 지역별 문명의 형성을 논했다. 人
이란 주민집단을 말하며 地는 인간을 둘러싼 자연환경과 인문지리환경을
포함한 개념이다. 한편 중국농학사에서는 三才이론(天地人)이 주목된다. 삼
재사상은 중국철학에서 논의되는 개념으로 인간은 천지자연과 대립하여 정
복하는 존재가 아니라 자연에 순응하는 존재임을 의미한다. 이 개념은 1990
년대 이후 중국 고대농업사의 연구에도 적극적으로 도입되고 있다(李伯重,
1994). 李根蟠은 천과 지를 자연계의 기후, 토양, 지형 등 농업생산의 주요
조건으로 보고 농업을 자연환경과 사회구성원이 상호 의존·제약하는 생
태계통과 경제계통으로 보았다(李伯重 1994에서 재인용). 두 이론 모두 고대부
터 이어져오는 중국의 전통적인 지리에 대한 인식을 바탕으로 하고 있으
며 생계경제(특히 농업)는 기후뿐 아니라 인간을 둘러싼 모든 환경요소와 사
회집단이 조화되는 것이라고 본다는 점에서 일맥상통한다. 삼재론을 농업
경제에 기반한 고고학적 문화에 적용한다면 천(기후), 지(지형), 인(고고학적
문화)이라는 세 가지 변수를 종합적으로 고려해서 문화의 발전, 소멸, 확산
등을 논할 수 있을 것이다. 즉, 특정한 주민집단이 시공적으로 일정한 고
고학적 문화를 남긴다는 것은 지형, 기후, 그리고 문화적 적응능력이 조화
가 되었을 때에 가능한 것이다.

　적응잠재력과 삼재이론은 결국 환경과 인간사회가 어느 한쪽에 구속되

---

7) 한국에서는 地人相關論이라고도 번역된다.

거나 지배되는 것이 아니라 지속적인 피드백으로 문화의 형성과 발전이 이루어진다는 점에서 일맥상통한다.

III. 크로우노프카 문화의 확산과정

1. 기후와 주민이주의 상관관계에 대한 모델설정

고고학적 문화가 갑자기 변해서 이전 문화와 계승성이 없을 때에 흔히 주민들의 이주를 상정한다. 물론, 선사시대에는 근대와 같은 주민의 대량 이주가 일어난 예가 거의 없다는 이유로 서양 고고학계에서는 이에 대한 비판적 입장을 견지한다. 하지만 고고학에서 말하는 선사시대의 이주는 좀 더 넓은 시간적 간격을 두고 이루어진다. 실제 기후의 변화는 기후에 민감한 유목집단이 아닌 정착집단이 단기간에 이주를 선택할 정도로 급하게 이루어지는 경우는 거의 없다. 하지만, 기후의 변화가 집단을 둘러싼 생태환경에 심각하게 영향을 미치게 되면 새로운 생계수단을 선택하게 되고 그 중 하나가 주민의 이주로 나타나게 된다.

먼저 기후의 변화가 주민집단의 이주를 야기하는 과정을 살펴보자. 기후의 변화가 있다면 가장 먼저 인간은 자신들이 가지고 있는 사회적 능력을 동원해서 기존의 사회체제를 유지하여 평행상태(status quo)를 유지하고자 할 것이다. 하지만 기후 또는 그와 관련된 여러 사회적인 요인으로 이주를 해야 할 경우 대부분의 경우 비슷한 기후와 지리환경으로 이동한다(Meyer, William B. 2000). 이주민들이 원 거주지역과 비슷한 기후환경을 선택하기 위해서는 먼저 이주대상지역에 대한 충분한 정보가 바탕이 되어야 한다. 즉, 어떠한 경로로든지 간에 자신들과 교류관계가 형성되어 해당지역에 대한 정보가 있는 경우에만 이동할 것이다. 주민집단이 새로운 지역으로 이주한 결과 환경에 적응실패해서 단기간에 사라질 경우 고고학적 문화로 남겨질 가능성이 적다. 한편 이주한 지역에서 기존의 생계경제를 포기하고 새로운 생계경제로 전환하는 경우 고고학적 유물복합체에도 변화가 많이 있을 것이다. 즉, 고고학적으로 볼 때 특정한 고고학적 문화가 지역을 달리해서 갑자기 출현할 경우 주민집단이 이주해서 새로운 환경에 적응하여 기존의 생계경제를 유지시켰다고 볼 수 있다.

주민의 이주(migration)는 진출(penetration) 또는 확산(spread)과 유사하지만 개념에는 다소 차이가 있다. 진출이나 확산의 경우 인구압이나 주변집단의 복속 또는 개척으로 사회구조의 발전과 동반하여 그 문화영역이 확장되는 것으로 고고학적 문화에 나타난다.

반면, 이주는 원 거주지역에서 아예 다른 지역으로 이주하거나, 사회조직의 대형화, 인구 증가, 기술력의 발달 등으로 기존에 살기 어려웠던 지역으로 이동하는 경우로 생존에 심각한 위기가 초래될 때 주로 시도된다. 이는 최근의 예로 보면 전쟁과 같은 경우나 기후변화로 극심한 기근이 발생할 때에 흔히 볼 수 있다.

그렇다면 고고학적 문화에서 이주는 어떻게 확인될 수 있을까? 이주와 전파의 다양한 예에 대해서는 김장석(2002)이 이미 제시한 바 있는데, 모든 경우의 수를 한국, 특히 강원도와 연해주지역의 초기 철기시대와 같이 고고학적 자료로 증명하기 어렵다. 고고학적 물질문화의 변동과 관련한다면 이를 다시 세 가지 요건으로 정리할 수 있다. 1) 원 거주지의 문화가 급격히 바뀌었다. 이 경우는 환경변화 또는 전쟁과 같은 요인에 해당된다. 2) 이주한 지역에 출현하는 문화가 해당 지역의 선행문화와 불연속성(discontinuity)을 보인다. 3) 원 거주지와 새로 이주한 지역이 지리적으로 상당한 간격을 두고 있다. 위에서 제시한 조건을 충족시키지 못한다면 그는 진출, 확산, 문화의 전파, 동화 등으로도 볼 수 있을 것이다.

기후환경의 변화에 따라 기존 터전에서 생존을 심각하게 위협받을 때에 주민집단은 주로 원래 거주했던 지역의 자연환경과 기후가 가장 비슷한 곳을 선택해서 이주하게 된다. 하지만 이주한 지역의 환경이 기존 거주지와 완전히 일치할 수는 없기에 이주 집단은 일정 정도의 위험을 감수하게 된다. 이때에 생존의 관건이 되는 것은 주민집단의 적응잠재력(preadaptation)이다. 같은 기후와 환경에 처했어도 사회구조, 주거지 양태, 농업기술, 식량보조수단의 활용, 주변집단과의 교류 등 여러 요소가 새로운 환경에 성공적인 적응여부의 관건이 된다. 이와 관련하여 19세기 말 독일계 러시아인이 미국 중서부평원지역으로의 이주를 한 예는 이주와 적응잠재력의 관계에 대한 예를 보여준다(Baltensperger, B H. 1983, Meyer, William B. 2000, 에서 재인용). 당시 미국의 중서부평원지역으로 독일계 러시아인과 미국 남부의 농민들이 이주를 하였는데, 미국 남부 미시시피 지역의 이주민이 시작한 목축과 옥수수재배는 한랭건조한 중서부평원지역에는 적합하지 않은 반면 독일계 러시아인들의 주된 생계수단이던 보리, 호밀, 귀리, 아마와 같은 곡물의 재배는 이 지역에 잘 맞았다. 주거지 또한 러시아인의 수혈주거지(землянки)가 미국농민의 전통적인 주거지인 초가집(sod house)보다 한랭건조한 기후환경에 더 적합하였다. 즉, 각자가 미리 가지고 있는 문화적 역량이 새로 이주한 지역의 기후환경에 적합할 때 성공적으로 적응한 예를 보여준다.

　이러한 주민집단의 적응잠재력은 다른 지역으로의 이주와만 관계있는 것은 아니다. 기후변화가 작든 크든 그 변화에 대처하는 사회적인 적응잠재력에 따라 환경에 적응하는 방식이 달라진다. 15세기 소빙기 때 그린란드의 서부에 정착한 스칸디나비아인들은 기후의 급격한 변화로 생계경제를 바꾸고 이주를 했다(Meyer, William B. 2000). 반면에 같은 곳에 정착한 Inugsuk 이뉴이트인들은 인구가 증가하고 주변지역으로 확산되었다. 두

집단의 예는 해당 기후와 지리에 대한 적응잠재력이 취약한 경제구조를 가진 집단이 이주할 가능성이 높다는 것을 의미한다. 즉, 기후의 변화에 사회가 대응하는 방식은 꼭 이주라는 것으로 나타나지는 않는다. 사회구조를 개편해서 관개, 제방 등 농경에 필요한 시설을 증가시킬 수도 있고 저장시설의 공동관리 등으로도 발현될 수도 있다.

두 번째로 고려해야 할 부분은 국가체계나 원거리 교역체계가 등장한 이후에는 교역의 필요성에 따라 자신들의 생산물을 바꿔야하기도 한다. 실제 상기한 미국 중서부평원의 독일계 러시아이주민들은 자신들의 주생산 잡곡에 대한 수요가 미국에는 거의 없기 때문에 결국 옥수수로 재배작물을 바꿀 수밖에 없었다. 다소 불리한 지역으로 이주한다고 해도 자신들의 생활시스템을 크게 바꾸지 않은 범위 내에서 교역, 보조경제수단의 개발 등을 병행한다면 기존의 문화를 유지할 수 있을 것이다.

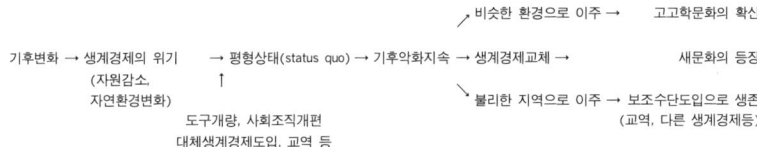

도표 1) 정착사회에서의 기후변화에 따른 이주도식

2. 크로우노프카 문화의 확산과정 검토

단결-크로우노프카 문화의 확산과정은 크게 2가지로 대별된다. 먼저 만주 내륙지역에서 연해주쪽으로 확산되는 과정에 대한 연구가 있다. 이는 다시 연변지역에서 어떻게 연해주로 유입되었는지를 다루는 연구(林澐, 1985)와 연해주 남부에서 한카호를 중심으로 분포하던 크로우노프카 문화가 어떻게 연해주 해안가지역으로 확산되었는가를 다루는 러시아쪽의 연구로 나뉜다(Вострецов, 2005). 두 번째로는 중도식토기문화의 기원과 관련하여 연변지역-연해주남부에서 어떻게 한반도 중부지방으로 유입되었는가에 대한 한국측의 연구가 있다(노혁진, 2004). 이를 위해서 먼저 크로우노프카 문화가 형성된 지역의 기후와 환경을 살펴보고 연해주 해안지대와 한반도로의 확산과정을 추정해 보겠다.

1) 기원전 2~서기 1세기 연해주 해안지역으로의 이동

(1) 크로우노프카와 주변지역 복합사회의 형성

폴체 문화가 아무르 유역에서 연해주쪽으로 남하하면서 크로우노프카 문화와 접촉하여 기원전후 한 시기에 연해주 폴체 문화(또는 올가 문화)로 형성되었다고 보는 것은 그간 러시아학계의 정설이었다(데레비얀코, 2000; 홍형우·강인욱, 2003). 문화재연구소(2004, 2005, 2006)가 발굴한 불로치카 유적은 바로 이에 해당하는 대표적인 유적이다. 올가 문화에 대해서는 호전적인 폴체 문화가 크로우노프카 문화를 驅逐으로 설명하는 것이 정설이었다. 그런데, 최근 조사된 흑룡강성 三江平原 일대의 자료들을 검토해보면 문화 간의 교류는 일방적인 남하의 증거보다는 사회구조의 복합화를 보여준다.

먼저 폴체 문화가 본격적으로 남하하는 기원전 2세기~서기 1세기대 아무르강 유역과 연해주 사이의 동시기 유적들을 살펴보자. 폴체 문화와 인접한 중국 흑룡강성 내의 유적에 관한 연구는 1970년대에 蜿蜒河유적의 발굴과 함께 제기되었으며, 현재 중국 경내에서 존재하는 폴체 문화의 대표적인 예로 알려져 있다(黑龍江省博物館, 中國社會科學院考古研究所, 2006). 또한, 佳木斯市 주변의 여러 城址를 조사하는 과정에서 폴체 문화의 토기와 연관지을 수 있는 유물이 출토된 성지가 있다. 그 예로 가목사시 주변의 산성중 小城子山유적을 살펴보자(佳木斯市文管站, 1982). 이 유적의 입지조건을 보면 서남쪽으로는 좁고 기다란 산구릉이 형성되어 있고 서북, 동북, 동남쪽으로는 완만하게 경사를 져서 현재 경작지로 사용되고 있다. 소성자산유적을 비롯한 이 지역 산성의 특징은 산성의 형태가 원형 또는 타원형이라는 점, 방어가 용이하게 한쪽이 높게 솟은 구릉지대의 정상에 자리 잡은 점 등이다. 또한 산성 내에는 수혈주거지가 분포하는데 대체로 대형은 산성의 높은 지역에 분포하고 그 주위에 소형의 주거지가 분포하는 양상이다. 방어시설로는 토루를 쌓았으며 일부 돌무더기를 이용하여 쌓은 것도 있다.

이와 같은 성지를 중심으로 하는 초기철기시대문화는 1984년에 발굴된 곤토령유적(黑龍江省文物考古硏究所, 1997)을 근거로 설정된 滾兎嶺文化에서도 찾아볼 수 있다. 滾兎嶺문화는 小八浪, 風林城址, 保安城址, 炮台山 성지 등 흑룡강성 동북부인 삼강평원에 분포한 단결문화와 동시기인 유적이다(趙永軍, 2006; 村上恭通, 2000). 중국학계에서는 대체로 兩漢代, 즉 기원전 2~서기 2세기대로 보고 있지만, 절대연대치가 부족한 상태에서 단순히 중국의 영향을 상정하기 때문에 다소 늦게 편년된 것으로 생각된다. 滾兎嶺문화의 토기상은 구연에 돌대문이 부착되고 압인문이 새겨진 폴체 문화계의 특징과 경질무문토기계통의 외반구연호로 대표되는 단결문화의 특징을 모두 보인다. 그 외에도 外耳附 단경호로 대표되는 滾兎嶺문화의 특징적인 기형들도 다수 존재한다. 이 문화의 가장 큰 특징은 고지에 성지를 축조했다는 점이다. 상기한 유적 이외에도 삼강평원 지역의 滾兎嶺문화는 대부분 타원형이나 원형의 토성을 쌓고 내부에 수십 기의 주거지를 축조한 것이 확인된다.

한편, 滾兎嶺문화는 이후 風林文化로 변천된다. 삼강평원 발견 성지유적은 대부분 滾兎嶺문화층과 풍림문화층이 같이 발견되며 토기상에서도 유사성이 많아 같은 주민집단이 지속적으로 거주하면서 남긴 것으로 생각된다. 연대는 중국의 편년에 따르면 漢魏시기에 해당되어 서기 3~4세기대까지 존재한 것으로 되어 있다. 滾兎嶺유적과 달리 단결문화의 특징적인 고배가 유입되었으며 초원문화계통인 鐵鍑도 발견된 바 있다. 한편 토기 중 일부는 고구려토기의 영향을 받아 성립된 것으로 보기도 한다(張國强 外, 2006).

삼강평원보다 더 남쪽의 목단강지역의 양상은 단순히 북방의 폴체계통의 문화가 일방적으로 남하한 것이 아니라 단결-크로우노프카 문화와 지속적인 교류를 통해 새로운 문화들이 성립되었음을 시사한다. 목단강 유역에서 조사된 하구와 진흥유적에서는 신석기~말갈-발해에 이르는 다층위 유적이 확인되었는데, 여기에서는 단결문화(크로우노프카 문화)가 오히려 북상해서 滾兎嶺문화와 폴체 문화의 요소가 결합하는 양상을 나타낸다. 이 문화층은 東興文化로 명명되었는데(黑龍江省文物考古工作隊 外, 2001 p.60), 滾兎嶺문화보다 상층으로 연대는 기원전후한 시기에 해당한다. 만약 일방적으로 폴체 문화가 남하한 것이라면 단결(크로우노프카)문화는 소멸되어야 함에도 불구하고 오히려 내륙지역으로 확산된다는 점은 흥미롭다.

물론 필자는 전반적인 북방주민집단의 남하를 부정하는 것은 아니다. 비슷한 시기에 중국 북방에 거주하던 흉노, 선비 등 유목민족은 빠른 속도로 남하했다는 점은 기후의 변화가 문화의 확산과 주민전파에 일정 정도 기여했으리라고 본다. 상기한 바대로 적응잠재력이라는 측면에서 볼 때 기후가 주민집단에 따라서 이동을 초래하기도 하지만 반대로 사회구조의 복합화에 기여해서 문화의 확산이라는 방식으로 나오기도 한다는 점을 강조하고 싶은 것이다. 흉노의 경우 급격하게 남쪽으로 이주하는데, 이는 이들이 초원지대에 전적으로 의존하는 유목경제인 것과도 관계가 있다. 즉, 항시적으로 농작물을 주변의 지역에서 얻어야하며 초원이 한랭건조화되어 사막화될 경우 별다른 대체 생계수단을 마련하기 어렵다는 것과도 관계되어 있다. 즉, 적응잠재력이 수렵채집경제나 농경경제에 비해서 월등히 떨어진다. 그러므로 기후변동이 있을 경우 이에 적응하기 보다 더 나은 지역으로 이동하는 것으로 생계전략을 택한다.

반면에 극동의 이 시기 문화들은 잡곡농경을 주로 하되 수렵, 채집, 목축 등에도 종사하는 복합경제체계이다. 기후의 변동이 곧바로 주민의 이동으로 이어진다고 볼 근거는 없다. 오히려 고고학적 증거는 주민의 이동이 아니라 사회의 복합화와 문화의 확산으로 이어진다. 즉, 주변지역으로 확산되어가는 양상은 사회의 발달 등의 이유로 인구가 증가한 증거로 볼 수 있다.

특히 七星河 유역의 대규모 성지 발견은 극동지역이 단순히 살기 척박한 곳이 아니었음을 극명히 보여준다(許永傑, 2000; 黑龍江省文物高古研究所 編, 2004). 1998~2002년간 許永傑에 의해 주도된 이 지표조사를 통해서 약 420여 개의 유적이 조사되었는데 그중 성지는 113개이다. 이들 성지들의 지표조사와 그중 한 유적인 風林성지의 발굴을 통해(黑龍江省文物考古研究所, 2000a, b; 黑龍江省文物管理委員會, 2004) 滾兎嶺문화단계(약 기원전 3세기)부터 서기 3~4세기대에 속하는 문화들이 층을 이루며 퇴적되어있음이 확인되었다. 기후결정론적 관점에서 본다면 오히려 이 지역은 주민이 남하해서 공백이 되어야 할 것이다. 이는 결국 변화된 기후환경을 비롯한 다른 문화요소가 사회복합화를 촉진해서 오히려 주변지역에 확산된 예로 볼 수 있다고 본다.

연해주의 폴체 문화(=올가 문화)의 경우를 보면 사실상 러시아학계의 주장대로 적극적인 군사활동으로 크로우노프카 문화를 정복한 증거는 없다. 폴체 문화의 주요 분포지는 크로우노프카 문화의 중심 분포지인 한카호에서 동쪽인 우수리강 중류 유역과 나홋트카를 중심으로 하는 연해주 동남부인데, 우수리강 지역의 글라조프카-Ⅱ와 같은 유적은 중심연대이며 기원전 4~3세기가 연해지역은 서기 1~2세기대가 주 연대이다(Коломиец, 2005). 콜로미예츠(2005)의 편년관을 따르면 연해주의 폴체 문화는 크로우노프카 문화의 중심지에서는 다소 벗어나 있으며 군사적인 충돌증거는 없으며 자연스럽게 크로우노프카 문화의 요소를 흡수하는 것으로 판단된다.

연해주 남부바닷가로 진출한 폴체 문화 세력은 성지의 규모나 유적 수로 볼 때 매우 소형이며 현재까지의 고고학적 자료로 볼 때 입지조건으로 크로우노프카 문화가 비교적 늦은 시기(기원전 2~1세기)에 소규모 취락단위로 진출한 지역에 성지를 근거로 하는 폴체 문화가 진출한 것으로 생각된다.

이와 같이 크로우노프카 문화가 연해지역으로 진출하는 단계는 일방적인 문화의 진출이 아니며, 전반적으로 주변지역이 복합사회로 급속도로 성장한다는 것을 확인할 수 있다.

(2) 사회발전에 따른 상호교류의 증대

위의 장에서 필자는 단순한 기후의 변동만으로 크로우노프카 문화의 확산과정을 설명할 수 없다고 보았다. 기후의 한랭화시기에 크로우노프카 문화는 소규모로 해안지역에 정착하지만 농업경제에 의존하는 크로우노프카 문화 중심지대와는 어로비중이 높아지는 경향이 나타난다(Вострецов, 2005). 자연자원의 감소로 해안지역으로 갈 수 밖에 없었다는 보스트레초프의 설에는 정작 한러국경지역의 핫싼남부지역 해안가에는 크로우노프카 문화가 전혀 없다는 점이 간과되어 있다. 연해주 핫싼남부지역은 연해주에서 가장 유적조사 빈도가 높은 곳으로 필자가 수차 답사했을 때에 대부분의 유리한 입지조건에는 유적이 확인되어 있는 상황이다. 그럼에도 불구하고 약 150㎞에 이르는 해안가에 크로우노프카 문화가 없다는 것은 단순한 조사의 부족이라기보다 의도적으로 이 지역을 택하지 않았음을 의미한다. 따라서, 크로우노프카 문화의 연해지역 진출은 단순한 자원감소에 따른 선택이라기보다는 의도적인 진출이었다고 보는 것이 합당할 듯하다.

이와 관련해서 김재윤(2007)의 견해는 이러한 정황에 대한 올바른 지적을 한다고 생각된다. 그는 후한서에 옥저의 맥포, 소금, 물고기, 해산물 등을 고구려에 조세를 바쳤다는 점에 주목하여 바닷가로 진출해야 했다고 보았다. 그러나 고구려의 성립은 본고에서 대상으로 하는 시기보다 늦은 시기다. 하지만 漢의 위만조선 정벌 때부터 옥저에 대한 중국의 통치기록이 보인다. 전한대에는 옥저에 군이 설치되었으며 광무제 때에는 옥저후가 설치되었다. 즉, 기원전 2~서기 1세기대에 크로우노프카 문화가 해안으로 진출할 때는 이러한 중국과의 교역관계가 성립되어 있었다. 당시 한사군 중 낙랑을 제외하고 다른 군현은 폐지되었을 때에 중국의 세력이 미치기 힘든 극동지역에 전-후한대에 걸쳐서 지속적인 조공관계가 있었다는 점은 옥저 세력 내부적인 필요가 주요 동인이었을 가능성이 있다. 바로 대형취락이 등장하고 사회구조가 발전하여 인구가 증가한 동시에 기후의 변화에 따른 생산력 감소를 상쇄시킬 수 있는 대체 생계수단이 적극적으로 강구되었을 것이다. 또한 사회구조의 발달에 따라 원거리 간의 교역관계를 성립시킬 수 있는 기반이 바탕이 되었다고 생각된다[8]. 단결-크로우노프카 문화에 중국계통의 유물이 유입되는 것도 위에서 설명한 19세기 러시아계 독일인의 이주에서 보여준 양상처럼 국가체계나 원거리 교역체계가 등장한 이후에는 교역의 필요성에 따라 자신들의 생산물을 바꾼 예와 비교된다.

이상의 논의를 종합하면 크로우노프카 문화가 기원전 2~1세기대에 해안지역으로 진출한 이유는 기후의 변화에 크로우노프카 문화인들은 대응할 적응잠재력이 있었으며, 주변 지역과의 교역을 중심으로 하는 상호교류체계로 사회구조를 발전시킬 수 있었다고 요약된다. 기원전 4세기대 이후의 기후 한랭화로 크로우노프카 문화인들은 자신들의 생업경제를 포기한 것

---

8) 중국 북방의 흉노의 예를 보아도 기원전 2세기대에 시작된 기후악화로 중국과의 교역과 전쟁을 반복하게 되어서 유적에서 중국계 유물이 많아지게 되었다. 기후의 변화로 사회구조는 복합화되어서 훨씬 기후환경이 열악했던 자바이칼지역에 성지를 두고 자체적으로 물자를 공급하는 단계로까지 발전하게 되었다(강인욱, 2003).

이 아니라, 취락의 대형화·보온기능이 강화된 쪽구들이 설치된 주거지, 생산력을 높일 수 있는 철기농기구의 도입 등으로 새로운 환경에 성공적으로 적응했다. 기원전 2세기대 이후에는 중국과의 원거리교역체계를 성립시키고 해안지역으로 진출해서 교역물을 획득했던 것으로 생각된다. 이와 같이 기후의 한랭화는 크로우노프카 문화의 예를 볼 때 곧 주민의 이주라는 현상으로 이어지지 않으며 오히려 사회구조를 좀 더 복합화시키고 교역체계(interaction)를 발전시키는 원동력이 될 수 있었다. 바로 이러한 일련의 적응과정과 사회발전은 중국기록에 옥저 또는 북옥저라는 이름으로 기록된 집단이라고 생각된다.

비슷한 사회조직의 발달은 비단 크로우노프카 문화뿐 아니라 북부에 위치한 삼강평원에 滾兔嶺문화-동흥문화-풍림문화로 이어지는 성지유적에서도 확인된다. 특히 동흥문화의 경우 단결문화의 영향이 강하게 보이고 있으며, 폴체 문화와 크로우노프카 문화가 혼합되어 성립된 올가 문화의 경우 크로우노프카 문화의 중심지역에서 벗어난 지역이라는 점에서 일방적인 북방세력의 남하에 의한 세력의 소멸이 아니라 사회발전에 따른 주변집단 간의 문화접변현상이라고 생각된다. 기후의 한랭화가 사회발전에 긍정적으로 미친 예라고 할 수 있다.

표 2) 극동 철기시대 중국계 유물 출토상황

유적	유물	문화	출처
단결 하층	오수전	단결문화	林澐, 1985
호곡 6기	오수전(?)	단결문화	황기덕, 1973
大城子	오수전	단결문화	林澐, 1985
黑龍江 小八浪	오수전	滾兔嶺문화	黑龍江省佳木斯市文物管理站, 2002
黑龍江 風林城址	옥제 매미	滾兔嶺문화	黑龍江省文物管理委員會, 2004
강릉 초당동	오수전	중도식토기문화	이재현, 2005

3. 중도식토기문화와 크로우노프카 문화의 상호교류

한반도 중부지역 중도식토기문화의 출현 시기에 대해서는 크게 두 가지 관점으로 대별된다. 중도식토기문화에 공반되는 낙랑계유물(漢系遺物)[9]을 중도식토기문화의 상한연대로 볼 것인가 그리고 편년의 기준으로 백제계 또는 남부지방의 타날문계통으로 볼 것인가 아니면 탄소연대를 기준으로 할 것인가 등으로 세분된다. 순수 경질무문토기의 출현연대를 기원전 단계로 소급하고 단순 경질무문토기단계가 영동·영서 지역에 존재했다가 점차로 한강하류 유역으로 확산되었다는 견해를 주지하는 측은 중도식토기문화의 기원을 두만강 유역 쪽으로 보고자 하는 경향이다. 문제는 동북지방, 연해주 지역의 절대연대치는 기원전 4~2세기대가 중심이며 그 이전으로 소급되는 것들도 많다는 점이다. 또한 최근에 강원도 지역에서 축적된 절대연대치 중에서는 경질무문토기문화가 기원전의 시기로 소급될 가능성이 많다는 점을 충분히 보여준다고 생각한다. 중도식토기의 편년을 남부지방이나 한성백제계와의 관련성에만 주목하여 서기 이후시기로 편년하는 것은 중도식토기문화의 편년을 漢系유물로 상한연대(teminus ante quem)로 보고 한반도 남부지방과의 교차연대를 설정하는 편년의 한계에서 나온 것이라고 생각된다[10]. 여기에서 중심연대와 상한연대는 다르다. 필자는 많은 유적이 기원전후한 시기로 대부분의 한반도 중부지방 유적이 모아진다는 것

---

9) 낙랑계 유물로 통칭되고 있다. 하지만 과연 이들이 낙랑과 직접적으로 관련되었는지는 정확히 검증된 바 없다. 중국내의 군현에서 각 군현별로 명확하게 어떤 유물의 차이가 있는지 분명하지 않으며, 낙랑군 이외에 요동군과 같이 서북지방에서 지속적으로 영향을 미친 중국계 세력이 존재했을 가능성도 많다. 더욱이 함흥일대에서도 비슷한 문화상이 확인되기 때문에 '낙랑계' 라는 용어는 다소 오해의 소지가 있다고 생각하기에, 본고에서는 漢系유물이라고 잠칭하겠다.
10) 비슷한 상황은 漢鏡을 중심으로 하는 기년명자료를 상한연대로 했던 일본 야요이 문화의 구편년체계에서 찾아볼 수 있다.

을 부정하고자 함이 아니라, 이들이 좀 더 이른 시기에 존재했다가 기원전 후한 시기에 갑자기 여러 요인으로 인구가 증가하고 사회조직이 발달해서 유적의 수가 증가하고 주변지역과 교류관계가 빈번해졌을 가능성에 초점을 맞추고 싶다.

절대연대치를 참조할 때 중도식토기문화의 편년은 대체로 출현기인 기원전 4~2세기대(와수리, 가평리, 강문동)와 기원전 1세기~서기 2세기대의 번성기로 세분된다.

1) 연해주 세형동검 관련 유적과 중도식토기문화의 출현

연해주 지역의 청동기는 기원전 9~3세기대에는 주로 초원지역 계통의 청동기가 발견되며 크로우노프카 단계부터 세형동검을 중심으로 만주와 한반도계 청동기가 나온다(강인욱, 2003).

크로우노프카 문화 시기에는 한반도 지역 간의 상호교류가 시작되는 시기로 연해주의 세형동검 관계유적이 대표적이다. 필자는 천선행과 함께 2003년 이즈웨스토프카 유적의 유물을 재정리하고 원보고상에서 누락된 것과 그 밖의 세형동검 관련유물을 함께 재보고한 바 있다. 이에 최근 정석배(2007)는 필자가 재보고한 토기편에 대하여 이의를 제기하고 크로우노프카 문화는 세형동검 관련유적과 관계가 없다고 본 바 이에 대한 견해를 간략하게 제시하고자 한다. 씨의 견해는 보스트레초프, 브로댠스키와 같은 연해주 출신 고고학자들이 토기편의 존재를 모르며 실제 이즈웨스토프카 유적에서 수습된 토기라고 해도 반드시 공반을 확신할 수 없다는 점으로 요약된다. 씨의 견해는 이 유물이 1950년대 후반에 보고된 것으로 이후 다른 연해주 출신 고고학자들의 재실측 또는 재조사가 이루어지지 않았다는 점을 간과한 것이다. 씨가 근거로 든 두 학자(보스트레초프, 브로댠스키)의 제보부터 보면, 현재 연해주 학자들은 박물관에 근무하지 않으며 이 유물과 직접 관련이 없는 사람들이다[11]. 필자가 조사한 토기편은 넘버링이 되어 있지 않은 상태로[12] 연해주 주립박물관에 이즈웨스토프카 유적의 출토유물이 담긴 상자에 같이 보관되어 있다. 또한 쉬코토프카 동검 역시 이즈웨스토프카 출토 유물 바로 옆의 상자에 보관되어 있다. 이 동검의 존재는 어떠한 연해주의 고고학자들도 언급하지 않았다. 만약 연해주의 어떤 학자가 실제 유물을 재조사했더라면 토기편은 차치하고라도 '귀중한' 세형동검편을 보고 가만히 있었을까? 보스트레초프와 브로댠스키가 금시초문이라는 사실은 역설적으로 이즈웨스토프카 유물의 소장상태를 직접 재조사하지 않았으며 샤프쿠노프가 보고한 원보고서의 내용만을 안다는 것을 의미하는 것이다. 다음으로 이 토기가 무덤에서 나온 것인지 확실하지 않다는 점이다. 수습된 유물의 공반을 완전히 확신할 수 없다는 점은 필자 역시 동의하는 바이다. 하지만 필자가 공반의 가능성이 크다고 본 이유는 유물의 소장상황을 보고 종합적으로 판단한 것이다. 필자가 연해주 주립박물관을 방문해서 유물들을 보았을 때에는 이즈웨스토프카 유물 중에서 전시품인 동모와 동사를 제외하고 트랙터기사의 수습품만 담겨있었다. 즉, 샤프쿠노프가 향후 정리했던 유물들은 일괄등록에서 빠져있었다. 주지하다시피 이즈웨스트코바 유적은 얀콥스키, 크로우노프카, 말갈, 발해, 여진 등의 문화층이 함께 존재하는 유적이다. 하지만 이는 이즈웨스트코바 유적의 상단부 城址유적을 말할 뿐이며 트랙터기사가 수습한 지역은 그와 관계없는 지점이다. 씨의 생각대로 우연히 주워왔다면 군이 크로우노프카 토기 구연부만 1점 나왔을까? 그리고 샤프쿠노프가 후에 조사한 때는 이미 무덤은 완전히 깎여 나

---

11) 연해주 주립박물관에는 고고학 전공자가 근무하지 않는다.
12) 만약 발굴품이라면 박물관으로 이관할 때 넘버링을 하지 않고 넘겼을 리가 없다. 이는 곧 다른 유적의 토기편이 잘못 들어갔을 가능성이 별로 없음을 반증한다.

간 상태로 주변지역에서는 얀콥스키 문화의 토기가 수습되었을 뿐이다. 1950
년대 후반은 아직 연해주에 고고학자가 상주하지 않고 레닌그라드에서 여
름시즌에만 조사를 하는 고고학연구의 맹아기였었다는 점을 감안할 때 실
제 유물이 누락되었을 가능성은 충분히 있다. 씨가 열거한 근거대로라면
필자가 같이 보고한 쉬코토프카 유물의 경우 박물관 등록번호도 없었으며
연해주의 어떤 고고학자들도 그 존재를 모르는 것이었다. 그렇다면 필자
가 발견한 쉬코토프카 역시 믿기 어려울 것이다. 하지만 2008년도에 브로
댠스키와 정석배 씨는 필자(강인욱 · 천선행 2003)가 소개한 쉬코토프카에서
발견한 동검과 일괄유물을 러시아에서 다시 발표했다[Д.Л.Бродянский, Чжун
Сук-Бэ и Пак Кю-Джин, Неизвестная коллекция древних бронз из Приморья//Столетие
великого АПЭ к юбилею академика Алексея Павловича Окладников, сс 182-187,
Владивосток, 2008(브로댠스키, 정석배, 박규진, 연해주의 알려지지 않은 청동유물//
과학원회원 오클라드니코프 탄생백주년 기념 논문집)]. 필자의 조사 이전에 연해
주의 학자들도 주립박물관 소장의 동검과 관련된 사항들을 전혀 몰랐음을
의미한다. 박물관 보관상태, 주변상황을 고려하지 않은 채 道聽塗說식으로
크로우노프카 문화의 세형동검 관련유적과 그 의미를 축소시킬 수 없다고
본다.

　유물에서 토기의 공반유무를 차치하고서라도 연해주 남부의 세형동검유
적은 크로우노프카 문화에 속할 가능성이 아주 높다는 점과 이 세형동검
관련 유적들은 한반도의 이주민이 만든 것이 아니라 크로우노프카 문화인
들의 남겼을 가능성이 크다는 것이다. 그 근거로는 1) 시공적으로 크로우
노프카 문화의 중심기에 위치하며 2) 크로우노프카 문화의 중심지역에 다
른 어떠한 문화가 공존한 흔적은 보이지 않으며, 3) 이즈웨스토프카유물은
단순히 한반도의 세형동검 유적과 같은 것이 아니라 다른 지역의 영향을
보이는 유물도 같이 나오며 청동기 자체의 분석이 연해주 자체의 것일 가

능성이 크다는 점 등을 들 수 있다.

위의 근거 중 1)과 2)는 필자의 구고(강인욱 · 천선행, 2003) 및 다른 연구에서 충분히 반영되었다고 보기 때문에 여기에서 상론을 피하겠다. 정석배(2007)는 한 논문에서 연해주의 세형동검관련 유적은 크로우노프카 문화와 관련성이 없다고 하면서(p.217) 또 다른 장에서는 연해주에서 출토된 모든 청동기유물을 크로우노프카 문화로 귀속시켜서(p.203~206) 혼동을 초래하였는데, 필자는 연해주에서 나오는 모든 청동기유물을 크로우노프카 문화로 보는 것이 아니라 크로우노프카 문화의 중심지역에서 확실하게 그 연대와 부합되는 것들만을 관련시킨다. 예컨대, 정석배가 크로우노프카로 포함시킨 시니예 스칼르이 유적은 크로우노프카 문화의 권역에서 훨씬 벗어난 연해주 동북부 해안가이고 크로우노프카 문화계의 문화층도 발견된 바 없다(Андреева Ж.В. и др. 2002). 반출되는 청동기 역시 편년적으로 크로우노프카 문화에 들어가는 지 명확하지 않으며 세형동검문화계통과는 관계가 없다. 이를 제외한 이즈웨스토프카, 쉬코토프카, 크로우노프카 1 지표채집된 삼익유공식 동촉[13], 올레니, 페트로바 유적 등은 크로우노프카 문화의 유적 또는 시공적으로 그 중심지에 위치한 것으로 크로우노프카 문화에 속한다고 생각한다[14]. 3)의 경우도 필자가 구고에서 상세하게 논술한 바(강인욱 · 천선행 2003) 있는데, 그것을 간략히 정리하면 동검 자체의 분석치가 한

---

13) 우수리스크의 고고학자 메진체프씨가 발견한 것으로 익부가 길게 나온 형태로 소위 낙랑식 동촉보다는 요령성 지역 초기세형동검과 공반하는 유공식 동촉과 유사하다.

14) 이 외에도 하바로프스크 주립박물관에는 세형동검문화의 전형적인 동착 2점이 소장되어있어 필자가 보고한 바 있다(강인욱, 2003). 혁명전에는 하바로프스크에서 연해주까지 관할했으므로 연해주 쪽에서 출토되었을 가능성이 높다. 그리고 함경북도 종성군 동관리에서도 동검과 동과가 발견된 바 있다(박진욱, 1974)고 하는데, 이들도 크로우노프카 문화의 범주에 속할 가능성이 크다.

반도 출토품과 달리 연해주 자체 제작품의 것과 가까우며 검파두식, 석부, 동경의 세부형태, 동추, 산실된 쉬코토프카출토 동검의 형태 등은 非한반도계라는 점이다.

이상에서 살펴 본 바와 같이 연해주 세형동검 관련유적은 한반도뿐 아니라 만주지역(길림성 중부)과의 관련을 보여주는 자료도 적지 않다. 또한 청동기 자체 제작의 증거가 많다는 점과 지역적인 고립성을 고려 할 때 한반도 세형동검문화를 남긴 주민의 직접적인 이주 또는 전파라기 보다는 집단간의 교류로 한국계통의 위신재(세형동검계 유물)을 받아들인 것으로 보는 것이 옳다고 본다. 즉, 크로우노프카 문화가 이전의 얀콥스키 문화와는 달리 집약적인 취락을 영위한 정착농경사회로 서쪽의 연변지역, 남쪽의 한반도와 다양한 문화교류를 했다는 점과도 일맥상통한다. 이전 시기 얀콥스키 문화나 시니가이 문화는 초원계 또는 북방계의 청동기가 주로 발견된다는 점(강인욱, 2003)과도 좋은 비교가 된다. 즉, 사회의 규모가 커지면서 한반도의 정착농경사회와 교류를 하면서 세형동검이 이 지역 최상층의 위신재로 사용되었을 가능성이 크다. 이는 곧 세형동검문화 계통의 유물이 교역이 유리한 지역에 위치한 점과 기원전 4~3세기대에 크로우노프카 취락은 몇 헥타르에 이르는 대형화되어 사회의 복합화가 상당히 진행되었을 것이라는 점과도 부합한다.

그렇다면 중도식토기문화와의 관계는 어떻게 될까? 현재로서는 연해주의 세형동검 관련유적을 크로우노프카 문화의 한반도 전파와 관련시켜서 설명할 근거는 없다고 본다. 왜냐하면, 중도식토기문화와 세형동검문화의 직접적인 관계에 대한 증거가 아직 없고, 또 세형동검은 상위계층의 위신재로 주민집단이 이주하는 경우와는 다르기 때문이다. 세형동검이 반드시 점토대토기집단과 관련이 되지 않는 다는 점은 한반도 북부지방에서 세형동검의 출토지는(조진선, 2005, p.26) 함흥지역, 이즈웨스토프카를 중심으로 하는 아무르만 유입지역 등 두 곳을 중심으로 그 밖의 지역에서도 단편적이나 출토된다는 점을 감안할 때 위신재로서 각 집단에 선택적으로 수용되었을 것이라는 추정이 가능하다.

2) 크로우노프카 문화의 한반도 확산과정

중도식토기의 확산과정에 대해서는 Ⅱ장에서 언급한 적응잠재력이라는 차원에서 설명할 수 있다고 본다. 먼저 기원전 4~3세기대의 한반도 중부지방 상황을 보자. 사실 이 단계에 어떠한 문화가 분포하는 지를 다루는 것 자체가 至難한 일이긴 하지만, 대체적으로 본다면 송국리문화처럼 특정한 토기문화가 넓게 분포하는 양상은 아니라는 점에 모든 학자들은 동의할 것이다. 점토대토기문화가 분포하는 시기에 일부 전기 청동기문화의 영향이 남아있을 가능성도 있으며(이화종, 2005) 여러 문화유형이 지역마다 다르게 나타나고 있기 때문에 현재도 이 시기에 대한 논의는 진행중이라고 할 수 있다. 하지만 전반적으로 대형유적의 수가 감소하고 지역적으로 소규모의 문화유형이 존재하는 양상임은 분명하다.

중도식토기유적도 이 단계에 여러 문화유형 중 하나로 일부 지역에서 존재했을 것으로 생각된다. 그렇다면 초기 단계 중도식토기 집단이 영동·영서지역에 분포하게 된 것은 주민의 이주로 봐야할까 아니면 주민의 확산으로 봐야할까? 필자는 소규모의 주민집단이 확산하는 과정으로 볼 가능성이 높다고 본다. 북한의 연구가 공백이라는 점을 감안해도 나진 초도 이남 지역에서는 비교적 조사가 이루어진 함흥, 영흥 일대에서 크로우노프카 문화의 요소가 거의 없다는 점은 우연히 아니라고 생각된다. 무엇보다 크로우노프카 문화의 주민집단은 잡곡농경을 주요 생계로 하고 강가의 하안대지에 대규모 취락을 이루는 자신들의 입지조건을 철저하게 고수하는데(Subbotina의 논문 참조), 동해안을 따라서 비슷한 지형을 영위할 수 있는 곳은 함흥-원산지역이 유일하다고 생각된다. 그런데 이 지역에서는 아직 크로우노프카 문화 단계의 대형유적은 발견된 바 없다. 함남지역에 정식조사가 된 예는 그리 많지 않지만 유독 세형동검 관련유적과 청동기시대 공렬토기유적만 분포한다. 그 특징을 정리하면 다음과 같은 상황이 간취된다. 1) 공렬토기단계부터 서북지방의 영향을 받은 청동기문화와 유물은 매우 발달했다(금야유형). 2) 대부분의 세형동검유적은 기원전 2~1세기대로 이즈웨스토프카보다 한 단계 늦으며 서북지방의 강한 영향이 보인다. 3) 공렬토기 이후 세형동검 발달기까지는 공백이라는 점 등이다. 세형동검 유적들의 경우 대부분 동검은 뒷날이 발달한 전형적인 형태라는 점은 이즈웨스토프카 유적 출토와 유사하지만 정문경, 동모, 수레부속 등 이즈웨스토프카 유적보다는 늦은 시기로 편년되는 것들이다. 주거유적의 경우 이른 시기 크로우노프카 계통의 토기들이 확인되는 예가 소수 있지만[15], 대부분 청동기시대와 낙랑계의 영향을 받은 유적들로 세분된다. 이중 주목되는 유적은 함흥 이화동유적으로 동모와 동검의 형태로 볼 때 이즈웨스토프카보다 약간 늦은 단계로 생각된다. 주목되는 것은 여기에서도 무문토기 저부편이 나왔다는 점이다. 시공적으로 보면 경질무문토기일 가능성이 크다고 생각되지만, 실제 유물이 없는 상태라 더 이상의 추론은 곤란하다. 어쨌든, 조사가 비교적 적게 이루어진 지역이라는 것을 감안해도 대단위의 주거유적 위주인 크로우노프카 문화가 분포했다면 어떤 식으로든 그 흔적을 남겼을 것으로 생각된다. 즉, 크로우노프카 문화의 번성기인 기원전 4~3세기대에 이 지역에는 대규모 주민보다는 소규모의 주민들이 거주

---

15) 함남 영흥읍 영흥유적에서 꼭지형파수부 심발형토기와 고배편이 출토 된 예가 대표적이다.

했을 가능성이 있다. 이러한 저간의 사정은 함흥을 제외하고는 강가의 넓은 충적대지가 발달하지 못한 함북 남부~함남지역의 상황과 성지 · 토기 · 청동기 등에서 확인되는 서북지방과의 친연성이 강한 집단의 존재와도 관련되어 있을 것 같다. 물론, 어디까지가 넓은 충적대지라는 문제는 논란의 여지가 있겠지만, 최소한 한카호 남부, 수분하 유역, 두만강 유역과 같은 대형의 충적대지가 없다는 점은 분명하다.

이러한 상황은 강원도 지역도 마찬가지여서 최근에 기원전 4~3세기대의 유적이 나오고 있지만 전체 유적에 비해서 무척 적다. 이는 곧 기원전 4세기대에 시작되는 기후의 한랭화에 따른 무문토기문화(공렬토기계통)의 적응 잠재력으로는 대형취락을 발전시키지 못하고 지역별로 다양한 생계경제를 영위하던 일종의 춘추전국시대와 같은 상황이었을 것으로 추정된다.

이러한 상황에 대한 설명은 곧 기원전 4세기대에 시작되는 전반적인 기후한랭화를 전제로 놓고 볼 때 크로우노프카 문화인들이 비슷한 기후와 환경을 찾아서 점차 남하하게 되었으며, 이러한 배경에는 이즈웨스토프카 유적과 같이 한반도와 상호교류관계의 형성이 있었다고 추정된다. 함북 남부–함남 지역은 한카호와 같은 큰 충적대지가 없는 탓에 그 이주민의 규모는 소규모였을 것으로 생각된다.

4. 경질무문토기문화의 주변지역 확산문제

경질무문토기문화가 점차 한반도 중부에서 다수를 점하는 이유는 지속되는 기후 한랭화와 그에 대한 적응잠재력이 뛰어났기 때문으로 생각된다. 추운 겨울을 대비하는 온돌, 철제 농기구의 도입에 따른 생산력 증가, 철자형 · 여자형 주거지의 축조[16], 정착농경에 적합한 사회구조 등 힌랭한 지역에서 잡곡농사를 하는 데에 적당했었다. 다양한 유물을 포함하는 제사유구인 강문동 저습지유적이 해발고도와 거의 같은 수준에서 나온다. 이는 곧 기후 한랭화와 함께 제사유구, 대형 취락의 등장, 유적 수의 증가와 같이 인구가 증가했음을 시사한다. 그렇다면 크로우노프카 문화계통의 주민이 대량 이입되어서 중도식토기문화가 성립되었을까? 이 부분은 위에서 설명한 대로 가능성이 적다고 본다. 이 단계 크로우노프카 문화는 사회구조가 성장하고 기후 한랭화에 대처하는 시스템이 발달되어 있어 오히려 사회구조가 확대되어갔다. 게다가 함흥지역을 중심으로 낙랑군과 친연성이 강한 집단이 존재했음을 감안한다면 이러한 대량의 이주가능성은 별로 없다고 생각된다. 게다가 선사시대 정착사회가 대량의 이주민으로 내려온다면 어떤 식으로든지 그 이동의 흔적이 고고학적으로 남겨질 것이다. 따라서 기원전 3~2세기대에 강원도의 주민들이 재빠르게 경질무문토기문화의 적응잠재력을 도입하는 생존전략을 택한 것으로 보는 것이 합당할 것이다.

다음으로 영동지역 진출문제를 보자. 영동지역의 경우 강문동 저습지의 예를 볼 때 해수면이 상당히 후퇴한 한랭기였음이 확인된다. 이에 따라 경작지가 발달했을 것으로 생각된다. 그러나 연해주와 달리 해안선이 완만하고 수심이 깊어 패류와 같은 가용해양자원은 그리 많지 않았을 것 같다. 이는 중도식토기문화유적에서 발견되는 해양경제 관련 자료들이 비교적 적다는 사실에서도 알 수 있다. 반면에 강릉 초당동의 오수전, 안인리의 낙랑계 토기 등으로 미루어 볼 때 지역 간의 물자교류 등으로 이득을 취했을 가능성도 높다고 생각된다. 이 점은 위에서 살펴본 연해주 동부 해안지역으로의 진출과도 유사하다고 생각된다. 연해주 페트로바섬, 나진 초도 등

---

16) 필자는 철자형 및 여자형 주거지의 축조원인을 단순한 주거기능의 보강이 아니라 겨울에 합리적인 보온을 위한 일종의 격벽과 같은 시설이었다고 생각한다. 온돌역시 기후가 한랭한 지역에서의 적응방산으로 나온 것으로 생각한다. 즉, 한랭한 기후에서 정착생활을 하기 위하여 깊은 수혈이 아닌 얕은 수혈을 파고 대신에 온돌로 기능성을 높인 것으로 생각한다. 이 부분은 별고로 살펴보겠다.

기원전4C	기원전 3~2세기	기원전 1~서기 2세기
여러 집단의 소규모 거주 (기후 불안정으로 우세를 점하는 문화가 등장하기 어려웠음)		
경질무문토기	→ 적응잠재력으로 기후 한랭화에 적응 우세를 점함, 영동지역 진출	→ 지속적인 한랭화로 세력번성 상호교류로 낙랑 및 남부지역 교류 영동지역 교류로 번성 한강지역과 교류, 한랭화에 따라 중도식토기문화 요소 적극도입
점토대토기 북한강유형	——— (기후한랭화로 소멸)	

표 3) 한반도 중부지역 중도식토기문화 확산과정

정상적인 크로우노프카 유적의 입지조건에서 벗어난 섬 유적들은 모두 해상 교통의 요지에 있다는 점도 같은 맥락이라고 생각된다.

이 시기에는 낙랑, 한계유물, 폴체식 철부, 타날문토기, 와질토기, 야요이토기 등이 중도식토기문화에 대량으로 유입된 것은 중도식토기문화의 사회발달에 따른 교류상이 증대됨을 보여준다.

IV. 결론

본 고에서는 크로우노프카 문화의 확산과정을 단순한 기후변화에 따른 주민의 이주로 보는 것에 반대하고 오히려 기후의 한랭화가 사회조직의 발전을 초래하고 지역 간 상호교류를 증대하는 긍정적인 요소로 작용했다고 보았다.

기후 변화에 따른 크로우노프카 문화의 확산원인을 적응잠재력에 초점을 두고 살펴보았다. 어느 정도 예상되는 결론이지만, 한반도 중부 중도식토기문화가 두만강 유역의 철기시대문화에서 직접적인 주민의 이주라고 볼 증거는 없다고 생각된다. 북한이라는 지역이 공백인 상태에서 이러한 결과는 당연하다고도 볼 수 있다. 기후변화에 따른 주민의 이주에 대한 모델을 설정하고 검토한 결과 기원전 2~1세기대 크로우노프카 중심지역은 사회발전에 따른 평형상태유지, 연해주 해안지역은 다소 불리한 지역으로 이동해서 교역과 같은 대체경제의 발달과 적응, 한반도 지역으로의 확산은 비슷한 기후환경으로 이동한 후에 지속적인 기후의 한랭화로 문화의 주류가 되었다고 보았다. 한반도의 경우 영동지방으로의 확산은 연해주의 해안지역으로의 확산과 마찬가지로 다소 불리한 자연환경을 교역과 같은 방법으로 극복했을 것으로 보았다.

본 고는 필자도 자인하는 바, 거대한 주제에 대한 피상적인 접근이라고 생각된다. 특히 좀 더 확고한 연대관 확립과 자료의 지역 간 불균형이 해소된 뒤에 대폭적인 수정이 필요할 것이다. 여하튼 초보적인 수준에서나마 이런 논의를 진행하고자 한 것은 문화의 전파와 주민의 이주, 그리고 기후변동이라는 문제를 다소 도식적으로 설명하는 작금의 분위기에서 탈피해서 다각적인 차원에서 중도식토기문화의 성립을 논하는 단초를 마련하고 싶었기 때문이다. 부족하나마 필자의 노력이 최근 중부지방 철기시대 연구를 낙랑문화의 파급에만 비중을 두는 관점에서 나아가서 환동해지역의 독자적인 문화교류와 중부지방 자체적인 문화발전에도 주의를 돌려 좀 더 다각적으로 문화의 변동을 검토하는 계기가 되길 바란다.

[참고문헌]

Subbotina A.

2005 『철기시대 한국과 러시아 연해주의 토기문화 비교연구 -경질무
문토기를 중심으로-』, 서울대학교 대학원 문학석사학위논문.

江原文化財硏究所

2004 『江陵 江門洞 鐵器·新羅住居址-강릉 강문동 302-1, 302, 302-
2, 304-2번지 여관신축부지내 유적-』.

강인욱

2003 「연해주 청동기의 일고찰」, 『박물관기요』 19호, 단국대학교 박
물관.

2007 「두만강 유역 청동기시대 문화의 변천과정에 대하여」, 『한국고
고학보』 62.

강인욱·천선행

2003 「러시아 연해주 세형동검 관계유적의 고찰」, 『한국상고사학보』 42.

강인욱·양시은·Kolomiets

2005 「연해주 한카호부근 청동기시대~중세 유적 지표조사 보고」,
『선사와 고대』 22집.

국립문화재연구소

2004 『연해주 불로치카 유적 Ⅰ』

2005 『연해주 불로치카 유적 Ⅱ』

2006 『연해주 불로치카 유적 Ⅲ』

김남돈

1996 「우리나라 初期鐵器時代 中部地方의 遺蹟 硏究」, 江原大學校 大學
院 碩士學位論文.

김연옥

　1998　『기후변화』, 민음사.

김일규

　1996　「한강 중 · 하류역의 중도식토기 편년소고 -대성리유적 · 미사리
　　　　유적 · 풍납토성을 중심으로」, 『석헌 정징원교수 정년퇴임기념
　　　　논총』 부산고고학연구회 총서간행위원회.

김장석

　2002　「이주와 전파의 고고학적 구분:시험적 모델의 제시」, 『한국상고
　　　　사학보』 제 38호, 한국상고사학회.

김재윤

　2007　「단결-크로우노프카 문화의 기원-토기자료를 중심으로」, 『국가
　　　　형성에 대한 고고학적 접근』 제31회 한국고고학 전국대회.

김현

　2006　「남해안 쪽구들 주거지 등장에 대한 소고 -늑도 주거지를 중심
　　　　으로」, 『석헌 정징원교수 정년퇴임기념논총』 부산고고학연구회
　　　　총서간행위원회.

盧爀眞

　2004　「中島式土器의 由來에 대한 一考」, 『湖南考古學報』 19輯, 湖南考
　　　　古學會.

데레비얀코 A.P.

　2000　「폴체문화와 그 동아시아 철기시대문화의 형성에서의 역할」, 『東
　　　　아시아 1~3世紀의 考古學』, 문화재연구소 국제학술대회 발표논
　　　　문 제9집.

박순발

　1993　「한강 유역의 청동기 · 초기철기문화」, 『한강유역사』, 민음사.

박진욱

1974   「함경남도 일대의 고대유적 조사보고」, 『고고학자료집』 4집.

브로단스키

1997   『沿海州의 考古學』, (정석배 역), 학연문화사.

서국태

2004   「무산군 지초리유적에 대하여」, 『조선고고연구』 제 2호.

서현주

2000   「호남지역 원삼국시대 패총의 현황과 형성배경」, 『호남고고학보』 4집, 호남고고학회.

송기호

2006   『한국 고대의 온돌. 옥저, 고구려, 발해』, 서울대학교출판부.

沈載淵

1998   「강원지역 철기문화 연구」, 『韓國上古史學報』 第29號.

안영준

1966   「함경남도에서 새로 알려진 좁은놋단검 관계 유적과 유물」, 『고고민속』 4호.

오세연

1995   「중부지방 원삼국시대 문화에 대한 연구-주거양상을 중심으로」, 『한국상고사학보』 19호, 한국상고사학회.

원학희, 한종만, 공우석

2002   『러시아의 지리』 대우학술총서 535.

劉銀植

2004   『두만강유역 초기철기문화 연구』, 숭실대학교 대학원 사학과 석사학위.

2006   「연해주 초기철기문화와 한반도 중남부지방과의 관련성 -크로

우노프카 문화를 중심으로-」, 『아무르 · 연해주의 심비』(한 · 러 공동발굴특별전 도록), 국립문화재연구소.

이재현

2005 「남한출토 낙랑관련 유물의 현황과 성격」, 『낙랑의 고고학』 제33회 한국상고사학회 학술발표대회 자료집.

이화종

2005 「강원지역 원형점토대토기문화의 특징과 편년」, 『강원고고학보』 7 · 8합집, 강원고고학회.

전수복

1960 「최근 함경 북도에서 새로 발견된 유적과 유물」, 『문화유산』 5

정석배

2007 「연해주의 초기철기문화와 한반도」, 『오르도스 청동기문화와 한국의 청동기 문화』 민족문화 원형 발굴 및 정체성 정립을 위한 학술대회 II, 한국고대학회.

조선유적유물도감 편찬위원회

1990 『조선유적유물도감(1) 원시편』, 동광출판사

조진선

2005 『세형동검 문화의 연구』, 학연문화사.

최몽룡 · 이헌종 · 강인욱

2003 『시베리아의 선사고고학』, 주류성

최성락 · 김건수

2002 「철기시대 패총의 형성 배경」, 『호남고고학보』 15집.

한석정

1961 「함경남도 지역에서 발견된 세형 동검 유적과 유물」, 『문화유산』 1호.

홍형우

2006   「아무르강 유역 및 연해주의 철기시대」, 『아무르·연해주의 심
         비』(한·러 공동발굴특별전 도록), 국립문화재연구소.

홍형우·강인욱

2004   「러시아 극동지역 철기시대 연구의 제문제-폴체 문화를 중심으
         로-」, 『동북아 청동기시대 문화 연구』, 주류성.

황기덕

1957   「두만강유역과 동해안일대의 유적조사」, 『문화유산』 6호.

〈중국어〉

干志耿

1999   「三江平原漢魏城址和聚落址的若干問題─黑龍江考古千里行隨筆」, 『北
         方文物』 第3期

匡瑜

1992   「戰國至兩漢的北沃沮文化」, 『黑龍江文物叢刊』, 1982-1

靳維柏, 王學良, 黃星坤

1999   「黑龍江省友誼縣鳳林古城調查」, 『北方文物』 第3期

吉林省文物考古研究所·汪淸縣文物管理所

2005   「吉林汪淸縣水北靑銅時代遺址的發掘」, 『北方文物』 1期.

宋豫泰

2002   『中國文明基源的人地關係簡論』 科學出版社.

林澐

1985   「論團結文化」, 『北方文物』 85-1期.

黑龍江省文物考古工作隊 · 吉林大學考古學系

2001   『河口與振興-牧丹江蓮花水庫發掘報告(1)』, 科學出版社.

黑龍江省文物考古工作隊 · 吉林大學歷史係考古專業

1978   「東寧團結遺趾發掘報告」, 吉林省考古學會第一次年會會議材料.

黑龍江省文物高古研究所 編

2004   『七星河-三江平原古代遺址調查與勘測報告』, 科學出版社.

黑龍江省文物高古研究所

1992   「黑龍江城海林東興遺趾1992年發掘通報」, 『北方文物』1996-2

1997   「黑龍江省雙鴨市滾兎嶺遺趾發掘報告」, 『北方文物』1997-2

黑龍江省博物館

1979   「黑龍江東寧大成者新石器時代居住地」, 『考古』1979-1

黑龍江省佳木斯市文物管理站

2002   「黑龍江樺南縣小八浪遺址的發掘」, 『考古』第7期

黑龍江省文物考古研究所

2000a   「黑龍江友誼縣鳳林城址1998年發掘簡報」, 『考古』第11期

2000b   「黑龍江友誼縣鳳林城址二号房址發掘報告」, 『考古』第11期.

2004   「黑龍江友誼縣鳳林古城址的發掘」, 『考古』第12期

黑龍江省博物館, 中國社會科學院考古研究所

2006   「黑龍江省綏濱縣蜿蜒河遺址發掘報告」, 『北方文物』第4期

張國强, 霍東峰, 華陽

2006   「鳳林文化芻議」, 『北方文物』2006年第2期

許永杰

2000   「黑龍江七星河流域漢魏遺址群聚落考古計劃」, 『考古』第11期

趙永軍

2006   「識論滾兎領文化」, 『北方文物』第1期.

〈일본어〉

管谷文則

  1995   「中國前20世紀から紀元前後までの氣候」,『講座 文明と環境 第6券
          歴史と氣候』, 朝倉書店.

臼杵勳

  2004   『鐵器時代の 東北アシア』, 同成社

村上恭通

  2000   「團結文化と滾兎嶺文化」,『東夷世界の考古學』, 靑木書店

Y. Nikitin, N. Klyuev

  2002   「沿海州地方における古代の城寨と環濠集落-靑銅器時代から初
          期國家時代にかけて-」,『東北アシアにおける先史文化の比較考
          古學的研究』, 西谷正・宮本一夫 編.

〈러시아어〉

Андреева Ж.В.

  1977   Приморье в эпоху первобытнообщинного строя. Железный век (1
          тыс. до н.э. – VIII в. н.э.). М.: Наука, 1977. 240 с.(안드레예바 , 연
          해주의 선사시대– 철기시대)

Андреева Ж.В. Клюев Н.А.

  1987   Посление железного века Анучино I(по материалам раскопок 1986
          г.)//Новые материалы поревобытнойарехологии Дальнего
          Востока(препринт).-Владивосток: ДВО РАН СССР(안드레바, 클

류예프, 철기시대유적 아누치노 1(1986년 자료를 중심으로)

Андреева Ж.В. и др. Синие Скалы

-Владивосток: ДВО РАН СССР, -2002.(안드레예바 외 시니예 스 칼르이)

Бродянский Д.Л.

1996   Илоу и воцзюй: Новый взгляд на старую загадку// Изв. Вост. Ин-та Дальневост. гос. ун-та. 1996. № 3. С.34-142.(브로댠스키, 1996, 오래된 수수께끼에 대한 새로운 시각: 옥저와 동예)

Вострецов, Ю.Е.

Взаимодействие морских и земледельческих адаптаций в бассейне Японского моря // Российский Дальний Восток в древности и средневековье открытия, проблемы, гипотезы, -Владивосток, -Дальнаука,-2005.(보스트레초프, 동해연안의 해양경제와 농경경제의 적응상호관계, 2005)

Никитин Ю.Г.

2000   Исследование памятников кроуновской культуры в доине р. Суйфун // Впред..В прошое. К70-легию Жанны Васильвны Андреевой(니키띤, 2000, 수분하하 유역의 크로우노프카 유적의 연구)

Клюев Н.А.,Яншина О.В.

2000   Посление Анучино-1 в Приморье и проблема выделения анучинской археологической культуры //Вперед...В прошлое. К70-летнию ..-Владивосток(클류예프 · 얀쉬나, 2000, 아누치노1 유적과 아누치노 고고문화의 분리)

Коломиец, С.А.

Памятники польцевской культурноы общности Юга Дальнего

Востока России, // Российский Дальний Восток в древности и средневековье открытия, проблемы, гипотезы, -Владивосток, -Дальнаука,-2005.(콜로미예츠, 2005, 러시아 남부지역 폴체문화공동체).

Окладников А.П. БродянскийД.Л.

1968   Многослойное Олений 1 в Приморе(오클라드니코프 외 1968, 연해주 올레니1 다층위유적)

Окладников А.П.БродянскийД.Л.

1979   Древнее поселение на острове Петрова//Археология южнойСибири.-Кемерево.(오클라드니코프 · 브로단스키, 1979 페트로바 섬의 고대유적)

Окладников А.П.БродянскийД.Л.

1984   Кроновская культура //Археология юга Сибири и Дальнего Востока-Новосибириск Наука. 오클라드니코프 · 브로단스키, 1984, 크로우노프카 문화)

〈러시아어〉

Institute of History, Archaeology and Ethnography of the Peoples of the FAR EAST, RUSSIAN ACADEMY of Science Department of Archaeology, Kumamoto Univ., 2004, *Krounovka* 1 Site

Meyer, William B.

2000   Climate and Migration, *The role of migration in the history oh the Eurasian Steppe*, edited by Bell-Fialkoff,

St. Martin press, New York.

Bell-Fialkoff, Andrew

2000   Migration and its role and significance, *The role of migration in the history oh the Eurasian Steppe*, edited by Bell-Fialkoff, St. Martin press, New York.

Baltensperger, Bradley H.

1983   Agricultural change among Great Plains Russian Germans, *Annals of the Association of American Geographers*, 73, pp, 75-88.

Vostretsov Y.E.

1996   Events preceding appearing of the Far East of Russia, *The First International Symposium of Bohai Culture*, Vladivostok, pp. 60~61.

Vostretsov Y.E.

1999   Interaction of maritime and agricultural adaptations in the Japan Sea basin, *The Prehistory of food : appetites for change*, London&New York, pp 322~332.

그림 1)드보랸카 3 청동기시대유적, 절벽위에 유적이 분포함

그림 2) 드보랸카 1 유적, 산기슭에 위치

그림 3) 니콜로-르보브노예 유적, 한카호근처 크로우노프카 유적

그림 4) 일송정 단결문화유적

그림 5) 동령 단결유적

그림 6) 연해주 크루글라야 소프카 유적, 고지위에 크로우노프카 문화가 고지성취락을 이루어 분포함.

연해주, 두만강 유역, 영동, 영서지역의 생계경제에 대한 차이연구

A. L. Subbotina

(러시아과학원 시베리아분소 고고민족학연구소)

07

연해주, 두만강 유역, 영동, 영서지역의 생계경제에 대한 차이연구

I. 서언

본고에서는 한반도 경질무문토기문화 생계경제를 분석하고자 한다. 토기나 다른 유물을 통해서 볼 때 한반도 경질무문토기문화와 러시아 연해주 크로우노프카 문화 사이에 많은 유사성을 관찰된다. 즉, 양 문화에서는 심발, 발, 외반구연호 등 비슷한 기형의 토기를 제작하고 장방형·凸자형, 呂자형 주거지가 존재했다. 과연 한반도 철기시대 전기에 갑자기 출현하는 경질무문토기와 연해주의 경질무문토기(크로우노프카 문화) 사이에 문화적인 상관관계가 있는가를 밝히는 점은 한국고고학에서 흥미로운 주제가 아닐 수 없다.

이러한 유사성을 보이는 문화의 인류는 또 서로 가까운 지역에서 존재했기 때문에 서로 비슷한 자연환경에서 거주하면서 생계경제 양상에서도 유사한 점이 발견될 수도 있다.

II. 한반도 경질무문토기문화유적의 주거양상

1. 유적의 지리적 환경

최근의 자료를 보면 한반도에서는 약 23곳의 경질무문토기문화유적이 시굴과 발굴조사를 통해서 알려져 있다. 이 유적들은 주로 한반도 동북부(함경북도)와 중부(강원도) 지역에서 분포되어 있다. 그중 대부분 유적(19곳)은 강원도 지역에서 알려져 있다. 북한의 경우 아직까지 보고된 유적의 수는 많지 않아 즉, 4곳밖에 없다. 그렇지만 북한에서는 1980년도 이후 조사된 자료가 거의 없어서 북한지역에 분포된 경질무문토기문화유적의 정확한 수를 알 수 없다.

이들 23곳 유적의 분포를 보면 다음과 같다.

-두만강 유적에 3곳(회령 오동, 무산 범의구석, 온성 강안리유적);
-임진강 유역에 1곳(철원 와수리유적);
-북한강 유역에 3곳(춘천 중도, 신매대교 부지, 신매리 54-5번지 유적);
-남한강 유역에 3곳(횡성 둔내, 화전리, 중금리유적);
-동해안 지역에 13곳(나진 초도, 양양 가평리, 동덕리, 용호리 127번지,
　강릉 강문동, 교항리, 강문동 저습지, 초당동, 동해 송정동유적)

따라서 한반도 내 경질무문토기문화유적의 지리적 환경을 보면 이들 유적 대부분(13곳)이 동해안, 즉 해안가에 분포되고 있다는 것을 알 수 있고 나머지 유적들(10곳)은 내륙에 속하고 있다는 것을 파악할 수 있다.

2. 한반도 경질무문토기문화유적의 입지조건

여기서 경질무문토기문화유적의 입지조건을 보고자 한다. 특히, 주목해

야 할 내용은 각 유적이 농경이 가능한 곳에 위치하고 있는지에 대한 것이라서 충적대지(평야) 또는 산악지대를 구별해야 되고 또 해당 지역이 현재에도 농경이 가능한 지역인지 고려해야 한다.

이들 관점에서 23곳의 유적에 대한 입지조건을 살펴보면 다음과 같다.

〈표 1〉 한반도 경질무문토기문화유적의 입지조건

지역	유적명	입지조건	현재 농경 유무	참조
두만강 유역	회령 오동	평야: 하상단구, 강가에 충적대지	알 수 없음	과학원 출판사, 1960, 5~8쪽 및 도판 II
두만강 유역	무산 범의구석	평야: 하상단구, 강가에 충적대지,	알 수 없음	사회과학원 출판사, 1975, 125, 126쪽
두만강 유역	온성 강안리	평야: 강가에 충적대지	가능	석광준 외, 2002, 4~5쪽
임진강 유역	철원 와수리	산지 가운데 고지성 평야지대(해발고도 220~230m)	가능	강원문화재연구소, 2006, 19쪽
북한강 유역	춘천 중도	평야: 강가에 충적대지	알 수 없음	이건무 외, 1986, 2, 3쪽: 지건길 외, 1986, 2쪽
북한강 유역	춘천 신매대교 부지	평야: 강가에 충적대지	가능	노혁진 외, 2003, 45, 46쪽
북한강 유역	춘천 신매리 54-4번지	평야: 강가에 충적대지	가능	강원문화재연구소, 2005, 23, 29쪽
남한강 유역	횡성 둔내	산지 가운데 강가에 충적대지	가능	백홍기 외, 1997, 18, 19쪽
남한강 유역	횡성 화전리	평야: 강가에 충적대지	가능	최복규 외, 1998, 7, 61쪽
남한강 유역	횡성 중금리	평야: 강가에 충적대지	가능	노혁진 외, 1998, 30~32쪽
동해안 지역	라진 초도	섬, 해안 사구지대	가능	과학원 출판사, 1956, 7~9쪽

지역	유적명	입지조건	현재 농경 유무	참조
동해안 지역	양양 가평리	강(남대천)하류, 해안 사구지대	가능	백홍기, 1984a, 9~10쪽; 국립문화재연구소, 1999, 16, 17쪽
동해안 지역	양양 동덕리	강(영곡천)하류, 해안 사구지대	가능	백홍기 외, 1997, 11~13쪽
동해안 지역	양양 용호리 127번지	소하천의 하류, 해안 사구지대	알 수 없음	강원문화재연구소, 2004, 403~407쪽
동해안 지역	강릉 강문동	호수(경포호)주변, 해안 사구지대	가능	지현병 외, 1997, 85~88쪽; 강원문화재연구소, 2004, 36~39쪽
동해안 지역	강릉 교항리	강(신리천)하류, 해안 사구지대	알 수 없음	백홍기 외, 1998, 35~40쪽
동해안 지역	강릉 강문동 저습지	해안가에 습지지역	주변에 가능	백홍기, 2002, 152~154쪽
동해안 지역	강릉 초당동	호수(경포호)주변, 해안 사구지대	가능	백홍기, 1984b, 5, 6쪽; 강원문화재연구소, 2005, 61~64쪽
동해안 지역	동해 송정동	강(전천)하류, 해안가 사구지대	가능	강릉대학교 박물관, 1999, 8쪽

이상에서 본 바와 같이 한반도 경질무문토기문화유적의 입지조건이 2가지 유형으로 나눠진다.

제1유형의 유적은 내륙에 위치하여 두만강과 남·북한강 유역권에 속한다. 이들 유적은 예전부터 일어난 홍수에 인하여 형성된 충적평야에 위치한다. 이러한 지역은 토양이 비옥하여 농경이 발달하는 데 있어서 적절한 조건을 발휘하고 있는 것으로 추정할 수 있으며 현재에도 유적이 위치한 일부 지역에서 농경이 가능한 것을 알 수 있다.

　제2유형의 유적은 해안가에 위치하여 동해안 지역권에 속한다. 이들 유적이 위치한 지형은 해안가 사구지대이다. 대부분 이 유적들은 해안가에 접할 뿐만 아니라 태백산맥에서 발원하여 서쪽에서 동쪽으로 흐르면서 동해로 합류하는 중·소 하천 하류(어구)에 위치고 있기 때문에 제1유형의 유적과 같이 이들 지역에서도 약간의 충적평야가 형성되었다. 따라서 해안가에 위치한 경질무문토기문화유적들도 역시 농경 생활하는 데 있어서 적절한 조건을 갖고 있는데 토양이 사질도 많고 충적층도 내륙의 유적에 비해서 두껍지 않다는 것을 추정할 수 있다. 하지만 이들 유적 대부분은 해안가에 접하고 있어서 고대 인류가 동해를 이용하여 풍부한 해산물을 취득할 수 있을 것 같다.

3. 한반도 경질무문토기문화유적의 규모

　한반도 경질무문토기문화유적은 모두 주거유적(취락지)이다. 그 유적의 규모에 대한 내용을 정리해 보면 다음 표와 같다.

〈표 2〉 한반도 경질무문토기문화유적의 규모

지역	유적명	조사구역 면적	유적의 규모	유구 총 갯수	경질무문 토기문화 주거지 수	참조
두만강 유역	회령 오동	400㎡	대형으로 추정	8기	주거지 1기	과학원 출판사, 1960, 8, 9, 16쪽
두만강 유역	무산 범의구석	1,380㎡	4,000㎡만 남아 있음	50기	주거지 6기가 6기에 속함	사회과학원 출판사, 1975, 126, 127, 136, 189~218
두만강 유역	온성 강안리	390㎡	대형으로 추정	8기	2층 3기, 3층 2기, 모두 5기	석광준 외, 2002, 7, 8, 11쪽

지역	유적명	조사구역 면적	유적의 규모	유구 총 갯수	경질무문 토기문화 주거지 수	참조
임진강 유역	철원 와수리	643,000㎡	미상	35기	주거지 2기	강원문화재연구소, 2006, 17~33쪽
북한강 유역	춘천 중도	1,157㎡	미상	2기	주거지 2기	이건무 외, 1986, 2, 12쪽; 지건길 외, 1986, 2쪽
북한강 유역	춘천 신매대교 부지	12,646㎡	미상	41기	주거지 2기, 부속유구 4기, 1구 상유수 모두 7기	노혁진 외, 2003, 28, 309쪽
북한강 유역	춘천 신매리 54-4번지	1,321㎡	미상	17기	주거지 6기, 부속유규 1기	강원문화재연구소, 2005, 29~32쪽
남한강 유역	횡성 둔내	476(1983년)+152,798㎡(1996년)	미상	1983년 3기, 1996년 5기, 모두 8기	주거지 8기	원영환 외, 1983, 7~14쪽; 백홍기 외, 1997, 13~25쪽
남한강 유역	횡성 화전리	7,800㎡	미상	44기		최복규 외, 1998, 7, 55~63쪽
남한강 유역	횡성 중금리	14,000㎡	미상	21기	주거지 5기	노혁진 외, 1998, 27~47쪽
동해안 지역	라진 초두	477㎡	42,000㎡추정	제I구: 노지가 남아 있어서 3기; 세II구: 옭다진 바닥과 노지가 남아	주거지 연대 불명	과학원 출판사, 1956, 11, 13, 14쪽

지역	유적명	조사구역 면적	유적의 규모	유구 총 갯수	경질무문 토기문화 주거지 수	참조
				있어서 19기, 모두 22기로 추정		
동해안 지역	양양 가평리	미상	미상	1983년 3기, 1994~1996년 5기, 모두 8기	주거지 6기	백홍기, 1984, 7, 13~19쪽; 국립문화재연구소, 1999, 13~28쪽
동해안 지역	양양 동덕리	미상	미상	주거지 1기와 주혈유구 2기, 모두 3기	주거지 1기	백홍기 외, 1997, 9, 20, 40, 41쪽
동해안 지역	양양 용호리 127번지	미상	소형으로 추정			
동해안 지역	강릉 강문동	미상	미상	1991년 주거지 1기 긴급조사, 2002~2004년 유구 33기, 모두 34기		주거지 5기지현병 외, 1997, 85~91쪽; 강원문화재연구소, 2004, 230,231쪽
동해안 지역	강릉 교항리	155,000㎡	미상	주거지 28기, 부속유구로 추정 12기, 모두 40기	주거지 28기, 부속유구로 추정 12기, 모두 40기	백홍기 외, 1998, 40, 198쪽
동해안 지역	동해 송정동	8,340㎡	미상	주거지 36기, 부속유구 10기, 모두 46기	주거지 36기, 부속유구 10기, 모두 46기	강릉대학교 박물관, 1999, 731~34쪽

위 표에서 보면 경질무문토기문화유적은 거의 다 시굴조사를 통해서 알려져 있기 때문에 정확한 유적의 범위가 보고서에서 언급되어 있지 않다. 하지만 소형유적으로 추정되는 양양 용호리 127번지 유적을 제외하면 대부분 유적들은 발굴된 범위만 보더라도 수십 기의 주거지와 그와 관련된 유구가 한 곳에 있는 대형 취락지인 것을 알 수 있다. 특히, 나진 초도(총 면적은 약 42,000㎡로 추정, 주거지 약 22기 확인), 회령 오동(발굴된 면적은 약 400㎡이지만 유적의 전체 규모가 더 크다는 것으로 추정), 강릉 교항리(유구 40기 조사), 동해 송정동(유구 46기 조사), 강릉 안인리(유구 40기 조사) 등 유적을 예를 들 수 있다. 경질무문토기문화유적에서는 완형토기만 보더라도 225점이 출토되었으며 그 가운데 저장용 대형 토기도 있다. 예를 들면 저장용 토기가 강릉 교항리 A-2호 유구, 횡성 둔내 A-1호 주거지, 동해 송정동 14, 19호 부속유구에서 출도된 예가 있다(백홍기 외, 1998, 62, 63쪽; 원영환 외, 1984, 24쪽; 강릉대학교 박물관, 1999, 17, 20, 21, 54, 55쪽). 대형 취락지의 형성, 주거지와 그와 관련된 부속 유구의 존재, 저장용토기가 많이 출토된 점 등은 보통 농경과 목축을 기반으로 하는 토착사회의 특징이다. 대형 규모의 유적들은 한반도 내륙뿐만 아니라 해안가에도 보인다는 것에서 이들 두 지역 간에 차이가 없는 것으로 보인다.

III. 한반도 경질무문토기문화유적에서 출토된 생계경제 관련 생물학적 자료와 유물

한반도 경질무문토기문화유적에서 출토된 생계경제와 관련 생물학적 자료는 곡물, 동물·생선뼈, 조개껍질 등 3가지가 있다.

탄화된 곡물자료가 철원 와수리, 춘천 중도, 횡성 둔내·중금리, 양양 가평리 그리고 강릉 강문동 저습지 등 6개의 유적에서 확인되었다. 한반도 경질무문토기문화 유적에서 발견된 탄화된 곡물의 출토상황은 아래 표와 같다.

한반도 경질무문토기문화유적에서 출토된 곡물류는 콩, 팥, 보리, 조 등을 주로 포함된다. 일부 곡물에 대한 분석결과가 재배종에 가깝다는 것으로 나왔으니 농경의 뚜렷한 증거라고 할 수 있다. 그리고 곡물 종류를 보면 쌀이 안 보여서 논 농사보다는 밭농사를 짓는 것을 알 수 있다.

〈표 3〉 한반도 경질무문토기문화유적 출토 곡물류

유적명·유구번호	출토 내용	학명	출토상황	출토량	재배종 여부	참조
철원 와수리 26호 주거지	팥	Vigna angularis W. F. WIGHT	경질무문 외반구연 유경호 내부	20,8g (134립)	재배종으로 추정	강원문화재연구소, 2006, 189~196쪽
양양 가평리 몸자형 주거지	보리	Hordeum vulgare L.	회백색 격자타날문 토기 내부	34g (169립)	재배종으로 추정	국립문화재연구소, 1999, 145, 146쪽
양양 가평리 몸자형 주거지	콩, 팥	Glycine max, Vigna angularis	경질무문 파수부호 내부	각 13립씩	재배종으로 추정	국립문화재연구소, 1999, 146, 147쪽
춘천 중도 1호 주거지	조	–	타날문토기 내부	30g	–	이건무 외, 1986, 27쪽
횡성 둔내 A-2호 주거지	피나 조	–	주거지 바닥 토기편 중	–	재배종으로 추정	원영환 외, 1984, 80쪽
횡성 중금리 1호 주거지	추정 밀	–	주거지 바닥	–	–	노혁진 외, 1998, 48, 83쪽
횡성 중금리 2호 주거지	가래씨	–	주거지 바닥 점토덩어리와 함께	–	–	노혁진 외, 1998, 48, 63, 83쪽
강릉 강문동 저습지유적	조		웅덩이 유구 출토 경질무문토기 2기의 내부	많음	재배종으로 추정	지현병, 2001, 32~35쪽; 백홍기, 2002, 171쪽

곡물 이외에도 강릉 강문동 저습지유적에서는 야생 식물로는 복숭아, 호두, 가래, 잣나무, 마름, 박, 쪽동백나무 등 씨앗이 발견됨으로 당시 인류가 농경뿐만 아니라 식물 채취 행위를 했던 것을 알 수 있다(백홍기, 2002, 174쪽).

한반도 경질무문토기문화유적에서는 동물·생선뼈가 많이 발견되지는 않다. 이 내용을 정리해 보면 다음과 같다.

회령 오동: 생선뼈 - 바다 물고기인지, 민물 물고기인지 알 수 없음(과학
　　　　　　　　원 출판사, 1960, 56쪽);

무산 범의구석: 동물뼈 - 돼지 하악골, 사슴뿔(사회과학원 출판사, 1975,
　　　　　　　　218쪽);

강릉 강문동 저습지: 동물뼈 - 말, 돼지, 사슴, 개, 고래, 물개; 돼지뼈가
　　　　　　　　압도적으로 많음;

　　　　　　　　물고기뼈 - 잉어, 숭어, 상어, 복어; 복어뼈가 압도
　　　　　　　　적으로 많음(지현병, 2001, 34쪽; 백홍기,
　　　　　　　　2002, 167, 168쪽)

이 자료를 보면 경질무문토기문화 주민들은 돼지나 개 사육, 그리고 적어도 동해안 지역에서는 바다에서 어로와 사냥을 했을 가능성이 있다.

강릉 강문동 저습지유적에서 발견된 조개류는 재첩, 투박조개, 홍합, 민들조개도 주로 바다조개로 인근 경포호에서 채집된 것으로 추정된다(지현병, 2001, 34쪽).

위와 같이 당시 인류가 밭농사와 동물 사육, 수렵, 어로 그리고 식물이나 해산물 채취했던 것을 보여준다.

그리고 한반도 경질무문토기문화유적에서는 생계경제와 관련된 여러 가

지 유물이 출토되었다.

농경과 관련된 유물은 철겸, 반월형 철·석도, 수렵과 관련된 유물은 석제 화살촉, 어로와 관련 유물은 골제 낚시바늘, 방직과 관련 유물은 토·석제 방추차, 제철과 관련된 유물은 토관, 토기 제작과 관련된 유물은 주거지 벽 옆에 발견되는 추정 목제 물레(토기 표명 조정 도구로 추정) 등 풍부한 자료가 발견되었다.

IV. 러시아 연해주 크로우노프카 문화유적·유물과 비교

여기서 한반도 철기시대 전기 유적과 크로우노프카 문화유적의 주거양상을 살펴보도록 하겠다.

입지조건상 크로우노프카 문화유적은 강가와 호수 형성한 하안충적대지나 해안가 충적대지에 위치한다. 크로우노프카 문화유적에서 확인된 유구는 무덤으로 추정되는 이즈웨스토프카 石棺墓를 제외하여 대부분 생활유구로 이는 주거지 및 주거지와 관련된 부속유구로 분류할 수 있다.

크로우노프카 문화 주거지는 보통 수십 또는 수백 기를 한 곳에 모여 있으며 대형 집단취락을 구성한다. 크로우노프카 문화유적은 3개의 지역군을 이루고 있으며 이는 자연환경에 따라 한카호(흥개호) 주변, 내륙일대와 해안가 등으로 구분된다. 이 지역군 중 제일 규모가 큰 것은 내륙지역인 綏汾河 유역인 것으로 알려져 있다. 1994~1999년 극동민족역사고고민족학 연구소가 수분하 유역에서 지표조사를 실시한 결과 크로우노프카 문화유적 110개소가 확인하였다. 따라서 수분하 유역이 크로우노프카 문화의 중심 분포지라고 생각된다. 여기서 크로우노프카 문화유적들이 수분하와 수분하의 지류인 하천 등 수계에 따라 분포한다. 여기서 발견된 크로우노프카 문화 취락은 그 규모에 따라 4개의 그룹으로 나눠진다. 규모가 제일 큰 취락은 100,000㎡ 이상이 되는 취락지로 코르사코프카-2, 코르사코프카-9, 노보니콜스크-3, 체르냐찌노-2, 콘스탄티노프카-1 등 5개소의 취락은 이 그룹에 속한다. 2그룹에는 규모가 30,000~50,000㎡ 정도로 되는 취락지로 코르사코프카-1, 보리소프카-4, 자고로드노예-3 등 모두 9개소의 취락이 포함된다. 3그룹에 속하는 유적은 그 규모가 10,000~25,000㎡가 되어 크로우노프카-1, 콘스탄티노프카-2, 체르냐찌노-9 등 모두 14개소의 유적이다. 마지막으로 4그룹에 속하는 취락은 약 500~8,000㎡가 되는 규모가 제일 작은 것으로 이 그룹에 82개소의 취락이 속한다(Никитин, 2000, С. 286~294). 크로우노프카 문화에서 보이는 이러한 유적의 분포와 입지조건은 한반도 경질무문토기문화유적과 비슷한 양상을 보인다. 즉, 양 지역에서는 초기철기시대 인류가 강가나 해안가의 충적대지에 형성된 대형 취락을 만들고 생활했다는 것을 알 수 있다.

이러한 주거양상의 유사성은 크로우노프카 문화와 한반도 철기시대 전기 집단들은 비슷한 자연환경에서 생황하면서 서로 비슷한 생계경제의 형태를 가지고 있었음을 보여준다. 즉, 크로우노프카 문화 크로우노프카-1 유적(보리), 불로치카(양귀비), 세이퍄트노예-3(보리, 조), 코르사코프스코예-2 유적, 샬로마예프 클류치 유적, 키예프카 유적(보리, 조, 콩과류, 밀 추정)과 한방도 동북부의 한반도 중부지방의 춘천 중도(조), 횡성 둔내(피 또는 조), 중금리(밀, 가래씨), 양양 가평리(보리, 콩, 팥), 강릉 강문동 저습지(조), 철원 와수리(팥) 등 유적에서 탄화된 곡물이 발견되었다(Вострецов, 1985, 62쪽; 1986a, 144-145쪽, 1986b, 104쪽). 이들 유적에서 발견된 곡물 종류를 보면 쌀보다는 주로 보리, 조 그리고 콩과류(콩, 팥) 등이며 이는 철기시대 전기에 연해주 남부와 한반도 동북부와 중부지방에 잡곡농사를 기방으로 하는 대형 집단들이 생활했던 것을 보여준다. 유적의 분포와 입지조건을 보면 수계와 해안가를 중심으로 분포된 충적대지에 위치하고 있고 이러한 유적에 분포는 농사하기에 좋고 비옥한 토양의 분포와 일치한다.

크로우노프카 문화유적에서 출토된 동물뼈 종류도 한반도 경질무문토기 문화유적에서 발견된 것과 비슷하다. 즉, 크로우노프카 문화 세이퍄트노예-1(소, 돼지), 크로우노프카-1(말, 소, 돼지, 개), 소콜치(소, 돼지) 뼈가 출토되었다(Вострецов, 1985, 62쪽; 1986a, 144-145쪽, 1986b, 104쪽). 그리고 2005년 불로치카 유적 15-나호 주거지 경질무문토기 내부에서 조개껍질이 발견되었다. 불로치카 유적은 해안가에 위치하고 있어 바다 조개로 추정할 수 있다(국립문화재연구소, 2006, 42쪽).

이상에서 본 바와 같이 철기시대 전기에 남 연해주와 한반도 동북지역과 중부지역에서는 하안가 또는 해안가를 중심으로 대형 취락지가 형성하고 생계경제가 잡곡농사와 목축을 기반으로 하는 점에서 그 주거양상을 비슷한 집단들이 거주하였다.

V. 결언

본고에서 먼저 한반도 초기철기시대 경질무문토기문화 생계경제를 분석했다. 결과적으로 한반도 동북·중부지방 철기시대 인류는 주로 강가와 해안가에 형성된 충적대지 또는 사구지대에서 생활했다. 이러한 입지조건은 잡곡농사 하는데 좋을 수밖에 없다. 한반도 경질무문토기문화유적 가운데 대형 취락지가 많으며 대형 취락지가 주로 농경 집단의 특징이라 한다. 다른 자료를 통해서 한반도 경질무문토기문화 인류는 돼지나 개를 사육하고 내륙이나 바다 동물에 대한 사냥, 어로, 야생 식물 채취 등 보충 생계경제 행위를 했다는 것을 알게 된다.

비슷한 시기에 러시아 연해주 지역에서 존재했던 크로우노프카 문화유적도 강가의 충적대지나 해안가의 사구지대에 위치하고 있는 대형 취락이기 때문에 그 입지조건이 한반도 경질무문토기문화유적과 유사하다. 생계경제에서도 비슷한 점이 보이며 특히, 잡곡농사, 돼지나 개 사육, 해산물 채취 등 것이다.

이상과 같이 한반도 경질문문토기문화와 러시아 연해주 크로우노프카 문화 간의 생계경제에서 많은 유사성이 있음을 알 수 있다.

[참고 문헌]

강릉대학교 박물관

1999. 11 『동해시 송정동 중심도로 건설지역 문화유적 긴급발굴조사 약
보고』.

강원문화재연구소

2004a 『강릉 강문동 철기 · 신라시대 주거지 – 강릉 강문동 302-1, 302,
305-5, 302-2, 304-2번지 여관신축부지내 유적』.

2004b 『강릉 강문동 철기 · 신라시대 주거지 – 강릉 강문동 302-1, 302,
305-5, 302-2, 304-2번지 여관신축부지내 유적 부록: 양양군 강
현면 용호리 127번지 여관신축부지 문화유적 긴급잘굴조사 보
고서』

2005a 『신매리 54-4번지 유적』

2005b 「강릉고등학교 화장실 증축공사부지 내 유적 보고서」, 『강릉지
역 문화유적 시굴조사 보고서』.

2006 『철원 와수리 유적 – 철원 와수리 신벌지구 경지정리사업지구
내 시굴조사』.

국립문화재 연구소

1999 『襄陽 柯坪里』.

2004 『연해주 불로치카 유적 I (제6차 한 · 러 공동발굴조사)』.

盧爀眞 外

2003 『춘천 신매대교부지 문화유적 발굴조사 보고서』, 한림대학교 박
물관.

白弘基

1984 『襄陽郡 柯坪里 住居址 發掘調查報告書(I)』, 江陵大學校博物館.

白弘基 · 高東淳

　1997　『江陵 冬德里 住居址』, 江陵大學校博物館.

白弘基 · 池賢柄

　1997　『橫城 屯內 住居址』, 江陵大學校博物館.

白弘基 · 池賢柄 · 高東淳

　1998　『江陵 橋項里 住居址』, 江陵大學校博物館.

　2002　「江陵市江門洞低濕地遺蹟 發掘調査槪報」, 『江原考古學報 6』, 江原
　　　　考古學會.

元永煥 · 崔福圭

　1984　『屯內』, 江原大學校博物館.

李健茂 外

　1980　『中島 I』, 國立博物館.

석광준 · 김종현 · 갬재용

　2003　『강안리, 고연리, 구룡강 유적발굴보고』, 백산자료원.

池健吉 · 韓永熙

　1982　『中島 III』, 國立博物館.

池賢炳

　2002　「강릉 강문동 저습지유적」, 『전국역사학 대회44』.

池賢炳 · 朴榮九

　1997　『江陵 江門洞 住居地』, 江陵大學校 博物館.

최복규 外

　1998　『횡성댐 수몰지역내 문화재 발굴조사보고서 (2) - 횡성 화전
　　　　리 주거지유적 발굴조사 보고 - 』, 강원대학교.

채희국

　1956　「나진 초도 원시유적 발굴보고서」, 『유적발굴보고』 제1집, 사회

과학원 출판사.

1960 「회령 오동 원시유적 발굴보고」, 『유적발굴보고』 제7집, 사회과
학원 .

1975 「무산 범의구석유적 발굴 보고」, 『고고민속론문집』 제6집, 사회
과학원 출판사.

한림대학교 조사단

1998 『횡성댐 수몰지역내 문화재 발굴조사보고서 (3)』.

Никитин Ю.Г.

Исследование памятников кроуновской культуры в долине р.
Суйфун // Вперед... В прошлое. К 70-летию Жанны Васильевны
Андреевой. – Владивосток: Дальнаука, 2000. – С. 286-294.

Вострецов Ю.Е.

Метод ландшафтного анализа (на примере поселений кроуновской
культуры железного века в Приморье) // Проблемы
археологических исследований на Дальнем Востоке СССР. –
Владивосток, 1986а. – С. 135-147.

Вострецов Ю.Е.

Раскопки поселения падь Семипятнова III в Приморье // КСИА.
1986b. Вып. 186. – С. 99-104.

08

크로우노프카 문화를 중심으로 본
연해주 초기철기시대 농경의 확산

Yu. E. 보스트레초프

(러시아과학원 극동분소 역사 · 고고학 · 민속학 연구소)

크로우노프카문화를 중심으로 본 연해주 초기철기시대 농경의 확산

I. 서론

기원전 1천년기 후반에 환동해지역의 주민들의 문화에 큰 영향을 주는 사건이 발생한다. 이 시기는 농경이 주요한 생계로 등장하면서 주민의 전면적인 생활을 바꾸어서 초기 국가형성의 발생으로 이어진다(보스트레초프 2006). 이 변화는 남쪽에서는 벼를 재배하는 야요이 문화로 이어졌고, 북쪽에서는 보리, 밀, 수수 등을 재배하는 크로우노프카 문화로 이어졌다. 야요이 문화의 이주와 사회의 변화는 여러 연구에 잘 제시되어 있다(Aikens et al. 1982; Imamura 1996). 반면에 크로우노프카 문화로의 주민의 이주에 대해서는 상대적으로 적은 연구가 이루어졌다. 고고학적 발굴에 따른 크로우노프카 문화의 다양한 전통고고학적 연구(문화사적인 연구)는 이미 잘 제시되어 있다[1](브로댠스키 1969; 브로댠스키 외 1984; 안드레예바 1977; 쥬시홉스카

---

1) 기존 크로우노프카 문화의 고고학적 성과는 (강인욱 외 2008 『고고학으로 본 옥저문

야 1984; 쥬시홉스카야 외 1987; 쥬시홉스카야 2004). 반면에 고고학 자료와 역사 기록에 보이는 변화상을 설명할 수 있는 주변환경의 변화, 생계경제 시스템의 변화, 사회-인구학적인 연구 등 크로우노프카 문화의 주민들이 어떻게 적응했는지를 복원하는 연구는 거의 없었다(보스트레초프 1987; Vostretsov 1996). 본 고에서 필자는 생태학적 패러다임을 통해서 크로우노프카 문화의 자료를 살펴보고 주민들의 적응과정을 복원하고 좀 더 거시적인 관점에서 그 의의를 살펴보고자 한다.

II. 크로우노프카 문화 성립 이전의 문화적 특징과 자연변화

1. 연해주의 고금속시대

연해주 내륙지역의 고금속시대에 대한 이해는 아직은 기초적이다. 크게 연해주 고금속시대는 3번의 문화적 파장에 따라 세분된다. 즉 B.P. 3600-3300에 연해주 동부해안지역에는 마르가리토프카 문화라고 하는 새로운 주민그룹이 등장한다. B.P. 3000-2800에 연해주 남부 내륙지역에는 시니가이 문화가 등장한다. B.P. 2600-2200에는 리도프카 문화가 등장하는데, 그 유적은 연해주 남부와 동부 해안지역에 주로 집중되어 있다(얀쉬나 외 2005). 특히 리도프카 문화의 토기는 여러 문화가 혼합된 양상을 보여준다(얀쉬나 외 2005). 현재까지의 자료로 볼 때 청동기시대의 주민들은 동부 해안지역에서 지속적으로 제한적되고 고립된 철기시대의 주민들과 공존한 것 같다.

적어도 이들 문화는 대륙과 해안지역으로 나뉘는 것은 분명하다. 이러한

화」 동북아역사재단 연구총서 37권)에 수록된 클류예프의 논저가 대표적이다.

차이는 두 개의 다른 문화형성과정 전통을 반영하는 것이라고 생각한다. 하지만 이제까지 이들 문화를 문화적응과정의 차이라고 보지는 않았었다. 철기시대로 진입하는 과정에도 이러한 정황은 지속된다. 피터대제만 유역은 대체로 기원전 8세기경부터 다소 지역적인 차이가 있는 얀콥스키 문화가 등장하며, 대륙에서도 커다란 문화적 다양성이 간취된다. 하지만 대륙의 경우 다층위유적에서 일부 문화요소만 보이기 때문에 정확한 문화적 범위를 안다기 보다는 그 지엽적인 문화적 특성만을 파악하고 있다. 해안가의 얀콥스키 문화와 대륙지역의 문화의 차이를 상세한 분석없이 단순히 대륙지역의 문화에 보이는 차이점을 프리아무르 지역의 우릴 문화와의 공통성에서 찾는 경우도 있다(얀쉬나 외 2005 pp.210~215). 아마도 온난기의 마지막 단계에 만주 동부지역과 연해주 대륙지역에 보이는 여러 문화요소가 침투하면서 나타나는 현상이라고 생각된다.

O.V.얀쉬나는 연해주 대륙지역을 적어도 3개의 문화적 그룹으로 분리했다. 첫 번째는 달니이 쿠트-15, 카메누시카, 자야치야 프로토카-1 등의 유적을 포함하는 달네쿠트 그룹이다(클류예프 외 2002; 르인샤 2002). 두 번째는 리도프카-1(이 유적의 상층), 모나스트이리카-2(하부 문화층)이며, 세 번째는 하린 협곡의 유물이다(얀쉬나 외 2005). 유감스럽게도 우리는 대륙유적의 생계경제를 복원할 만한 충분한 자료를 가지고 있지 않다.

기원전 5세기 말 연해주의 남부 북한과 중국 국경지역에는 크로우노프카 문화(기원전 5세기 말~서기 2~3세기)의 주민이 등장한다. 중국과 한국의 학자들은 이 문화를 "단결문화"라고 부르고 沃沮와 연관시킨다. 옥저는 고조선, 한, 고구려, 부여 등의 국가로부터 크고 작은 영향을 받았으며, 나중에는 발해국의 일부가 된다(林澐 1985; Byington 2003, 2007). 단결-크로우노프카 문화를 다양한 역사기록과 비교하는 것은 본 고의 범위를 벗어나는 것이다. 단지 여기에서는 적응과정을 복원할 수 있는 자료로서만 한정해서 보겠다. 이와 관련해서 먼저 단결-크로우노프카 문화의 기원에 대해서 살펴보자. 역사기록에 따르면 옥저인들은 "언어, 음식, 거주, 옷 등에서 고구려와 유사하다"고 하며 "고구려와는 동남쪽에 접해있다"라고 되어 있다. 또한 고구려는 부여와 同源이며 옥저는 부여와 북쪽으로 접한다. 필자는 옥저를 동옥저, 북옥저, 남옥저 등으로 세분하지는 않겠다. 왜냐하면 옥저의 세분은 좀 더 늦은 시기의 문제이며, 이미 세부적으로 살펴본 바가 있기 때문이다(林澐 1985). 우리에게 중요한 것은 송화강의 상류와 중류 유역으로부터 동해까지 한 계통의 주민집단이 존재했다는 점이다. 도대체 어떤 원인으로 이렇게 광활한 지역을 한 계통의 주민이 점유했으며 그들은 지속적으로 남쪽과 동남쪽으로 확산되었을까? 먼저 부여부터 보자. 사서에 따르면 부여는 위의 후손이며 濊가 거주한 지역에서 살았다고 한다. 영어로 된 자료 중에서는 가장 체계적으로 정리된 바잉턴의 연구(2003)에 의거해서 살펴보자. 濊는 서단산문화로 비정되며 기원전 2천년기의 말엽에 등장해서 기원전 3세기 경에 새로운 토기전통 및 묘제의 등장과 철기기술이 등장하면서 사라진다(Byington 2003 p. 146). 서단산문화는 길림성의 중부에 분포하며 특히 길림시를 중심으로 송화강 유역에 주로 집중되어 있다. 또한 이 문화는 주변의 문화들에 영향을 주었다(Byington 2003 p. 109, 145). 이 문화의 주민은 정착생활을 했으며 주요 생계경제로는 발전된 농경, 사냥, 어로, 목축을 영위했다. 특히 돼지사육은 식량과 종교 생활에 주요한 위치를 차지했음이 확인된다. 이 사회 발전은 일방적인 것이 아니었고, 필자가 보기에는 자연환경의 변화와도 부합된다. 초기와 중기(기원전 10~8세기)에는 이미 족장사회(chiefdom)가 형성되었던 것 같다. 족장과 엘리트는 청동기와 위신재의 생산을 독점했다. 매장풍속을 볼 때 사회계급과 성세식 불평등이 존재했음을 말해준다. 세 번째 단계(기원전 8~5세기)에는 좀 더 심한 사회적 불평등이 보이는데, 상층계급에서 귀족의 발생이라고 할 수 있을 정도로 특정한 그룹의 유물에서 신분의 차이를 보이는 증거가 발견된다. 대략 기원전 3세기인 서단산문화의 네 번째 단계에서는 중심지역에서 매장 풍습, 토기의 기형및 기술, 그리고 고지성취락(hilltop), 집약적 농경 등과 같은 요소와 철기 및 말 등 새로운 중요한 요소가 등장하며 급격한 사회적 변화가 보인다. 바잉턴은 이러한 요소의 발생원인을 기원전 280년에 요동 지방을 점령한 연국과 한의 영향에서 찾고 있다(Byington 2003 p. 146). 네 번째 단계 이후를 바잉턴은 後서단산문화라고 규정하고 기원전 3세기 경에는 길림 중부의 포자연 유형으로 대표되는 부여국가의 형성으로 이어지는 사회, 경제적인 심화가 급격히 진행된다고 보았다. 적어도 기원전 1세기 중엽 이전에 부여는 이전 200여 년보다 더욱더 강화된 사회적 분화와 중앙집중화가 된 국가로 바뀐다(Byington 2003 p.492).

이와 같이 천여 년의 문화적 발전을 통해서 송화강의 상류와 중류의 유리한 땅은 서단산문화의 중심지역할을 했음을 알 수 있다. 이 문화가 분포한 지역에는 빠르게 사회의 불평등화가 진행되었으며, 초기 국가의 형성으로까지 이어졌다. 하지만 고고학적 자료로 볼 때 큰 이주의 흔적은 보이지 않는다. 바잉턴은 이러한 변화의 가장 큰 동기로는 중국의 다양한 영향을 들었다. 하지만 이러한 과정에는 "지역적인 고립"도 이러한 결과를 만들어낸 원인 중 하나였다(Byington 2003 p. 482). 지역적인 고립은 사회적 뿐 아니라 자원을 주변집단과 공유함을 최소화 할 수 있는 등의 자연적인 여러 동기를 야기한다. 이와 관련해서 본 시기의 생태학적 요소, 즉 자연적인 동기들을 살펴보도록 하자.

약 기원전 9세기경에는 기후 온난기가 끝나고 기원전 3세기경까지 이어지는 기후의 한랭화가 시작된다. 이것이 농경민족에게 어떠한 의미였을까? 한랭기에 내륙지역에서는 중요한 변화들이 일어난다. 즉, 불안정한 날씨의 변화로 발생하는 다양한 기후현상이다. 초여름에 가뭄이 많아지고, 늦여름에는 강의 범람이 잦아진다. 겨울에는 얼어있는 땅이 많아진다. 이러한 현상으로 남 만주 지역의 식물생육기간은 짧아지게 되었다. 또한 한랭화되는 시기에는 저수지의 면적이 넓어지고 강이 유입되는 어구에는 늪지대로 변한다. 서단산문화가 분포하는 북서지역의 송화강과 눈강이 합류되는 지점에는 한카호보다 3~4배가 큰 호수가 형성되어있었다(中國... 1996 p.19). 이와 같은 옛 호수의 해침현상으로 송화강의 상류에 있는 여러 강의 어구는 지속적으로 늪지대화가 되었다. 이 모든 변화는 만주의 농경을 할 수 있는 자원의 축소를 가져왔고 작게는 서단산문화의 동북쪽과 동쪽의 농경지역의 생산력이 높은 지역이 축소되게 되었다. 이러한 기후의 변화는 실질적으로 느낄 수 있었으며, 인구의 집약화에 기반하는 농경민들은 당연히 농경에 유리한 자원을 얻기 위해서 주변의 집단들과 날카로운 경쟁을 촉발했다. 그를 통해서 사회분화, 사회적 갈등, 그리고 좀 더 경쟁이 심하지 않은 지역으로의 주민이동이 이루어졌다. 바로 이 시기에 길림성 동부와 연해주의 남서부에 하린유형, 그리고 이후에 단결-크로우노프카 문화와 같은 유적을 남긴 높은 농경자원을 가진 사람들이 등장한다는 것은 그렇게 놀라울 일은 아니다. 이들이 남긴 토기는 같은 문화 내 뿐 아니라 서단산문화와도 일부 유사성을 보인다는 것은 결국 같은 남 만주 농경문화에 속하는 것을 증명한다.

　이 시기에 또 다른 문화적인 파장은 한반도와 큐슈 북쪽으로 이어진다. 약 기원전 6세기 일본 야요이 문화에 등장하는 무문토기의 일부 요소는 크로우노프카 문화와 놀랍도록 유사하다. 필자는 이러한 주민집단의 변화과정에는 기후 한랭화와 관련된 생계자원의 감소에서 기인한다고 굳게 믿고 있다. 또한 농경자원을 두고 주변의 집단과 경쟁하는 과정에서 발생한 사회적인 압박도 존재했을 것이며, 그는 사서나 고고학적 자료에서 잘 보인다. 하지만 그들은 어디까지나 2차적인 것이었다.

단결-크로우노프카 문화의 중심지역이 한카호 그룹[2]과 크로우노프카 그룹으로 나뉜다는 점은 문화의 확산이 다양하게 이루어졌음을 증명한다. 이들 그룹은 물질문화, 생계경제, 정착, 사회-인구학적 파라미터, 그리고 편년에서도 차이를 보인다. 전반적으로 볼 때 한카호 그룹은 크로우노프카 그룹과는 별도로 이루어졌으며 그 여파 또한 그리 크지 않았던 것 같다. 그 토기 상에서 얀콥스키 문화의 시기 내륙지역의 토기도 확인되는 것이 그 예이다. 크로우노프카 그룹은 원주민의 문화가 유입된 흔적이 없으며, 문화가 분포한 지역이 농경을 하기에 훨씬 더 좋은 지역이었다는 점에서 그 파급은 더 컸던 것으로 생각된다.

결과적으로 2~3백년 사이에 다음과 같은 상황이 전개되었다. 연해주의 해안지역에 얀콥스키 문화가 거주하고 있을 때에 연해주 내륙의 중부지역에는 얀콥스키 문화와 우릴 문화에 유사한 내륙유적들이 분포했다. 연해주 내륙의 서부에는 크로우노프카 문화가 밀려들어왔다. 이와같이 수 백년간 서로 다른 적응양상으로 세 문화그룹이 형성되었다.

2. 얀콥스키 문화 주민의 적응과정

위에서 언급한 바와 같이, 연해주 내륙지역의 초기 철기시대와 비교했을 때에 얀콥스키 문화는 상대적으로 문화적으로 하나의 계통이라는 차이가 있다. 얀콥스키문화와 상호 교류했던 크로우노프카문화는 그 확산과정에서 물질문화와 적응의 모델에서 많은 차이를 보인다. 얀콥스키 문화는 해

---

2) 원문은 프리한카호 그룹(Приханкайская группа)로 명명했다. При라는 접두어는 앞쪽이라는 뜻으로 연해주에서 볼 때 러시아 경내인 한카호 남서부지역을 의미한다. 한카호 유역의 중국측 경내는 거의 조사되지 않았지만, 같은 양태의 유적·유물이 존재했을 것으로 생각된다. 본고에서는 한카호그룹으로 통일한다(역자주).

양자원에 주로 의존했다는 점에서 적응모델은 일본의 후기 신석기(죠몽시대)(Habu 2004; Kobayashi 2004)와 많은 유사성을 보인다.

얀콥스키 문화의 범위는 함경북도, 피터대제만 등을 포괄하며(그림 6-1,2), 현재까지 약 150여 개의 유적이 발견되었는데, 그중 절반은 패총유적이다. 패총 안에서 발견되는 수많은 생태유존(ecofacts) 덕택에 얀콥스키 문화의 생계경제는 가장 연구가 잘 된 주제이다(안드레예바 외 1986; 베세드노프 외 1997).

사서기록과 비교한다면 얀콥스키 문화는 동예[3] 집단과 비교할 수 있다. 얀콥스키 문화의 편년에 대한 연구는 비교적 덜 진행되었다. 대부분의 연구자들은 형식학적 비교에 근거해서 그 연대를 기원전 8~3세기로 본다(안드레예바 외 1986). 보정되지 않은 탄소연대치들은 기원전 8세기~기원전후 한 시기에 분포한다(쿠즈민 외 2005). 화분 분석의 결과를 보면 핫싼지역에서 얀콥스키 문화는 기존 얀콥스키 문화가 크로우노프카 문화로 바뀐 기원전 3~2세기 이후에도 존속했던 것 같다(베르흡스카야 외 1993). 이는 크로우노프카 문화가 현재 핫싼의 대부분 지역을 점유하지 않았다는 것과도 부합된다. 아마도 향후에는 대부분의 지역이 크로우노프카 문화에 의해 점유된 서력이후의 시기에도 존재했을 거의 조사되지 않은 얀콥스키 최말기의 유적을 조사하는 것이 필요할 것이다(Cassidy et al. 2003). 취락시스템, 주거지의 구획, 그리고 위신재 및 무기의 존재로 볼 때 사회적인 분화가 존재했었던 것 같다.

---

3) 사서의 기록이나 시·공적으로 볼 때 잘못된 비정이다. 필자가 착오를 일으킨 듯하다. 얀콥스키 문화를 읍루나 숙신으로 보는 견해도 일부 있지만, 이 역시 모순이 많다. 현재로서는 사서에 기록되지 않은 집단이었다고 보는 게 맞을 듯하다(역자 주).

III. 크로우노프카 문화의 적응

1. 크로우노프카 문화의 분포와 편년

크로우노프카 문화의 존속기는 기원전 5세기말~서기 2~3세기까지이다 (도면 6.28). 그런데 하한연대는 다소 늦은듯 하다. 왜냐하면 사서기록 및 탄소연대가 없기 때문이다. 사서기록은 고고학적 자료와 배치되지 않는데, 이들은 큰 사회분화가 없는 농경사회였었다. 수수, 콩, 보리, 그리고 밀을 경작했으며(보스트레초프 1987; 보스트레초프 외 1987; 야누세비치 외 1990:5-7), 2003년도 크로우노프카-1 유적에서 확인된 것 처럼 쟁기로 밭을 경작했다 (Krounovka-1 site.. 2003; 보스트레초프 2005).

그간 축척된 고고학적 자료에 의거해서 크로우노프카 문화의 분포 및 편년에 대한 연구가 있다(브로댠스키 1969; 쥬시홉스카야 1984; 1990; 보스트레초프 1987; Vostretsov 1999; 2005). 이들 연구는 다소 차이는 있지만 "중심지역 (nuclear area)"이 존재했으며 크로우노프카 문화가 동쪽에서 서쪽으로 확산되어가며 얀콥스키 문화의 분포지역을 점유했다는 데에는 의견을 같이 한다.

크로우노프카 문화가 형성된 중심지역은 두만강에서 한카호에 이르는 러-중 국경지역이다(도면 6-28, 6-29). 취락은 대부분 강의 중류에 분포한다. 클류예프의 통계에 따르면 약 200여 개의 유적이 확인되었으며, 대부분은 라즈돌나야강(수분하)와 그 지류에 분포한다(니키틴 2000; 도면 6.45). 1979~2003년 사이에 필자에 의해서 8개의 크로우노프카 유적이 발굴되었으며 모두 부유법과 문화층을 거르는 방법들이 사용되었다.

현재까지의 연구로 볼 때 크로우노프카 문화는 대체로 두 시기로 세분된다. 첫 번째 시기는 크로우노프카 유적이 "중심지역"에 분포한 시기로 크로우노프카 그룹과 한카호 그룹 사이에는 경관, 취락시스템, 주거지, 사회-

인구학적 파라미터, 그리고 다른 물질문화상에서 차이를 보인다. 한편으로
는 경관-기후적인 조건, 농경자원, 지리적인 거리도 달랐으며 또 다른 측
면으로 본다면 이주한 주민집단의 성격과 시기에서도 달랐을 것이다.

두 번째 시기는 기원전 2~1세기 대로 크로우노프카 문화 주민들이 사방
으로 분산되어 가며 여러 문화상에서 서로 다양한 모습들을 보인다. 구체
적인 차이는 향후 연구의 과제이다. 두 시기를 통털어서 경제 및 생태학적
요소를 고려하면 6개의 그룹으로 구분된다. 즉, 크로우노프카 그룹, 한카
그룹(중심지역, 도면 1-I), 亞내륙형(도면1-III, A), 아누치노 그룹(도면 1-IV),
두만강그룹(도면 1-II) 등이다. 이 중에 크로우노프카 주민이 내륙지역에서
연해주지역으로 확산과정을 보여주는 그룹은 모두 4개이다. 각 취락은 다
양한 자원을 내포한 생태학적 구역에 따라서 다양한 생계경제 및 물질문
화를 영위했다(보스트레초프 1984;1985-a; 보스트레초프 외 1985; 보스트레초프
1986-а,б,в,г;보스트레초프 1987-а,б,в;1989;보스트레초프 외 1987 а,б,в; 보스트레초
프 외 1990; 야누세비치 외 1990; 보스트레초프 1996; Vostretsov 1999; Vostretsov
2004; 보스트레초프 2005;2006).

탄소연대 및 유물의 분석에 따르면 이른 시기에는 단결-크로우노프카 문
화의 서부에 해당하는 내륙 중심구역에 분포했다.

2. 기원전 3세기이후 크로우노프카 문화의 확산에 대한
   자연 및 사회적 동기

우리 연구에서 가장 중요한 문제는 크로우노프카 주민들이 동쪽, 동남쪽
으로 확산되었던 동기는 무엇인가 있다. 여기에는 서로 관계된 생태학적,
사회학적인 몇 가지 원인을 제시할 수 있다. 먼저 감안할 점은 중심구역에
서 크로우노프카 문화의 유적은 이랑경작을 하는 사회에서는 상상하기 어
려울 정도로 밀집되게 분포했다는 점이다(니키틴 2000). 라즈돌나야 강에 크

로우노프카인이 약 200여년간 거주했다는 점을 감안한다고 해도 유적의 밀집도는 매우 높다. 이주의 근본적인 원인은 해수면이 0.8~1.5m나 하강했던 기후의 한랭화와 그에 따른 해안가 경관의 급격한 변화에서 찾을 수 있다. 이 점은 먼저 얀콥스키 문화 밀집도를 떨어뜨리고 인구수를 감소하게 했을 것이다. 왜냐하면 얀콥스키 문화의 경제는 주로 바다의 생태에 존재하는 다양한 해양자원을 이용했기 때문이다(안드레예바 외 1986). 문화적응의 모델과 그 존속기간은 대체로 일본 죠몽 말기를 연상시킨다. 원래 얀콥스키 문화의 분포지는 함경북도에서 피터대제만 일대를 포함하여 그 주변의 연해주 남부 내륙까지였다. 기후의 한랭화와 해수면하강에 따라서 생계경제가 무너지고, 얀콥스키 문화의 분포지는 대폭 축소되었다. 얀콥스키 문화의 주거지는 가장 생산력이 높은 두만강 유역~라즈돌나야강 어구에만 남아있게 되었으며(도면 1), 아마도 쵸르나야 강 북쪽의 연해주 동부 해안가에서 그들은 서기 1세기때까지 잔존했을 수도 있다(Cassidy et al, 2003; 300).

반면에 소택지가 건조해지면서 해안가의 일부 지역은 농경에 적합하게 되었으며, 바다와 강의 합류지점에는 충적지가 발달했다. 해안지역의 경우 가뭄이 들 가능성은 훨씬 춥고 건조했던 내륙지역보다 적었다. 즉, 내륙지역은 농경에 불리한 조건들이 강화되었다. 이들 요인은 크로우노프카 주민 일부가 내륙지역에서 이미 얀콥스키주민이 살고 있지 않던 해안지역으로 이주하게 되는 생태학적 원인으로 작용했다.

크로우노프카주민들이 이주하게 되는 데에는 자연적인 요인 이외에도 이차적인 또 다른 요인이 존재했다. 아마도 크로우노프카 분포지역의 서쪽과 북쪽 그룹에서는 이 시기 불리한 생태학적 변화에 따른 사회적인 압박이 있었을 것이다. 위에서 언급한 바와 같이 기후의 한랭화로 눈강과 송화강과 한카호의 古호수에 저수량이 증가했다(中國. ... 1996, 19). 이러한 변화는 강 유역의 소택지화와 잦은 범람을 초래했다. 이러한 요인들은 주민들이 서쪽으로 이동하는 원인이 되었다.

또한 크로우노프카 주민의 자연적 증가와 취락 밀집도의 증가도 크로우노프카 문화 확산의 2차적인 요인이라고 생각한다. 그럼에도 불구하고 이 요인은 주로 안정적인 자연환경에서만 작용하기 때문에 아누치노 그룹의 분포처럼 내륙의 주민들이 비슷한 지역으로 확산되는 것만을 설명할 수 있다. 하지만 기후가 한랭화하는 때에는 이러한 요인들도 농경민을 경관-기후적인 조건이 다른 亞내륙이나 해안지역으로 확산시킬 수 있다.

이제까지 살펴본 모든 증거는 크로우노프카 문화 주민들이 동쪽으로 이주했음을 보여준다. 따라서 다음 장에서는 원시사회에서 작용하는 생태-사회학적 모델에 따라서 크로우노프카 사회의 생계자원, 생계경제, 사회-인구학적 파라미터 등 다양한 亞체계들이 변화했는지를 살펴보겠다. 또 크로우노프카 문화가 확산되면서 적응을 하는 데에 끼친 자연환경적인 상황을 파악하기 위해서 이 문화가 분포한 범위내의 자연자원의 분포도 살펴보겠다.

3. 자연자원의 분포

고지형학적 연구를 참고하면 기원전후한 시기에 기후및 식생은 현재와 비슷하게 된다(코로트키 외 1980, 290). 따라서 여기에서는 현재 자연환경의 여러 요소들을 살펴보자. 자원획득 영역분석(site catchment analisys)을 도입하여 크로우노프카 문화 취락의 반경 5km이내의 경관을 분석했다(보스트레초프 1987). 이 분석을 통해서 크로우노프카 문화의 취락을 둘러싼 다양한 기후환경의 변화 및 그에 따른 크로우노프카 주민의 자원획득 방식의 변화를 복원했다. 그 결과 자원획득영역(catchment area)에 따라 총 4개의 그룹으로 나누었다. 한카호 그룹과 크로우노프카 그룹은 초기에 해당하며 후기는 亞대륙그룹과 연해그룹, 2그룹으로 나누었다. 취락 근처의 자원이용에 대한 경관구조(도면 2)는 서쪽에서 해안에 가까워지는 동쪽으로 갈수록 다양한 자원을 얻는 것으로 복잡화한다(도면 3).

기본적인 자연자원이 변화하는 모습은 다음과 같이 정리된다(도면 3, 도면 3의 번호는 도면 1,2와 일치함). 한카호 그룹의 농경자원(Ⅰ)은 중간 또는 중-상정도이다. 크로우노프카 그룹(Ⅱ)은 최상이다. 크로우노프카 그룹에서 연해그룹(Ⅲ)으로 바뀌면서 농경자원은 급격히 감소한다. 亞대륙그룹은 하급이며 연해지역은 최하급이다. 동물자원의 이용은 모든 그룹에서 그 비율이 비슷하기 때문에 도표에는 포함시키지 않았다.

사냥 및 채집자원은 반대로 한카호 및 크로우노프카 그룹에서 연해그룹으로 갈수록 최고조로 올라간다. 하천 어로자원[4]의 경우 크로우노프카 그룹에서는 하급이지만 연해그룹에서는 중 또는 상급이다. 해양어로자원은 연해그룹에서만 최상급으로 된다.

이상 다양한 자연자원의 이용잠재력의 분포를 본다면 한카호 그룹과 크로우노프카 그룹은 정착에 유리한 자원이 많은 곳에 집중되었음을 알 수 있다.

연해주 동남부의 취락지를 보면 亞대륙그룹은 채집경제의 자원이 풍부하며 생산경제와 관련된 자원은 대폭 감소한다. 연해그룹은 농경을 위한 자원은 최하로 감소하지만 아주 불가능한 것은 아니다. 반대로 채집경제를 위한 다양한 자원은 최고로 올라간다.

한카호와 크로우노프카 그룹의 초기에서 亞대륙그룹과 연해그룹으로 전환되는 시점에는 농경자원이 급격히 감소하고 채집경제자원이 증가한다.

---

4) 여기에서는 가장 효과적인 자원이었던 회귀하는 연어류만 감안했다.

이러한 정황들은 사회-문화적 亞체계의 다양한 요소에 잠재적인 압력이라고 정의할 수 있다(도면 5).

4. 크로우노프카 주민 생계경제 체계의 변화

이 장에서는 생산, 섭생자원의 획득, 가내수공 및 생산 등과 관련된 크로우노프카 문화의 주민들의 생계경제 체계에 대한 문제를 살펴보겠다. 초기 단계에는 두 그룹의 유적군이 서로 다른 경제적 구역에 존재하며 각각 생태-생산과 문화적 그룹으로 나뉜다.

1) 한카호 그룹 주거지

1983년도 필자가 발굴한 세이퍄트노예-1(도면 1)주거지에서는 농경작물인 탈곡이 된 보리와 피(Echinochloa crus-galli)(?)가 발견되어서 농사에 종사했던 흔적으로 간주된다. 오클라드니코프에 의해 발굴된 다른 주거지에서는 갈돌 및 쟁기와 같은 농경관련 도구가 발견되었다(오클라드니코프 1959, 24). 이런 도구들의 사용범위는 매우 넓기 때문에 사용흔학적 분석은 이루어지지 않았다. 왕머루(Vitis amurensis)와 다량의 갓(겨자의 일종, Brassica juncea (L.) Czern.)씨의 발견은 채집생활의 증거로 간주된다. 또 다른 채집생활의 흔적으로는 몇 덩어리가 출토된 명아주씨앗과 여뀌의 방울이 있다. 도표 3에는 생계에 사용되었을 것으로 생각되는 식물들이 정리되어있다. 노동도구 중에서 둥근 구멍이 뚫려있는 자갈은 채집에 사용되었을 가능성이 있다. 구멍들은 부정형으로 뚫려있기 때문에 어떤 물건을 넣고 회전한 것 같지는 않다. 아마도 이 구멍은 호두껍질 같은 것을 깔 때에 고정시킨 용도로 생각된다(Aikens et al. 1982 p. 158).

사냥에 종사한 증거로는 붉은 사슴의 녹각편, 긁힌 撓骨편 등을 들 수 있다. 목축 및 어로도구는 발견되지 않았다.

수공업은 출토된 도구만으로 추정할 수 있다(도표 1). 이들 도구 중에는 토기 제작과 관련된 마연구, 철제도구와 돌자귀와 같은 금속가공도구, 방추차, 그리고 가장자리에 구멍이 뚫린 토제판(방직) 등이 있다(브로단스키 외 1984 38).

세이퍄트노예-2 유적의 생계경제에 대해서는 토기 내부의 충진토에서 찾아낸 식물학적 자료에서 볼 수 있다. 분석결과 농경의 결정적 증거인 탈곡한 보리, 피(?), 그리고 채집을 증명하는 왕머루가 출토되었다.

세이퍄트노예 1과 2유적은 서로 0.5㎞밖에 떨어지지 않았기 때문에 두 주거지의 유사한 생계경제에 대해서 결론을 내릴 수 있다. 이는 비슷한 경관에 집중되어 분포하는 상황을 증명한다. 두 유적에서 간취되는 생계경제의 다양성은 농경경제를 주로 하되 다양한 생계자원을 최대한으로 이용했음을 의미한다. 이 지역이 상대적으로 최적한 지역이 아니라는 점을 감안한다면, 채집을 통해서 부족한 식량자원을 보충하려고 했었을 수도 있다. 게다가 채집은 비타민, 미량유기물, 심지어는 민간요법의 약초를 얻는 데에 큰 의의를 지닌다(도표 3).

2) 크로우노프카 그룹 주거지

크로우노프카-1(도면 1,6) 주거지의 주민은 10,11,12호 주거지의 발굴자료로 볼 때 보리, 강아지풀(?) 등을 경작했다. 보리의 낟알은 노지와 주거지 바닥에서 채취한 샘플에서 주로 출토되며 강아지풀의 낟알은 한 토기의 내부 충진토에서만 대량으로 확인될 뿐 다른 샘플에서는 검출되지 않았다. 잡초류로는 갈퀴덩굴, 여뀌, 별꽃, 피(?), 그리고 비름 등이 있는데, 이들은 약초뿐 아니라 식용으로도 채집했을 것이다(도표 2,3). 이들의 양은 그리 많지 않기 때문에 실제 채집한 것인지, 아니면 주거지 안에 우연히 들어간 것인지 판단하기는 어렵다. 농경과 관련된 도구로는 10,11,12호에서 출토된 수확용 석도, 갈돌, 공잇돌 등이 있다. 12호 주거지의 주민들은 겉 보리(Hordeum vulgare var. nudum)과 조(Setaria italica)를 재배했다 (Krounovka 1 site.. 2003). 또한 이 유적에서는 당시 동아시아에 널리 퍼져 있었던 경작체제(밭유구)가 존재했음이 확인되었다. 2003년도 발굴의 동쪽 구역인 4-10, И-3구획(도면 7)에서는 명갈색 사질토 층에 일정한 간격으로 암갈색을 띤 토층이 방형으로 파인 것이 확인되었다. 밭 이랑 사이의 간격 은 20~22cm이다. 이랑의 윗부분은 상층 토층의 영향으로 약간 밝게 되어 있었다. 이랑의 밑 부분은 크로우노프카 주민들이 거주한 층에 위치한다. 이런 형태의 이랑은 하나의 작물을 재배하기 위한 것이다. 고지리학자 A.M. 코로트키는 해안가의 단면에서 거름이 차있는 고대의 구덩이를 발견했는 데, 이는 경작체제의 존재를 증명한다고 볼 수 있다. 거름은 이랑을 이용 한 경작체제에서 집중적으로 이용된다고 알려져있다(가린 1916).

　주거지 1,2,5,7,8,9호에서는 주철제 철부가 발견되었는데, 브로댠스키는 이를 굴지구와 연관시킨다(브로댠스키 외 1984 33,45). 물론, 그 용도는 그보 다 훨씬 다양할 수 있다. 곡물자료의 요리와 관련된 유물로는 바닥에 구멍 이 뚫린 발형토기를 들 수 있다(브로댠스키 외 1984 32, 그림 7). 아마도 이 유 물은 동아시아 여러 지역에서 쓰이는 시루와 같은 용도였을 것이다.

　브로댠스키가 지적한 데로 빵을 굽지 않고 밥을 지어 먹었다면 주거지에 갈돌이 없는 이유가 될 수 있다. 하지만 필자가 발굴한 주거지 10,11호에 서는 몇 개의 갈돌과 갈돌봉이 출토되었는데, 모두 희미하게 사용된 흔적 이 있다. 이들 도구들은 단지 재배된 곡물뿐 아니라 채집된 곡물들을 가공 할 때에 사용될 수도 있다.

　이 유적에서는 농경이외에도 가축을 친 증거도 확인되었다. 이 주민들은 개, 돼지, 소, 말 등을 키웠다(오클라드니코프 외 1984, 106). 강아지풀의 씨앗, 대량의 갓 겨자 씨앗 등은 채집생활의 존재를 보여준다. 사냥의 증거로는

멧돼지, 꽃사슴(Cervus nippon), 백두산 사슴(Cervus elaphus L.), 새 등의 뼈
가 출토된 바 있다(브로댠스키 외 1984 45). 어로의 증거는 발견되지 않았다.

수공업은 노동도구로만 확인된다(도표 1). 그중에는 방추차, 방직(가장자
리에 구멍 뚫린 토제원판), 골제와 철제 바늘, 토기생산(토기마연구), 금속가공
(망칫돌, 모룻돌, 숫돌) 등이 있다(오클라드니코프 외 1968, 209). 12호 주거지에서
는 연옥으로 만든 장신구와 철기가공품이 출토되었다.

코르사코프스코예-2(도면 1-8)의 주민은 보리, 그리고 아마도 강아지풀
을 길렀다. 식물유존물은 노지 근처에서 집중되어있다. 잡초로는 십자과의
씨앗만 발견되었다. 수산(蓚酸), 명아주의 씨앗은 아마도 채집생계를 의미
한다. 두 생계경제를 증명하는 도구로는 1점의 갈돌만 발견되었다. 탄화된
곡물덩어리도 발견되었지만 식물학적인 분석을 할 수 없었다.

가축으로는 돼지 또는 멧돼지의 턱뼈가 미약하나마 알 수 있다. 다량의
동물뼈에 대한 동정은 이루어지지 않았기 때문에 새 뼈가 있다는 것 이외
에는 사냥에 대한 별다른 자료는 없다. 사냥과 관련된 유물로는 물론 무기
로도 간주할 수 있는 철창이 있다. 어로로는 동정할 수 없는 물고기의 뼈
와 비늘이 소량 발견되었다.

수공업으로는 방추차, 토기생산(토기마연구), 금속가공(망칫돌, 마연구) 등이
있다.

두 주거유적에서 농경과 채집의 증거를 비교한다면 기본적으로는 동일
하다는 것을 알 수 있다. 대체로 크로우노프카-1의 10호주거지에서 다양
한 식물학적 유존체가 나왔기 때문에 가장 보존상태가 좋은 것으로 간주
할 수 있다.

사냥과 가축에 대한 분석은 코르사코프스코예-2 유적에서의 동물뼈 분
석이 별로 없기 때문에 비교할 수는 없다. 하지만 출토된 유물과 주변경관
이 비슷하기 때문에 두 유적의 생계경제는 대체로 동일했다고 판단된다.

주요 생계수단은 농경과 그에 연관된 가축이었을 것이다.

크로우노프카 주민들은 연해지역으로 진출할 때에 서로 다른 자원기반을 가지고 있었기 때문에 2가지의 문화적 적응양상을 보였고, 이로 두 가지의 취락그룹이 형성되었다.

3) 亞내륙 그룹의 유적 (그림 1-III-A)

올레니 A 유적은 전면 발굴되었지만(그림 1), 그 출토 유물은 일부분만 공간되었다(오클라드니코프 외 1968, 브로댠스키 외 1984). 그럼에도 불구하고 내륙지역의 유적들과 비교할 때, 본 유적은 연해주 남동의 크로우노프카 문화를 대표한다. 문화층의 흙을 부유선광방식으로 분석하지 않았기 때문에, 식물유존체에 대한 어떠한 직접적인 증명을 할 수 없다. 그러나 이 점에 관해서는 주거지 4호 출토의 수확용 석도편으로 간접적으로 추측해 볼 수 있다(브로댠스키 외 1984).

사냥과 가축의 존재를 직접 증명할 수 있는 유물은 없으나, 어업에 대한 증거로 다양한 형태의 어망추가 발견되었다. 어망추는 강돌 혹은 현무암제로서, 두 개 혹은 4개면에서 떼어낸 흔적이 있다(브로댠스키 외 1984).

출토유물 중 도구는 수공업을 어느 정도 복원해 볼 수 있다. 석부와 철도는 나무를 다듬는 목공업에 사용된 것을 비롯해서, 토기제작(두형토기를 만든 제작공방터), 온돌의 석재를 다듬는 석공업이 필요했을 것이다. 또한 방추차(방직업)과 금속제작(납을 제련한 흔적 및 청동제 숟편)이 있다. 유적 내에서 제작장소의 분포는 이들 주민들 사이에 작업에 따른 분화가 분명히 이루어지지 않았음을 의미한다(안드레예바 1977).

라트나야-라즈예즈드 유적의 주민 경제활동은 숯이 남아 있던 주거지 발굴을 통해서 가늠해 볼 수 있다. 여기서는 직접적인 농경의 증거(재배된 식물 유존체)가 확인되지 않았지만 그렇다고 농경활동이 없었다고 결론 내릴 수만도 없다. 돼지 이빨이 출토된 것은 가축업의 존재를 증명하기 때문이다. 왕머루씨와 갓 겨자씨를 보아서 채집활동도 이루어졌다. 그 외에도 비록 한 점 씩이지만, 명아주(pigweed), 천일홍(amaranth), 별꽃(chickweed)의 씨와 여뀌 열매도 채집 대상물이었던 것으로 추정된다(표 2). 간접적이지만 이 유적의 선사인들은 농경과 채집활동에 석도(수확도), 갈판, 갈돌을 이용했던 것으로 추정되고, 돼지를 길렀던 것으로 생각되기 때문에 수렵채집 단계의 사회라고 보기는 어렵다(표 1).

납작한 강돌로 제작된 어망추도 어업의 증명이 된다. 그리고 출토된 황벽나무(amur cork tree, Phellodendron amurense) 껍질의 경우 우데게이 족이 낚시찌를 이 나무를 이용해서 제작한다는 것을 참고해 볼 수 있을 것이다(포드마스킨 1984).

라트나야-라즈예즈드 유적에는 수공업을 위해서 필요한 석기를 제작을 위한 도구로 연마기, 갈돌봉이 있고, 금속가공으로는 연마기, 망치가, 목재가공도구로는 목재 편이 있다. 그밖에 자작나무 껍질, 양인석부와 단인석부 등이 있다(그림 6.34).

키예프카 유적에서 경제활동은 전반적으로 식물 유존체와 그에 사용된 도구로 복원가능하다. 이 발굴에서는 주거지 3, 4, 5, 6호의 내부토 중 80% 정도를 부양법으로 분석하였다. 주거지 2호에서는 완형토기내의 흙만을 분석하였다. 그 결과, 3, 4, 5, 6호의 곡물은 크로우노프카-1 유적(주거지 10, 11, 12호), 코르사코프스코예-2, 세이퍄트노예-1 유적들과 비교가 유용할 정도로 대량이고 양호한 것으로 분석되었다.

경제활동 복원은 유적에서 주거지가 설치된 편년 순서에 의해서 논의될 것이다. 유적의 첫 단계인 주거지 2호, 5호, 6호에서는 수수와 보리가 확인이 되었는데, 수수가 양적으로는 많다. 5호 주거지에서는 대량의 탈곡한 수수가 발견되었고, 보리도 1점이 확인되었다. 강아지풀(foxtail)의 열매, 명아주와 천일홍의 씨, 수영과 겨자열매는 보리와 기장에 비해서 상당히 적기 때문에 경제활동에 커다란 영향을 미치지 않은 단순한 잡초 정도로 생각할 수 있다.

두 번째 단계의 주거지 3호와 4호에서는 훨씬 다양한 종류의 곡물이 출토되었다. 주거지 3호에서는 수수와 보리, 그리고 잡초로 강아지풀과 천일홍이 소량 확인되었고 주거지 4호에서는 재배된 식물은 확인되지 않고 갈퀴덩굴류(bedstraw) 같은 잡초와 기장 한 점이 확인될 뿐이다. 두 번째 단계의 양호한 주거지 잔존상태를 고려할 때라도, 이러한 식물종류의 변화는 첫 단계에서 두 번째 단계로 농경의 역할변화를 추정해 볼 수 있다. 수수 혹은 수수종의 곡물이 증가하고 보리가 줄어든다는 것에 주목할 필요가 있다. 이것은 보리 혹은 밀이 수수보다 훨씬 잘 자람에도 불구하고, 주변 환경과 해안가 지대의 조건이 수수의 경작에 적당했을 설명하는 것이다(샤블린스키 1934, 39).

첫 번째 단계와 두 번째 단계의 주거지(주거지 4호 제외)에서 채집활동과 관계된 식물 유존체의 구성은 비슷하다. 주거지 2호와 5호에서 발견된 호두, 주거지 3호에서는 발견된 개암나무 열매(hazel), 완두콩(sweet pea) 등의 존재 또한 채집활동을 증명한다. 두 단계의 주거지에서 출토되는 도구는 갈판, 갈돌, 마연봉, 석도(주거지 4호와 6호)는 농경과 채집을 뒷받침하고 있다. 가축업과 사냥에 대한 자료는 확보되지 못했다. 양 면을 떼어낸 납작한 강돌제 어망추는 어로 활동에 대한 자료이지만, 주거지에서 대량으로 확인된다고 해서 반드시 어업에 중점을 두었던 건 아니다. 왜냐하면 유적 주변의 강가에서 이와 유사한 어망추들이 확인되기 때문이다.

수공업은 오직 도구를 통해서 복원가능하다. 전체적으로 도구의 형식은 두 단계 대부분 주거지에서 거의 같은 패턴이기 때문에 전체를 총괄해서 볼 수 있다(표 1). 여기서 마연기, 단단한 물질을 다듬는 갈돌봉, 방추차는 토기제작, 추 · 연마기 · 망치는 금속제작, 마연기는 석기 제작으로 분리할 수 있다. 목기 제작과 관련해서는 석부, 석착, 석도 등의 석제 도구를 제외하고도 목재 편과 자작나무 껍질을 통해서도 가능할 수 있다. 잔존한 목재 편을 통해서는 선사인들이 어떻게 주민이 통나무를 쪼개서 쐐기로 만들고, 대패질 하고, 다듬고, 두드리고, 구멍을 뚫고, 마무리 손질 같은 방법을 통해서 목기구를 제작했는지 알 수 있다. 뿐만 아니라 연해주와 아무르 지역의 고아시아족이 잘 만드는 자작나무를 이용한 목공예(시렌크 1889; 스몰랴 1966; 포드마스킨 1984)도 이 유적에서 이루어졌음을 자작나무 껍질 등을 통해서 추정할 수 있다. 주거지 내부에서 노동도구가 집중적으로 출토되는 부분이 있기 때문에 작업공간으로 추정되는 구역을 분리할 수 있다. 하지만 주거지 별로 작업의 분화가 있었는지는 밝힐 수 없었다.

석기 제작에서 가장 확실한 특징 보여주는 것은 어떤 특별한 용도가 없는 강돌제의 도구이다. 반면에 용도가 분명한 석기로는 단인 석부 2점, 양인 석부, 수확용 석도 2점이 출토되었을 뿐이다.

출토된 석기의 분포가 정형을 띠는 경우는 6개의 주거지 중에서 3개 주거지에서만 보인다. 주거지 4, 5, 6호에서 출토된 모든 강돌제 유물은 사용흔의 분석을 했고, 주거지 1, 2, 3호의 출토품은 육안으로 사용흔이 남아있는 것만을 대상으로 했다. 그렇기 때문에 3기 주거지(주거지 4, 5, 6호)의 도구는 사용흔한의 분석을 한 결과는 크로우노프카-1, 코르사코프스코예-2, 세이퍄트노예-1, 라트나야 등에서 출토된 자갈제 유물에도 비교 · 대입할 수 있다.

소콜치 유적의 생계활동은 일부분만 발굴된 주거지 3기를 통해서 기본적인 것은 복원 가능하다(안드레예바 1960). 이 유적에서 농경은 증명되지 않았다. 그러나 해안가와는 분리되는 대륙성 기후와 함께 강의 계곡부에 위치한 유적의 입지, 비옥한 옥토(안드레예바 1960). 수확 도구, 돼지뼈(안드레예바 1977) 등 몇 가지 자료는 간접적으로 농경을 증명한다. 어망추와 사슴뼈 등이 발견되었기 때문에 어업과 사냥이 행해진 것으로 보고 있다(안드레예바 1970). 수공업은 석제 단인 석부와 양인석부 등으로 이루어진 목기 제작과 더불어 철제 편(철도?), 방추차 등으로 보아 다양했던 것을 알 수 있다.

라조지구의 소콜로프카 강 상류에 위치한 셀로마예프 클류치 유적에서는 기원전 2천년기 중반이라는 절대연대치가 제시된 바 있다(2610 B.P. IAAA-32007). 식물체로는 보리, 재배된 콩, 수수, 차조기, 대마 등이 동정되었다. 추수에는 석도가 사용된 것으로 보인다. 수공업에는 마제 유견석부와 단면 원판형과 원뿔형 방추차, 자갈돌 등이 사용되었다(슬렙쵸프 외 2008).

4) 해안 그룹 유적(도면 1-III; 표 1)

해안 그룹 유적의 경제활동에 관해서는 거의 알려져 있지 않다. 해안가에 위치한 멜코보드나야-3 유적(그림1)에는 납작한 추형 어망추가 널려 있었다(안드레예바 1977). 발렌틴-페레세예크의 파손된 크로우노프카 문화층에도 석부와 두 개의 어망추가 보고되었다. 한 점은 양면을 떼어낸 강돌로 만든 납작한 어망추로 다른 유적에서도 많이 확인되는 것이다. 두 번째 어망추는 좀 더 크며 원형 혹은 타원형으로 끈을 묶기 위해서 양 면에 홈을 판 것이다. 어망추는 전자의 것이 훨씬 무겁고 큰 그물에 이용되었는데, 크로우노프카 유적에서는 처음 확인되는 것이다. 페트로바 섬 유적에서는 두 형식의 어망추가 확인되었다(브로댠스키 외 1984, 37, 도면 10).

두 형식의 차이점은 거의 없다. 납작하고 작은 어망추는 그물에 이용된 것으로 해류가 있는 곳에서 떠다니며 물고기를 잡는 데에 주로 이용되었다. 그와는 다른 큰 어망추는 그물을 고정하고, 물 속(바다)에서 세우는 데 사용된 것이다.

이런 형식의 어망추가 나오게 되는 것은 해안가 그룹 유적의 어로 활동

뿐만 아니라 기술의 발달과도 관계된 것이다. 이러한 추정은 다음과 같은 사실로 간접적으로 뒷받침된다. 멜코보드나야와 페트로바 섬 유적은 아주 해양 자원이 풍부한 곳에 위치하였다. 이와 관계되어서, 발렌틴-페레세예크 유적 주변의 바다로 합류되는 발레틴노프카 강의 유량은 400~600마리의 송어가 잡힐 정도인데, 이는 유적의 식료로는 턱 없이 부족하다. 페트로바 섬 주변의 바다와 합해지는 강의 유량은 아마도 더 작은 것이다. 이것은 유적이 강 자원보다는 바다 자원에 더 의존했다는 사실을 반영하는 것이다.

5. 크로우노프카 문화의 생계 방식의 변화.

기본적인 자연 자원의 변화는 실제로 고고학적 유물이 보여주는 것과 다른 점을 감안한다면, 생계방식의 변화에는 그 당시의 환경변화가 가장 큰 원인이었다는 점에 주목해야 할 것이다.

이러한 자료를 종합해서, 크로우노프카 유적들의 생계방식 변화의 역동성을 복원해 보고자 한다. 크로우노프카 그룹과 한카호 그룹의 주거지들은 가장 생계활동이 활발했던 곳으로, 필요한 자원을 풍족하게 이용할 수 있는 자연환경으로 이루어진 탓에 인구 밀도가 높았다. 크로우노프카 유적들이 남동쪽(올레니-A, 므노고우도브노예, 쿠레린노프 클류치)으로 퍼질 때, 생산경제에 유리한 자원은 줄어들었으며, 이에 따라 주변환경의 자원을 적극적으로 이용하게 되었다. 이에 따라 주민들은 두 가지 방법의 생계경제 방법을 찾게 되었는데, 각각 다른 경관에 입지한 유적은 두 유형으로 나누어지게 되었다. 하나는 亞내륙유형으로 농경활동의 비율이 낮아지면서 다른 부분(어로, 채집?)활동 부분이 발달하여 모자라는 부분을 채우게 되었다. 또한 경작하는 곡물의 종류도 바뀐다. 또 한편으로는 해안가그룹의 유적에서 연어가공이나 해양 어로 활동과 같은 경제 활동에 높은 의존도를 보인다(Yesner 1980: 733).

경제활동 복원에 대한 상대적인 현상은 생계 경제 방식의 변화를 두 가지로 나누어 볼 수 있다. (1) 농경 역할의 감소 (2) 강안과 해안 어로 활동의 발달이다. 아마도 농경의 역할이 감소하면서 어로활동이 대폭 확대된 것으로 보인다.

물론, 크로우노프카인의 생계방식을 완벽하게 복원하기에는 자료가 충분하지 못한 실정이다. 그러나 현재 정보는 유적이 분산될 때 다양한 자연환경의 결과로 형성된 환경-생계적인 그룹으로 나뉜다고 추정할 수 있다.

다음으로는 농경 방식의 복원과는 별도로 생계 활동의 역동성을 살펴보고자 한다. 힘든 점 중에 하나는 아직까지 재배된 식물의 모든 종류를 알지 못하고, 각 시대별로 연구대상 지역의 식물을 비교할 수 없는 것이다.

크로우노프카 문화 내에는 석기의 용도로 알 수 있는 아주 다양한 수공업이 있었음을 알 수 있다(표 1). 이들 석기는 대량의 자갈돌 도구가 사용되었고 사용면을 마연한 형태가 분명한 석기들은 소수가 이용되었음을 알 수 있다(안드레예바 1977).

연해주 남부의 얀콥스키 문화 유물과 비교하면 크로우노프카 문화의 석기 도구는 다양한 편인데 이러한 현상은 크로우노프카 문화의 시작 단계부터 그러했다. 말라야 포두세치카, 페샨느이-1, 슬라뱐카-1, 올레니, 차파예보-1과 같은 유적들은 아주 많은 마연 도구, 사냥 도구, 무기 등에 사용된 석부, 끌, 수확용 칼, 석촉, 석검 같은 다양한 형식의 석기들이 출토되었다(안드레예바 1997, 안드레예바 외 1981, 코노넨코 1982). 만약에 키예프카 유적과 비교한다면, 마연 석기의 비율은 전체 석기의 4%이지만 얀콥스키 문화유적에서는 40~50%에 달힌다. 또한 얀콥스키 문화외 마제기술은 매우 높은 수준이어서 진정한 마제석기 기술의 정점을 이루었다(쥬시호프스카야 외 1987).

크로우노프카 문화의 유적에서 출토된 석기들은 그 이전 단계과 비교할 때 전반적으로 마제 석기의 역할과 마연 기법의 사용이 줄었음을 발견할 수 있다. 이것은 철기가 퍼지는 것과 관계가 깊다. 이것에 관해서는 금속 제작에 관련된 것으로 각기 다양의 갈돌제 도구가 증명이 된다(표 1). 또한 철기의 형식과 수가 증가하는 것도 이러한 점을 뒷받침한다(안드례에바 1977, 브로댠스키 외 1984).

크로우노프카 문화 내에서 석기와 철기의 상관관계를 살펴본다면 서쪽에서부터 동쪽으로 가면서 철기 양이 감소하며 반대로 석기는 증가하는 현상이 관찰된다. 아마도 이것은 금속 제작의 중심지는 이 문화의 서쪽과 가까운 것으로, 철제의 중심지가 서쪽이라는 북한 고고학자의 견해와 일치하는 것이다(리병선 1967).

6. 크로우노프카 문화의 인구적 작용요인
(demographic parameters)

본 장에서는 각 취락의 인구수, 사회구조, 취락의 분산, 그리고 주민 인구의 변화를 살펴보겠다. 유적의 사회-인구학적 변화는 문화 적응 과정을 복원하는 중요한 요소이다. 또한 이를 통해 특정한 사회-경제 체계가 얼마나 효과적으로 작용했으며 일정기간 주민들은 그를 어떻게 이용했는지를 밝힐 수 있다.

1) 유적과 주거지의 인구-사회적 파라미터

가장 신뢰할 수 있는 유적의 인구수, 사회의 구조, 인구의 변화는 주거지의 면적, 취락유적, 취락군, 그리고 전체 문화의 범위를 통해 알 수 있다(마손 1976: 101).

가) 주거지의 전체 특징

움집의 구조를 가진 수혈 주거지는 크게 두 가지의 유형이 알려져 있다. 첫 번째 유형은 방형에 가까운 장방형으로 평면적은 9~48㎡이고, 깊이는 0.1~0.5m 정도이다. 주거지의 중앙에 기둥(4~6)이 배치되었고, 평면형태는 문 시설이 달린 凸자형 주거지이다. 이러한 주거지의 지붕은 사각형이며, 때때로 벽감 시설이 확인되기도 한다. 벽은 흙벽을 쌓았던 흔적이 확인되기도 한다. 주거지 복원은 니브흐의 주거지를 참고로 하였다. 이들 주거지는 생활공간과 작업 공간이 나누어진 것이 특징이다. 작업공간은 항상 문 주위에 위치하는데, 그곳에서 대량의 곡식, 토기, 노지, 온돌 장치, 제작 장소 등이 확인되고, 생활공간은 반대편에 위치한다. 첫 번째 유형의 주거지는 크로우노프카 문화의 유적에서 가장 일반적인 것이다. 이러한 형태는 동북아시아에서 신석기시대부터 잘 알려졌고(Chang 1977: 119), 민속지에서도 알려져 있다(쉬렌크 1889, 탁사미 1973). 두 번째 형식의 주거지는 크로우노프카-1 유적에서만 발굴되었다. 주거지의 형태는 길게 늘어난 세장방형으로 면적은 60~100㎡이다. 세장방형 주거지에서 기둥구멍과 노지는 길게 늘어나 있다. 벽은 흙벽으로 수직으로 세워졌고, 두께는 0.2m이다. 벽은 기본적으로 수직의 기둥을 세우고 가로 막대기로 고정하고, 양 면에 흙을 발라 건축하였다. 지붕은 맞배지붕 구조이다. 특히 7호와 10호 주거지는 벽에 감실 시설이 있는 것이 특징이다. 주거지 바닥의 레벨은 10호 주거지의 것이 다른 것에 비해서 약간 높다. 이들 구역은 경제활동에 쓰여졌다는 증거가 있다. 아무르 지역에는 기원전후한 시기의 주거지와 몇 몇 말갈 주거지에서 벽감과 비슷한 시설이 발굴되었는데, 곳간과 같은 경제활동과 관련된 곳으로 보았다(E.I. 데레뱐코 1981). 케렉인의 주거지를 연구한 레온티예프에 의하면 크로우노프카 문화의 주거지와 비슷한 주거지에서 벽감시설은 식량과 다양한 생산도구를 두었다고 한다(레온테프 1976). 예. 이.

데레뱐코는 O. Baba의 연구를 인용하면서 쿠릴 북부의 아이누족 수혈주거지는 두 개의 주거지를 복도 시설로 연결된 예를 지적했다(데레뱐코 1981, 101).

나) 난방시설

크로우노프카 문화의 주거지에는 3 가지 형태의 난방 시설이 확인된다. 첫 번째- 납작한 석판으로 제작된 석상형이다. 주거지 내부에는 석상형 노지는 사각형으로, 중앙에 4~6개의 기둥이 서있다. 노지는 주거지 중앙에 위치하거나 문 근방에 위치한다. 크로우노프카-1 유적의 주거지 2호와 10호는 주거지 길이 방향으로 노지와 기둥방향이 배치되었다(그림 6).

난방 시설의 두 번째 형태는 반구형태의 점토로 제작된 것이다. 이러한 형태의 시설물은 벽쪽에 위치하는데 고래를 통해서 연기가 지나가도록 하는 입구시설이다. 노지의 상체부에는 저부가 없는 통형 발형토기가 확인되는데, 아마도 이러한 시설물에는 난방뿐만 아니라 취사 행위도 있었던 것으로 보인다. 2002년 크로우노프카-1 유적(크로우노프카 1 유적, 2003)의 주거지 12호 주거지에는 이러한 시설물의 흔적이 확인되었다. 유사한 시설물은 한반도에서 이 시기 혹은 좀 더 늦은 시기에 '부뚜막' 으로 불리는 것이 알려져 있다.

세 번째 난방 형태는 온돌이다. 크로우노프카 문화의 온돌은 연해주의 선행문화나 아무르지역에서는 발견되지 않는 독특한 것이다(데레뱐코 1981, 93).

크로우노프카 유적유형과 해안가유적유형에서도 온돌은 대부분의 주거지에서 확인된다. 온돌의 흔적은 여러 가지인데, 'ㅡ' 자형, 'ㄱ형', 'ㄷ형'으로 마지막에 고래가 연결된 형태이다. 온돌은 점토로 제작 된 것과 석판 혹은 주거지의 벽을 이용한 것이 있는데 마지막의 것은 예외적이다. 이러한 독특한 난방기구는 건축 자재물이 허락하는 조건 아래서 이루어 지는 것이다.

대부분의 온돌은 주거지 바닥 보다 높게 위치한다. 연해주 중세시대에는 온돌이 아주 많이 확인되는데, 대체적으로 2~3개의 고래가 달린 'ㄷ'자형 온돌이다(주로 발해시대). 여진시대에도 형태는 비슷하지만, 발해 시대에 비해서 좀 더 좁은 것인데, 그래서 온돌은 넓고 좁게 만들어지고, 침상형으로 데워지게 되는 것이다. 이것들과는 다르게 크로우노프카의 온돌은 항상 바닥보다 높고 넓은 것이다. 온돌은 주거 공간에 만들어졌는데, 아마도 침상형으로 만들어지지는 않고, 주거공간을 데우는 기능을 했을 것이다.

페트로바 섬 유적의 크로우노프카 문화의 주거지 3호와 4호에는 2~3중 고래가 설치된 온돌이 있다. 주거지 4호의 온돌은 키예프카 유적에서 발굴된 중세시대의 것과 유사하다(보스트레쵸프 외 1980). 크로우노프카 그룹 유적그룹은 서쪽에서 동쪽으로 가면서 온돌의 구조가 단순화 되는 경향이 있다. 코르사노프스코예-2 유적에서는 'ㄷ'자형 온돌이 2개의 노지시설과 함께 확인되었다(보스트레쵸프 1987). 이것은 크로우노프카 문화의 온돌 중에 가장 완성된 형태이다.

유적의 인구학적 연구는 먼저 주거지 내에서 몇 사람이 거주했는지를 밝히고, 그 수는 사회조직과 결부시켜야한다. 이것과 관련해서는 주거지 바닥의 면적과 거주인이 어떤 상호관계가 있을 지를 살펴보자. 그를 위해서는 크로우노프카 문화의 두 단계의 각 그룹에서 다른 사회-인구학적 증거가 되는 주거지 면적 지수가 있어야 한다. 연해주 남동쪽에 위치한 해안가 유적 그룹부터 살펴보기로 하자. 이것은 가장 정확하고 유효한 '계산법'을 추측해 내기 위함이다.

다) 해안 그룹의 유적

현재까지 이 그룹에는 10개의 주거지가 알려져 있다. 6기는 키예프카 유적이고 4기는 페트로바 섬 유적이다(오클라드니코프 외 1979). 그 외에도 일부이지만 올레니-A와 므노고우도브노예 유적도 이 유형에 속한다(브로댠스키 외 1984).

위에서 살펴본 바와 같이 연해주 남동의 모든 주거지는 같은 형식의 골조 구조로 일 년 내 내 사용되었던 것으로 보았다. 주거지 바닥에서 유물 위치와 주거지 내의 기타 시설물들을 볼 때, 주거지는 같은 비율로 생활공간과 작업공간으로 나누어졌던 것으로 보았다(보스트레초프 1987-a, 보스트레초프 1987-b). 이러한 점을 고려해서 주거지를 점유에 나타난 주거지의 밀도와 사회구조를 추정해보겠다.

위에서 제시된 유적들에 대한 자료를 바탕으로 크게 두가지 방법으로 계산을 하고 그 결과를 비교해 볼 수 있다. 첫 번째는 인간에게 물리적으로 생활에 필요한 평균 주거면적과 고고유물을 통해서 주거지 바닥을 생활공간과 작업공간으로 분리해서 수치화 하는 것이다. 두 번째는 민속학적인 자료를 통한 가족의 단위크기로서, 고고유적의 주거지 밀도를 구하는 것이다. 두 번째 방법을 통해 우리가 구한 계산의 정확성을 검증할 수 있다. 그러나 더욱 흥미로운 점은 이러한 양적인 수치가 아니라, 주거지 밀도의 역동성에 대한 두 방법의 비교분석으로 제시된 방법의 적합성을 판명할 수 있을 것이다.

인간이 최소한의 편안함을 느끼기 위해서는 $1.8m^2$의 주거 공간이 필요하기 때문에, 이 수치는 주거지 밀도를 구하는데 잘 알려진 가장 최소한의 수치이다(Cook et al. 1968: 114). 이를 참조해서 위에서 언급한 주거지에서 인간이 작업공간과 생활공간을 똑같은 비율로 나누어서 사용했다고 볼 때, 크로우노프카의 주민은 평균적으로 1인당 $3.6m^2$의 공간에서 살았다는 수치를 얻을 수 있다.

이 수치를 사용해서, 주거지 내의 살았던 사람의 수를 계산해 볼 수 있다(표 5). 대체적으로 주거지 내에서는 3~6명의 사람이 거주했다는 결론이 나오고, 따라서 사회구조의 형태는 소가족이었던 것으로 볼 수 있다.

단순한 공간에서 통계적으로 소가족은 5인 이라는 조건으로 두 번째 방법으로 계산하면 각 유적에서의 주거지 밀도는 올레니-A 2.87, 므노고우도브노예 2.4, 키예프카 4, 페트로바 4.3 이다(표 5)가 된다.

키예프카 유적과 페트로바 섬 유적의 주거지는 올레니-A 유적과 므노고우도브노예 유적에서 대체적으로 큰 것으로 알려졌다.

올레니-A 유적의 주거지 2호와 페트로바 섬의 주거지 1호는 유적 내에서 주거지 크기로 차이가 나는 것이다. 전자는 3 단위 소가족으로 계산되었다. 이것은 주거지 내에서 각기 떨어져 있는 노지를 바탕으로, 그 노지를 중심으로 해서, 주거지가 3 부분으로 나누어지는 구조를 가진다는 것으로 증명된다.

크로우노프카 문화의 다른 주거지에서는 노지가 여러 개 확인 되며, 모두 같은 형태가 아니다. 대체적으로 노지 중에 하나는 온돌과 관계된 것이고 다른 것은 따로 떨어져 있으며 크기도 작다. 페트로바 섬의 주거지 1호에는 소가족의 단위에 대한 어떠한 증거도 확인되지 않았다. 하지만 청동제작소이기 때문에 현저하게 큰 주거지로 만들어졌다고도 설명할 수 있다.

계산된 주거지 밀도는 키예프카 유적의 주거지 6호와 비교해 볼 때 서로 상응된다. 이 주거지는 시설을 이동한 흔적이 보이는 바, 재건축 되었기 때문에 주거지 면적이 4㎡정도 늘어난 것으로 보인다.

키예프카 유적의 주거지 4호는 주거지의 구조를 복원한 바 있다. 인간의 생활과 작업과정의 모델화는 복원된 주거지 공간 11㎡에서 성인 3~4명이 대체적으로 살아갈 수 있다는 것을 보여준다.

이상의 결과를 토기와 비교해 보자. 키예프카 유적의 주거지 별 출토 토기는 주거지 면적과 상호관계가 있음을 보여준다(표 6). 주거지 2, 3, 5호 출토 토기의 양은 12~15점이다. 주거지 1호는 25점의 완형 토기가 출토되었다. 그러나 토기의 전체적인 용량은 145ℓ로 주거지 3호의 191ℓ 보다 현저하게 적다. 주거지 내부토의 토기편의 양도 주거지 별로 비슷한 상황이다(주거지 6호는 제외). 이것은 키예프카 유적에서 거주한 사람들은 대체적으로 비슷한 토기 수를 소유했다는 것을 증명한다. 그러나 이것은 저장용 토기에 해당하는 것으로 저장용 토기의 용량과 토기의 양이 아주 비슷하다는 것이다. 취사용 토기에는 이러한 확실한 관계가 없는데 이는 토기로만 음식을 조리하지 않았기 때문일 것이다. 키예프카 유적과 라트나야-라즈예즈드 유적의 3호 주거지에서는 자작나무로 제작된 토기편이 확인되었다. 그리고 키예프카 2호 주거지는 면적이 23㎡, 주거지 출토의 5개 토기 대접에서 검댕이 붙은 것이 관찰되었는데 앞서 계산한 거주인 수(주거지 면적)와 모순되지 않는다는 점을 확인할 수 있다.

즉, 주거지의 거주인은 경제활동을 하는데 있어서 소가족을 기준으로 11~15점의 토기가 평균 이었던 것으로 보인다. 동시에 토기의 전체 용량이 그 수보다 더 중요하다는 결론을 내릴 수 있다.

라) 한카호 그룹의 유적

이 그룹의 주거지 밀도는 세이퍄트노예-1(오클라드니코프 1959) 유적의 발굴로 알 수 있다. 발굴 결과 주거지는 평면형태 장방형이고, 면적은 48㎡이다. 11~15점의 토기 완형이고 석상형 노지가 주거지내에 설치되었다.

토기와 노지로 추정해 볼 때 주거지내에서는 한 단위 이상의 소가족이 거주하지 않았던 것으로 보인다. 소가족이 5인으로 이루어졌다고 가정한다면, 이 주거지에서 1인이 점유한 주거지의 면적은 9.6㎡이다. 유적내의 다른 주거지들도 비슷한 크기인 것으로 보아서 1인당 주거지 점유 공간은 비슷한 것으로 보인다(오클라드니코프 1973).

마) 크로우노프카 그룹의 유적

크로우노프카 그룹 유적의 주거지 밀도는 기본적으로 간접적인 자료를 이용해야한다. 크로우노프카-1 유적의 8기 주거지 중에서 2기만이 양호하게 남아 있는 것으로 주거지 면적을 알 수 있기 때문이다. 다른 주거지들의 면적은 발굴된 2기를 참고해서 가장 근사한 면적을 추정할 수 있다. 크로우노프카 문화의 다른 유적을 참고해 볼 때 이러한 상관관계는 아주 안정된 것으로 유적의 각 주거지에 적용할 수 있다(표 7). 크로우노프카-1 유적의 주거지 7호와 8호는 너비와 길이 비가 0.5로, 그 외의 주거지 면적을 상대적으로 구할 수 있게 되었다. 계산된 결과는 표 7이다.

그 결과 크로우노프카-1 유적의 주거지 면적은 58~115㎡이다(표 7). 이런 계산을 근거로 하면 이 주거지는 크로우노프카 문화에서 가장 큰 주거지인데, 이 주거지 거주인의 수를 규정하는 것은 복잡한 편이다. 주거지 면적을 추정했음에도 불구하고 우리는 토기를 통해서 이러한 계산을 검증할 수는 없기 때문이다. 주거지 10, 11, 12호에서는 완형 토기의 극히 일부만을 알 수 있기 때문이다.

주거지내 노지의 수와 배열은 다음과 같은 해석을 가능하게 한다. 주거지 2호에는 길이 방향을 따라서 노지 4개가 확인되었다. 그 것 중에서 2개는 아주 가깝게 위치하는데, 그중에서 한 개는 기둥구멍에 비해서 레벨이 낮은 것으로, 브로댠스키에 의하면 이 노지가 동시의 것이 아니며, 나머지 3기의 노지가 동시기의 것이라고 한다(브로댠스키 외 1984). 주거지 9호의 노지 4기와 반파된 노지 2기가 주거지 10호에서 확인되었다. 남은 주거지들의 면적은 어떤 연구를 행하기에는 너무 잔존상태가 불량하다. 전반적으로 크로우노프카-1 유적에서는 3~4기의 노지가 특징적인 것임으로 추정할 수 있다.

결과적으로 크로우노프카-1 유적의 주거지에서는 3~4 단위 소가족이 거주했던 것으로 추정된다. 이는 주거지가 50, 30, 40%만 남아있는 주거지 10호, 11호, 12호에서 출토된 토기 수가 이를 뒷받침한다(표 7). 이 주거지에서는 19, 22, 17개의 토기가 출토되었는데, 이는 크로우노프카 문화의 소가족의 평균보다는 평균을 웃도는 수치이다.

코르사코프스코예-2 유적에서 완전히 발굴된 주거지는 1기로, 그 면적은 36㎡이며 19~20개의 토기가 출토되었는데, 그중에서 7점은 저장용이다(그림 8). 그 외에, 'ㄷ' 형태의 난방용(?)의 노지가 확인되었다. 결과적으로 이 주거지는 1인당 점유 공간이 7㎡인 구성원 5명의 1단위 가족이 거주했을 것으로 추정된다.

민속학적 연구에 의하면 다음과 사실을 알 수 있다. 니브흐, 나나이, 우데게이, 아이누 등의 반지하식과 혹은 지상식 겨울 집은 주거공간이 따로 분리되어져 있지 않다. 상기의 소수민족의 주거 면적은 대략 12~64㎡이다. 보통 한 주거지 내에는 1단위 혹은 2단위 소가족이 거주하였다. 19세기 말~20세기 초의 우데기족의 보통 가족의 크기는 5~6인이었고(로파틴 1925, 셈 1973, 라르킨 1964, 탁사미 1961), 19세기말의 퉁구스족(홀로스티빈 1974), 이텔멘 족(스타르코바 1976)과 북아메리카 남서부의 민족(Hassan 1978) 또한 같은 자료이다. 주거지 면적 11㎡에서 32㎡까지에는 5인 구성의 가족이 살았던 것으로 Cooker와 Hardesty는 보고 있다(Hardesty 1977: 249).

이상 살펴본 민속학적인 자료는 고고학적인 자료와 모순이 되지 않는 것으로 보이며 그 결과는 다음과 같이 정리할 수 있다.

1. 한카호 그룹의 유적들은 가장 이른 단계의 주거지에는 1인당 주거면적이 9㎡인 한 단위의 소가족이 거주했던 것으로 볼 수 있다.

2. 크로우노프카-1 유적에서 크로우노프카 문화단계의 주거지는 1인당 주거면적이 4~5㎡인 소가족 3~4단위 혹은 다른 가족 구조인 대가족이 거주했던 것으로 보인다. 코르사코프스코예-2 유적에는 1인당 주거 면적

이 7㎡로 1단위 소가족이 살았다. 그 이유에 대해서는 두 가지가 추측가능한데, 1인당 주거면적으로 소가족이라는 가족 구조가 그대로 지속되었을 가능성과 1인당 주거 면적이 작아지면서 대가족으로 사회적 구조가 변화했을 것으로 생각된다.

3. 연해주 남동부에 크로우노프카 인이 이주했던 단계는 후기에 해당하는데, 이때의 주거지에는 1단위 소가족이 거주했고, 1인당 주거면적은 3.6㎡인 것으로 보인다. 예외적으로 올레니-A 유적의 주거지 2호는 3단위 소가족으로 차이가 있다. 이것은 전 단계의 대 단위 가족의 영향이고 첫 이주민은 동일한 주거지에 그대로 살았을 것이다.

4. 이상과 같은 연구를 통해 전기에서 후기로 이어지면서 주거지 내에서 1인당 평면적이 줄어드는 현상을 추출해내었다. 이것은 민속학적 자료와 고고학적 자료를 통한 평균 주거지 밀도 수, 주거지 크기에 따른 각기 다른 거주인의 수는 폭넓게 변화될 수 있는 것을 의미한다.

2) 유적의 분석

주거지에 대한 인구통계학은 유적에 대한 기본적인 사회적 지표로서, 유적의 거주인의 수를 구하는 방법(보스트레초프 1987)과 상응한다. 여기에는 두 가지 문제가 발생한다. 첫 번째, 고고학유적은 긴 기간 동안 몇 단계를 걸쳐 형성 되었을 가능성 때문에 분석 대상 시기와 상응하지 않을 가능성이 있다. 그렇기 때문에 단계별로 주거지가 몇 기가 존재 했는지를 설명할 필요가 있다. 두 번째로 유적이 일부만 발굴 되거나 전혀 발굴되지 않아서 주거지의 시간적 범위는 물론 전체 주거지 수조차도 파악이 되지 않는 경우다. 이런 경우 유적에서 주거지의 수를 파악하기 위해서는 전체 주거지 수 혹은 단계별 주거지 수와 유적의 크기에 대한 비를 구해서 유적의 주거 밀도수를 이용할 필요가 있다.

크로우노프카 문화의 유적 평면도를 살펴본다면 구조물의 성격을 대강 밝혀질 수 있다.

1) 유적의 구조를 이루는 요소는 수혈로서 유적의 기능·성격을 규정한다.

2) 주거지내의 장소에 따른 기능: a) 주거지의 문지와 관계된 것(키예프카)으로 주거지내의 제작, 요리 등 집안일을 수행했던 것으로 보인다. b) 주거지 내에서 조명시설과 난방 시설 등과 관계없는 곳으로, 온돌 축조를 위해 석판을 제작하던 곳(올레니-A)(브로댠스키 1968)으로 나눌 수 있다.

3) 굴입주 건물지(크로우노프카-1)

4) 지상식 건물지(크로우노프카-1)

5) 저장구덩이(코르사코프스코예-2)

유적 내에서 위와 같은 요소는 유적을 전면 발굴 하지 않고, 문화층의 잔존 상태가 차이가 났기 때문에 실제로는 많은 차이가 많이 난다. 가장 심한 곳은 크로우노프카-1 유적이다.

발굴된 유적일지라도 동시기의 주거지와 다른 목적의 건물의 수를 함부로 규정하는 것은 안 되기 때문에 유적의 전체적인 모습을 복원하는 것은 아주 힘들다. 그렇기 때문에 발굴된 주거지의 평면뿐만 아니라 유적에서 시설물의 위치 또한 고려되어야 한다.

크로우노프카 문화에서 유적의 수혈 배치도는 2가지 형태로 불규칙형과 선(線)형이다. 아마도, 대부분의 유적은 불규칙형이며, 선형은 강을 따라서 주거지가 일렬로 자리하고 있는 크로우노프카-1 유적에서만 확인되는 것으로, 문은 강쪽으로 난 것으로 보인다.

키예프카 유적과 올레니-A 유적에서도 산맥을 따라서 수혈이 늘어서는 (브로댠스키 외 1984) 선형의 평면형태가 일부 주거지에서 보이기는 한다. 그러나 다른 주거지는 불규칙 형으로 배치되고, 그나마 발굴된 주거지의 장축 방향과 문지가 차이가 있다. 아마도 이러한 주거지의 배치상태는 부분적으로 돌출되는 특징을 가지는 유사선형 배열 방법인 것으로 보인다.

가) 세이퍄트노예-1 유적

유적평면의 정확한 면적은 알려지지 않았다. 단지 항공사진을 통해서 보면 5000~7000㎡정도인 것으로 보인다. 유적에는 20기 이상의 수혈이 있었고, 크기는 비슷하다. 주거지 간의 특별한 정형은 보이지 않는다. 니브흐형으로 주거지가 복원된다면 주거지가 동시기에 존재했을 가능성은 없다. 만약에 중복되는 주거지의 경우는 1기만을 계산한다면 한 시기에 각 주거지에 1단위의 소가족이 살았던 20기의 주거지가 있었던 것으로 계산할 수 있다. 따라서 유적에는 100~120명이 살았던 것으로 추정된다.

나) 크로우노프카-1 유적

유적의 면적은 12,000㎡이다(오클라드니코프 외 1969-a, 그림 6). 우리는 먼저 유적에서 주거지 배열이 선형이고, 각기 다른 시기의 주거지로 2개의 그룹으로(주거지 2, 7, 9호와 주거지 5, 1, 8호) 나누어짐을 밝혔다. 이것을 고려한다면 유적의 건축계수는 정확하게 333이고, 동시기의 주거지 수는 36기가 된다. 이것으로 거주인을 계산하면 540(36×15) - 648(36×18)명이다. 필자가 발굴한 주거지는 일부만 조사된 것으로 인해서 계산되지 않았지만, 이 수치와 모순되지는 않는다. 코르사코프스코예-2, 야코노프카, 크로우노프카-2 유적들도 대략 크로우노프카-1 유적과 비슷한 면적이었을 것으로 생각된다.

다) 올레니-A 유적

유적의 평면적은 1000㎡로 전면 발굴되었다(브로댠스키 외 1984). 10기의 주거지 중 5기는 구릉의 가장자리를 따라서 위치하고 있다. 주거지 사이의 거리는 5~7m이다. 주거지 사이에는 제작 장소의 흔적이 남아 있다. 모든 시설물은 동시기의 것으로 보고 있다(브로댠스키 외 1984). 이를 고려하면, 유적의 건축계수는 111이고, 유적의 인구는 55~56명이다.

라) 므노고우도브노예 유적

유적의 주거지 수는 12~15기로(브로댠스키 외 1984) 오클라드니코프는 평면적 12㎡의 주거지 1기를 발굴했다. 이를 참고로 한다면, 유적의 인구수는 60~90명 정도인데, 낮은 수가 더 정확한 것이다.

마) 키예프카 유적

유적의 평면적은 1000㎡이하이며, 그중 400㎡가 발굴되었다. 그중 크로우노프카에 해당되는 주거지는 6기고 2단계로 나누어진다. 첫 번째 단계의 주거지는 1, 2, 5, 6호 주거지이고, 두 번째는 3, 4호 주거지이다. 이를 참고로 하면 첫 번째 단계의 주거지 건축 계수는 100으로 주거지 수는 10기이며, 유적의 인구수는 50~60명이다. 두 번째 단계의 건축 계수는 200, 주거지 수는 5기, 인구수는 25~30명이다. 여기에서 계산된 주거지 수와 실제 유적에서 확인되는 수혈의 수는 일치한다.

바) 페트로바 섬 유적

오클라드니코프와 브로댠스키가 유적을 조사하였다(오클라드니코프 외 1979). 크로우노프카 유적은 40기의 주거지가 2 그룹으로 나누어진다. 이러한 특징은 평평한 곳에 수혈의 깊이가 차이가 나는 주거지의 잔존 상태로 알 수 있다(브로단스키 외 1984). 크로우노프카 주거지의 형태는 얀콥스키 주거지의 것과 가깝고, 더욱이 주거지 3호와 4호는 온돌의 형태로 볼 때 중세시기의 것으로 크로우노프카의 것이라는 증거가 없다. 이러한 점으로 볼 때, 크로우노프카 문화로 분류된 나머지 주거지도 논란의 여지가 있다. 정확한 정보가 없기 때문에 본 유적에서 자세한 계산은 할 수 없으며, 단지 키예프카 유적과 동일할 것이라는 추정만 해 볼 수 있다.

이상 살펴본 인구수의 계산을 통해 다음과 같은 결론을 내릴 수 있다.

- 각 유적은 일정한 주거지 밀도를 보인다.
- 유적의 면적이 클수록 유적의 건축계수는 작기 때문에 대형 유적일 수록 주거지의 밀도는 낮다.
- 크로우노프카 문화의 각 4 그룹 유적에서는 유적이 대형일수록 주거지의 면적이 넓어지는 경향을 보인다. 하지만 쿡과 헤이저가 제시한 것처럼(Cook et al. 1968: 114-115). 이러한 경향을 수치화할 수는 없었다.
- 유적의 평면 크기와 거주인의 수는 상관관계가 있다.

위와 같은 결과를 고려하면, 인구 통계의 변화 양상은 생계전략 변화와 관계가 있는 것으로 보인다. 크로우노프카 문화 전기의 중형(7000㎡ 이하)과 대형(10,000㎡ 이상)의 유적에서는 농경의 비중이 큰 생계경제를 영위했다. 연해주의 농경이 가장 발달할 때였고, 대가족 혹은 대단위 소가족을 가진 주거지(크로우노프카-1)가 있다(그림 6).

연해주 남동부의 크로우노프카 문화의 분산은 농경의 역할이 줄어드는 것과 관계될 가능성이 많다. 따라서 유적의 수와 소가족 단위가 감소되는 현상을 발견할 수 있다.

이와 같이 농경자원의 등급에 따라서 농경의 발달과 유적의 크기가 관계가 있음이 밝혀졌다(도면 4,5).

3) 분거[5]체계(settling pattern)

생계 시스템과 주민에서 이루어진 과정을 이해하기 위해서는 크로우노프카 문화의 이주체계에 대한 복원을 시도하지 않을 수 없다. 왜냐하면 이주체계는 토지이용의 성격과 관련이 있기 때문이다. 이주는 영역(거주)에 따른 일련의 주민 확산 과정과 그 결과로 취락 시스템에 적용된 공간 형태(이주 도식 혹은 이주 도해, settlement pattern)를 반영한다.

앞서 작은 취락들을 개별적으로 관찰하였던 연해주 동남부의 취락유적 분포의 경우, 이들은 서로서로 상당히 떨어져 있는데, 이를 통해 이들의 동시대 존재가능성을 추정할 수 있다(물론, 이에 대한 최종적인 해답은 고고학 조사가 이루어진 이후에만 가능할 것이다). 전기의 유적들(한카 및 크로우노프카 그룹 취락지)에는 근거리에 몇 개의 취락지가 분포하는 경향이 있기 때문에, 하나의 취락 그룹 또는 "거점지(гнезд)"를 어떻게 볼 것인가에 대한 문제가 발생한다(볼딘 외, 1984:85, 니키틴, 2000). 이 그룹들이 동시기에 존재했던 마을을 구성하였는지 아니면 어느 정도 긴 기간에 형성된 것인지가 확실치 않다. 즉 이들이 마을 인구의 증가 및 그에 따라 파생된 주민 일부의 새로운 취락 형성의 결과인지, 아니면 토지 이용 생산력의 저하와 새로운 토지 개척의 불가피성에 따른 주민들 중 한 그룹이 분거한 결과인지가 문제이다.

이 문제의 해결에는 취락을 둘러쌓고 있는 지역의 인구수용능력(caring

---

5) 원어로는 расселение라고 되어 있다. 원래 뜻은 '이주'라는 말로 번역될 수도 있지만, 본 고에서 이주는 migration이라는 용어로 쓰고 있으며, 여기에서 뜻은 일부 주민이 다른 지역으로 거주지를 이동한다는 다소 소극적인 뜻이다. 여기에서는 잠정적으로 분거(分居)라는 용어로 쓰기로 한다(역자주).

capacity)을 규정하는 것이 도움을 준다. 이는 일정 수준의 토지이용 유형에 있어 경관 단위 영역에 존재할 수 있는 최대 인구수로 정해진다.

일정지역의 취락 생계이용의 경관 생계잠재력을 추정할 수 있는 방법이 있으며, 이를 기반으로 이 지역 내에서 부양할 수 있는 인구수를 규정할 수 있다.

이러한 방법을 받아들일 때에는 일련의 요구조건(Hassan 1978: 73-74)을 만족시키지 않을 수 없는데, 즉 부양(扶養)모델[6], 토지이용유형, 노동생산성이 그것이다. 그러나 고고학 자료에서 이러한 요구조건을 만족시킬 수 있는 정보를 모두 획득하는 경우는 매우 드물다. 이 과제를 해결하기 위해서는 부양모델에 대한 민족지자료와 우리가 관심을 가지고 있는 지역에서의 일정유형의 토지이용에 대한 노동생산성에 주목할 필요가 있다. 부양모델의 전체 특징을 구분하고 이를 고대주민의 생계활동에 대한 고고학적 자료에 상응시키는 작업은 인구규모를 계산하기 위한 추정 근거로서 적합한 부양모델을 선택할 가능성을 제공한다. 이 과제를 해결함에 있어 부양모델에 대한 이해란 비교할 수 있는 정도 수준의 종합화를 말한다.

동아시아의 여러 나라(한국, 일본, 북중국)의 민족지자료 비교에 따르면, 부양모델은 기본적인 성격에서 유사성이 존재한다(부양의 민족지... 1981: 7, 141-1, 163, 170-1; 얀쇼프 1926: 399; 보로비요프 1975: 7; 코진체프 1980:31). 이 나라들에서 기본적인 영양 섭취원은 식물성이며, 토지 생산품이 중요한 역할을 담당한다. 이 점을 고려하면, 이 지역 여러 나라의 농경인구는 단지 농경에 따른 인구규모로 계산하는 것이 맞다.

---

6) 부양 모델은 전체 칼로리에서 탄수화물(녹말)과 단백질의 상관관계로 이루어진다(부양의 민족지...(Этнография питания...) 1981 : 4).

고고학조사를 통해 우리는 전기 크로우노프카 주민들의 생활에서 농경이 지배적인 역할을 하였음을 추정할 수 있는데, 이 단계에서 경관확정, 취락지의 크기, 도처에서 발견되는 경작된 식물과 잡초들이 보인다(볼딘 외, 1984: 84-87; 안드레예바 1984: 238; 보스트레초프 1987).

앞서 본 바와 같이, 농경이 크로우노프카 주민들의 모든 생활방식을 규정하기 때문에, 단지 농경만으로도 취락을 둘러싸고 있는 지역의 인구규모를 계산하는 것이 가능하다. 이 단계에서 이용된 수렵, 채집, 목축의 계산은 만족스런 결과를 줄 수 없는데, 왜냐하면 생계 활동 측면에서 각각에 대한 주변 흔적을 통한 생계 잠재력을 정확한 수량으로 규정하는 것이 어렵기 때문이며, 이는 단지 구역단위의 생산 체계에서만 가능하다.

농경에 따른 경관 인구수를 계산하기 위해서는 다음과 같은 것을 규정하는 것이 필요하다. 즉 농경할 수 있는 전체 토지의 수, 한 사람을 부양하기 위한 토지의 수, 다양한 농경 시스템 하에서의 토지 생산성, 농경 생산품의 영양학적 가치 또는 조사대상지역의 한해 한 사람당 일반 곡물 수요에 대한 민족지적 자료 등이 그것이다.

경작 토지의 필요량 계산에 있어, 각각의 취락지에서 생계경제에 이용되는 영역에는 각각의 취락지로부터 반경 2km이내의 영역에 농경 가능한 모든 것이 확실하게 포함되어야 한다. 이것은 생활지에서부터 경작지까지의 거리에 관한 일반적인 개념과 일치한다(원시공동사회의 역사... 1986: 332). 하지만 다양한 농경 시스템에서 거주지로부터 농경지까지의 거리는 가능한 범위 끝이 어디까진가에 따라 다양하다. 확실히, 다양한 농경시스템 내 일정한 농경문화에서 개간에 드는 노동비용이 많으면 많을수록, 생산자는 이동에 따른 비용을 최소화하기위해 거주지로부터 경작지를 가까이 두려고 노력하게 된다. 예를 들어, 벌목-화전 농경시스템에서와 같이 파종과 수확사이에 상관관계가 없었을 때에는 경작지가 취락지에서 10~15km까지 상당히 멀리 떨어질 수 있다. 반면 휴경시스템에서는 경작지의 최대 거리는 5km를 넘지 않는다(페트로프 1968: 17; 크류코프 1896: 15). 베트남에서는 논벼 개간 시에 경작지가 전체 1km를 넘는다면 유익하지 않는 것으로 간주된다(미네예프 1984: 17).

복잡한 농업기술을 사용하는 이랑 농경시스템을 이용하는 사람들에게서는 주거지를 경작지에 가장 가까이하려는 노력이 관찰된다(운테르베르게르 1900: 113; 쉬레이데르 1897: 156). 북중국에서 농경 생계를 관찰한 시마다 마사오(島田正郞)는 중국의 2리(里)(1.15km)가 농경민이 왕래할 수 있는 가장 적당한 거리라는 결론을 내렸다. 중국에서 마을 사이의 거리는 평균 2리이며, 따라서 각각의 마을에서 경작지까지는 1리에 달한다(島田正郞 1952: 288). 중세 사료에 의하면, 여진 황제가 목장을 위한 공간을 확보하기 위하여 도시에서 5리(2.88km) 떨어진 곳에 곡물을 심으라고 명령했을 때 농민들은 다른 장소로 이주하였는데, 왜냐하면 이러한 조건하에서 생계를 영위하는 것은 이롭지 못하기 때문이었다(보로비예프 1975: 224). 이러한 자료를 통해, 이랑 농경시스템에서 주거지에서 농경지까지의 거리는 생계경제의 타산을 위해서 약 1km를 넘지 않아야 한다는 것을 알 수 있다.

이러한 자료들은 우리가 토지 이용을 위한 필수불가결한 취락지의 인구수를 계산함에 있어, 취락지로부터 반경 약 0.7km의 지역으로 한정해야 함을 알려준다. 이때 경작지역의 바람직한 형태는 취락지의 길쭉한 정도에 따라 길쭉한 형태를 가질 수도 있었을 것이며, 취락지의 배치와 경작 가능 지역에 따라 타원형을 이루기도 한다.

파종 면적의 필요조건은 농경시스템에 달려있다. 동아시아에서 주도적인 농경시스템은 이랑법이다(이오노바 1960: 121; 콘스탄티노프 1925: 28; 부양의 민속지... 1981: 140, 157, 170). 전체적으로 이랑농경을 기반으로 하는 생계경제의 기본적인 특징들은 동아시아 여러 나라들에서 일치한다.

이랑 농경시스템에 대한 존재에 관해서는 크로우노프카-1 취락지의 이랑 경작지와 거름 구덩이가 증명한다. 또한 한 경작지에서 동시에 자랄 수 없는 다양한 곡물류의 존재는 윤작의 가능성을 제시한다. 이밖에 취락 장소의 선정 시 토지 생산력에 주목하는 것은 밭 농경에만 필요한 것이며, 불탄 나무재가 생산력에서 중요한 역할을 하는 벌목-화전 농경에서는 그렇지 않다.

그러나 이것이 다양한 농경시스템에서의 예에서 보듯이 가끔은 동시기에 존재했던 벌목-화전 기술의 존재를 완전히 배재하는 것은 아니며, 하나에서 다른 곳으로의 전환 형태 역시 태평양 연안 여러 나라에서 관찰된다(벨부드 1986: 163). 이와 같이 키예프카 취락지에서 초기 단계에서 후기 단계로 변화되며 숲의 수종(樹種)이 변화한다는 것은 틀림없이 체계적인 숲의 발화, 즉 벌목-화전 농경이라는 실제적인 조건들과 관련된다(보스트레초프 1985-b).

1930년대까지도 일본 큐슈와 북부 혼슈의 산악 구릉지대에서 농업 생계의 2.8%가 벌목-화전 농경을 이용하고 있었다(트레바르타 1949: 166). 큐슈섬과 한반도 남쪽 산악지대에서 벌목-화전 농경시스템은 정부가 이를 금지시켰던 1970-80년대까지도 남아 있었다.

19세기 말에서 20세기 초의 북만주와 연해주의 농업 생계에서의 기본적인 곡물수확 연구(아노소프 1928; 콘스탄티노프 1925; 코하놉스키 1909; 크류코프 1896; 톨마쵸프 1928; 샤블린스키 1934; 시파콥스키 1923; 시례이데르 1897)를 통해 이 기준에 따른 지역 서열을 추정할 수 있다(표 8).

단위면적 수확량 지수의 선택 시에 우리는 가장 작은 평균수에 주목해야 하는데, 이는 인구 수용능력은 가장 좋을 때가 아닌, 좋지 않은 해에서의 자원 잠재력이나 자원들에 달려있기 때문이다. 단위면적 수확량의 중간-최소 지수의 선택의 목적은 주민 생활 요구에 만족을 주며 그것을 넘어서면 스트레스를 발생시키는 경계선을 정하고자 하는 것이다.

곡물 평균소비량은 각 지역들에서 한 사람당 토지 필요량과 일치한다. 이 계산을 위해서는 E. E. 얀쇼프의 북만주 자료 즉, 만주 농민의 식량 중 전체에서 66%가 식물성이며 기본적으로 밭작물이라는 20세기 초의 자료(얀쇼프 1926: 35, 399, 406)가 잘 맞는다. 최하층 농민의 1년 곡물 평균소비량은 16~17.2 푸드[7], 즉 333~358kg이며, 만주 농민의 평균량은 504kg이다. 유사한 자료가 북중국에도 있으며(쿨핀 1990: 179-183; 코하놉스키 1909: 115), 곡물 평균소비량은 세계의 다른 지역에도 있다(비비코프 1965: 53: 듀비니오 외 1968: 150; 마손 1976: 105; 푸시코프 1965: 105). 최소 평균지수를 약간 초과한 이유는 북만주와 연해주에서 곡물에는 평균 무게의 약 30%에 달하는 겨 껍질이 포함되어 있다는 점을 의미하며, 또 식물성 식량이 중요한 역할을 했다는 것도 의미한다.

필자가 구할 수 있는 주요한 필요자료의 분석을 통해, 우리가 앞서 한 사람, 한 가족, 한 마을 성원들의 대략적인 평균 면적에서 벗어나, 정확한 이용 토지의 면적을 계산할 수 있다. 각 취락지에 대한 평균치까지 구하지 않더라도 인구수 자료에 따른 한카 그룹 취락지들은 주변의 집단과 농업자원을 놓고 경쟁하지 않으면서도 잠재이용토지의 24%에서 48%를 이용하면서 동시에 존재할 수 있음을 알 수 있다. 크로우노프카 그룹에서 수행된 계산들을 통해 일정한 인구수를 가진 취락지들이 잠재이용토지의 37%에서 64%를 이용하면서 동시기에 존재하였다고 추정할 수 있다.

결론적으로, 취락 그룹의 형성과정은 다음과 같이 추정할 수 있다. 이주 지역의 첫 단계에 첫 번째 취락의 주민들은 기본 자원과의 경쟁이 없는 조

---

7) 러시아 무게 단위로 1푸드는 16.38kg에 해당한다(역자주).

건하에서 빠른 속도의 발전을 이룰 수 있었다. 유사한 조건에서의 주민의 성장은 등비수열(等比數列)적으로 이루어졌을 것이다(돌루하노프 1978: 16). 인구의 성장과 함께 가구[8]의 수도 늘어났다. 이와 동시에 반경 1㎞에 개간할 수 있는 토지가 사라져갔으며, 반경 1㎞ 바깥에 있는 토지를 이용하면서 마을에서 삶을 계속하는 것은 채산이 맞지 않게 되었다. 이러한 상황에서 각 가정들은 생활할 장소를 이 경계선 밖에서 찾아야만 했으며, 이렇게 해서 새로운 마을이 형성되었다. 새롭게 형성된 마을 역시 이와 같은 과정을 반복하였을 것이다.

이와 같은 추정 복원을 통해 다음과 같은 결론을 돌출할 수 있다. 농경기술이 같을 경우, 마을의 각 그룹에서 취락 주민의 수는 이용하고 있는 토지의 비옥도에 달려있다. 그렇기 때문에 크로우노프카 그룹의 마을이 한카 그룹의 마을보다 더 크다.

연해주 내륙지방에서의 이주의 형태는 크로우노프카 그룹이 위치한 지리적 특성을 고려할 때 복잡하게 곡선을 이루며 구불거리는 강 하상이라는 지형조건에서의 이랑 토지이용 시스템을 통한 선형적인 이주 시스템의 결과였을 것이다.

내륙지방에서의 마을과 인구밀도의 증가는 틀림없이 해안지역보다 높았을 것인데, 이것은 부분적으로 농업환경 자원에 따른 생산성과 토지 비옥도와 같은 농업 발달의 조건과 관련되었을 것이다.

---

8) 원어는 ДОМОХОЗЯЙСТВО로 기본적인 농업단위를 말한다. 여기에서는 가구(家口, household)로 번역한다(역자주).

IV. 후기 농경민의 이주 복원과 그 사회-문화적 이해

위에서 살펴본 모든 자료를 통합하고 이를 기초로 하여, 해당 시기의 자연 변화와 관련된 크로우노프카 문화 주민의 문화 적응과정을 복원해 보자.

전기 단계 크로우노프카 문화유적은 내륙의 핵심 지역에 한정되어 있었다(도면 1-I). 후기 단계는 기원전 II-I세기대로 이때에 크로우노프카 주민 일부의 이주가 연해주 해안 지역인 동편과 동남편으로 이주했음이 분명하다(도면 1-II, III, IV). 토층도 및 토기의 혁신과 같은 고고학 자료들은 유적의 이주에 대한 근거가 된다. 이주는 맥이 뛰듯이 파상형으로 이루어졌을 것으로 추정된다(보스트레초프 1987-a). 이 과정을 자세히 살펴보겠다.

1. 중심지역

여기에는 서로 다른 자연환경과 농업자원을 가진 지역에서 살고 있던 크로우노프카와 한카라는 2개의 기본적인 취락 그룹이 알려져 있다. 이 두 그룹은 비슷한 생계 적응을 보여주고 있지만, 문화와 사회-인구 지수에서 약간의 차이를 보인다. 민족지적으로 이들은 이랑 농경이라는 하나의 생계-문화 유형의 틀 안에서 크로우노프카 주민의 2개의 생태-경제 그룹으로 나눌 수 있을 것이다.

크로우노프카 그룹 취락에는 라즈돌나야 강(수분하) 유역의 모든 유적이 포함되며, 이들은 연해주 생계 시스템에서 2개의 가장 중요한 부분인 농경과 목축을 위해 가장 좋은 지역을 차지하고 있다. 주민들은 이랑 농경 시스템을 이용하여, 보리, 작은 밀, 보통 수수와 조, 그리고 틀림없이 콩을 경작하였을 것이다. 다양한 곡초와 콩의 존재는 이랑 농경시스템의 필수조건 중의 하나인 윤작의 존재를 추정케 한다. 크로우노프카 강 계곡의 침수지는 질소의 부족이라고 하는 하나의 결점을 가지고 있다. 이 그룹의 주민들은 돼지, 개, 소, 말 사육을 하였다. 마을의 주민 수는 아마도 약 500명이었을 것이다(크로우노프카-1). 이랑 농경시스템을 운영했던 한국인에 대한 민족지 자료로 볼 때, 크로우노프카-1 취락지의 인구수는 한계에 가까웠다. 취락지들은 강을 따라 그룹을 이루며 서로 가깝게 분포하고 있었으며, 이렇게 하여 이주의 그림은 비록 취락 시스템이 대부분 선형을 이루지만 "거점지'라는 인상을 주게 되었다. 하나의 큰 취락지 주위에 몇 개의 작은 취락지의 분포를 통해, 몇몇 계층 그룹의 존재를 추정한 예가 있다(니키틴 2000). 그러나 이러한 추정은 주로 지표조사에 근거한 것이며, 약 100,000 m²의 면적을 가진 유적이 어느 정도의 기간에 형성되었는지 역시 불확실하다. 이랑 농경시스템에서 이러한 밀도는 믿기 어렵다. 하지만 이 지역에서 크로우노프카주민의 인구밀도와 밀집도가 제일 높음을 알 수 있다. 이 그룹은 사회 구조에서 몇 가지로 나뉜다. 우리는 개별 주거지에서 보이는 두 유형의 사회적 단위를 관찰할 수 있다. 몇몇 주거지들(크로우노프카-1)에서는 3-4개의 작은 가족 혹은 하나의 큰 가족이 살았는데, 이들은 주거 밀도가 더 높다(한 사람당 4-5m²). 이러한 집들은 주거지의 건축과 설계에서 차이를 보이는데, 이들은 평면 장방형으로 점토를 바른 수직 벽과 맞배지붕을 하고 있다. 동시에 니브흐 토르이파(торыфа) 유형의 평면 방형의 피라미드형 주거지도 남아 있는데(코르사코프카-2), 이들은 소가족용으로 추정된다. 그러나 1인당 주거지 점유밀도는 낮았기 때문에 생활수준은 높았음을 보여준다. 주거지의 배치는 이랑 농경시스템에서 일반적인 선형의 마을유형이 존재했음을 추정케 한다(도면 6). 크로우노프카 그룹에서는 거의 모든 주거지에서 확인되는 구들 난방시스템이 이 시기에 가장 발전하였으며, 반구형의 점토 아궁이의 출현이 관찰된다(크로우노프카-1, 주거지 12(3)). 여기서는 또한 토기 형태에서 가장 다양한 유형들이 분리되며(쥬시홉스카야 2004),

다양한 금속기와 장신구도 보인다.

한카 그룹의 취락지들은 한카호(興凱湖)의 서편과 남편 호안을 따라 분포한다. 이 지역은 약간 높지 않은(중간정도의) 농업기후 자원을 가지고 있다. 큰 강에 의한 계곡이 없기 때문에 주민들은 작은 계곡들로 나뉘어져 있었으며, 각각이 하나의 "거점지"를 이루었다. 농경은 생계 시스템에서 주요한 자리를 차지하는데, 즉 보리와 수수(?) 같은 경작된 작물이 나왔다. 이것은 주민들을 밀집하게 거주토록 하였으며, 취락지의 주민수는 100~120명에 달했다. 취락지의 배치는 그들이 자리했던 골짜기의 굴곡에 따라 자유로웠을 것이다. 취락지는 니브흐 토르이파 유형의 구조와 유사한 주거지들로 이루어졌으며, 이들은 작은 가족을 이루며 낮은 주거 밀도(한 사람당 9㎡)를 가지고 있었다.

여기서 강조하지 않을 수 없는 것은, 양 취락 그룹의 지역이 높은 농업기후지수를 가지고 있다고 하더라도, 이들의 구조는 차이가 있다는 점이다. 이러한 차이는 기원전 3세기이후 기후 한랭화시기에 농업기후 자원의 감소를 일으켰던 여러 부정적인 요인이 등장하면서 드러나기 시작했다. 크로우노프카 그룹에게 있어 가장 큰 환경적 압력은 강의 범람과 침수였다. 한카 그룹에게는 가뭄과 언 땅의 증가에 따른 농사기간의 감소가 가장 크게 느껴졌을 것이다. 한랭화 초기에 이러한 압력들은 틀림없이 동시에 일어나지 않았으며, 다양한 강도로 일어났을 것이다. 따라서 크로우노프카의 이주가 어느 지역에서 시작되었으며, 어떠한 강도로 일어났는지를 추정하기가 어렵다. 이것은 다양한 물질문화에 대한 깊은 연구를 통해 밝혀질 수 있을 것이다. 현 단계의 조사연구에서 우리는 가능성이 높은 추정만이 가능한데, 즉 보다 높은 인구밀도를 가지 지역으로부터의 이주가 더 활발했을 것이며, 그 지역은 바로 라즈돌나야 강 유역이었을 가능성이 높다는 것이다.

2. 이주의 원인

약 기원전 3세기에 핵심지역으로부터 일어난 이주 시작단계에서 주요한 사실은 현재보다 해수면을 0.8~1.5m 낮게 하고 동시에 해안 경관을 급격하게 변화시켰던 기후 한랭화였다. 그 결과 경제 붕괴가 일어났으며, 얀콥스키 문화 주민들의 수와 밀도가 감소하였고, 연해주 동남부와 동부의 해안가에서의 농경을 위하여 하산지역과 그 위쪽 해안지역까지로 지역이 축소되었다. 이 지역으로는 소수의 크로우노프카 주민들이 나중에 이동했을 것이며, 부분적으로 이 지역을 이용했을 것이다.

우리는 이미 위에서 크로우노프카 문화 주민들의 일부가 내륙지역에서 해안지역으로 이주한 원인이 되었고 사회적 동기를 유발시켰던 한랭화 같은 자연변화를 전체적으로 기술하였다. 이것을 일으킨 동기와 철저한 설명 및 평가는 다음의 과제로 돌린다.

3. 이주의 과정과 방향

핵심지역으로부터의 이주는 세 방향으로 일어났다. 첫 번째는 두만강 지역인 남쪽 방향이었다(도면1-Ⅱ). 이 지역의 유적조사는 지표조사 자료로 한정된다. 두 번째는 동편으로의 이주와 관련되는데(도면 1-Ⅲ), 바로 아르세니예프카 강 유역이다(연해주 아누치노 지구). 이 지역은 농업기후 자원으로는 중간정도의 지수를 갖는다. 이들의 구조는 크로우노프카 및 한카 그룹과 가깝다. 이 그룹을 아누치노 그룹으로 부르기로 한다. 10여 기의 취락유적이 알려져 있다. 이 그룹의 주민들은 크로우노프카 그룹 주민들처럼 강안 침수지에 정착하였다. 보리와 작은 밀을 경작하였다(야누세비치 외 1990: 7). 취락지의 크기는 한카 그룹의 취락지보다 작다(도면 5). 주거지들은 서로 적당한 간격을 두고 배치되었다. 니브흐의 "토르이파" 유형의 주거지로 면적은 약 30㎡으로 낮은 인구밀도로 소가족이 거주했다(도면 5). 아마도, 이 지역에서 크로우노프카 주민들은 한카와 유사한 농촌경제 적응(생태-생계 그룹)을 하였으나, 좀 덜 성공적이었다. 이 그룹 형성의 특징으로는 형성과정에 얀콥스키 문화에 가까웠던 내륙주민과의 필연적인 동화(assimilation)가 포함되어 있으며, 이는 물질문화에 분명하게 반영되어 있다(안드레예바 외 1987: 19~22; 클류예프 외 2000). 앞선 문화의 강한 영향을 볼 때 급격한 생태변화는 없었으며, 해안 그룹에서처럼 기후 한랭화가 있었음을 보여준다. 세 번째 이주방향은 동남 편이었는데(도면 1-Ⅲ, Ⅳ), 이 지역은 자원이 기본적으로 달랐으며, 이것이 주민에게는 생태적인 스트레스였을 것이다. 이 방향으로의 이주는 별도의 모델로 살펴보기 위해서 보다 정교하게 연구되었다. 그 사회-생태적 결과를 살펴보자. 도면 4에는 이주과정에서(취락지 번호는 도면 1과 같음) 취락지를 둘러싸고 있는(반경 5㎞) 지역 경내의 이주 잠재 자원의 변화를 보여준다. 핵심지역(도면 1-Ⅲ, A, B)에는 농경 자원이 우세하다. 동남으로의 이주 과정에서(도면 1-Ⅲ, A, B) 亞내륙지역으로의 전환에서는 자원의 균형이 채집, 수렵, 어로의 이용으로 바뀌었다. 우리에게 스트레스로 보이는 이러한 상황은 이주민으로 하여금 새로운 적응을 받아들이도록 강요하였으며, 이는 이주와 생계체계의 변화로 표현되었다.

주민의 일부(도면 1-Ⅲ-A: 도면 3-Ⅲ-A)는 막혀있는 계곡으로 이루어진 강 중류지역의 亞내륙지역에 정착하였다. 작은(2,000㎡까지) 취락지가 발생하였으며, 그들은 농경에 계속 종사하였지만, 그 내용은 바뀌었다. 만약 핵심지구에서 보리와 작은 벼가 주류를 이루었다면, 여기서는 亞내륙 지역에 보다 안정적인 수수곡물이 우세하다. 호도(Junglans manshurica), 개암(Corylus) 같은 다양한 야생식물의 채집과 민물 어로의 역할도 커졌다(보스트레초프 1987-a).

주민의 다른 일부분은 주로 해안지구의 하안지역을 차지하였다(도면 1-

Ⅲ-B; 도면 3-Ⅲ-B). 여기에는 각각의 작은 취락지들(3,000㎡까지)이 발생하였다. 주민들은 계속해서 농경에 종사하였으나, 생활보장 시스템에서 농경의 역할을 평가하기는 아직 어렵다. 강의 역할 증대와 바다 어로가 상당히 집중된 기술로 출현하였음을 확인할 수 있다.

이와 같이, 생활보장 시스템에서의 변화는 주변 환경의 특성과 일치한다. 기본적으로 생활보장 요소로서 농경은 남아 있다. 동편으로 이주한 사회-인구 결과는 다음과 같다. 핵심 지구에서(도면 5-Ⅰ, Ⅱ) 주민들은 강 계곡까지 뻗어있는 대형 취락지에서 생활하였으며, 그 주민은 120에서 500명에 달했다. 여기에는 대형 주거지(48~115㎡)가 특징적이며, 한 사람당 7~9㎡라는 생활밀도를 가진 대가족으로 이루어져 있었다. 열거된 지수들은 농경자원의 수준을 보여준다(도면 4-Ⅰ, Ⅱ). 동남 편으로의 이주 과정(도면 1-Ⅲ-A,B: 도면 5-Ⅲ-A, B)에서 취락지 구조가 바뀌었다. 이들은 면적이 크지 않으며 빽빽하게 분포하지도 않는다. 이러한 취락지의 주민 수는 추정 약 50~70명이다. 주거지는 크지 않으며, 높은 주거 밀도(한 사람당 2~4㎡)를 갖은 하나의 소가족이 사용한 것으로 생각된다. 물질문화에서는 다양성이 줄어들어서 즉 장신구와 철기의 수가 줄었으며, 석기와 토기의 단순화도 일어났다. 또한 이 지역에서 아직 부분적으로 남아 있던 얀콥스키 문화 주민과의 동화도 간취된다. 얀콥스키의 특징들은 아누치노 그룹에서 보다 잘 확인된다. 왜냐하면 내륙에서 얀콥스키 문화와 가까운 주민들이 생태의 변화에 있어 급진적인 변화가 아니라, 해안그룹과 같이 기후의 한랭화를 겪었기 때문이다. 한편, 해안에서처럼 亞내륙 지구에서도 동화의 특징들은 덜 나타나는데, 층위적으로 볼 때 크로우노프카인들이 얀콥스키인들에 의해 버려진 지역에 정착했다. 이것은 크로우노프카-1(오클라드니코프 외 1969-a), 불로치카(오클라드니코브 외, 1972), 올레니-A(오클라드니코프 외 1968), 키예프카(쥬시홉스카야 1979; 보스트레초프 1985-b)에서 관찰된다.

이밖에 우리가 약 기원전 3세기에서 이주와 관련하여 **빼놓을** 수 없는 것은 보다 남쪽으로의 이주인데, 이들은 한반도에서 중도식토기문화 형성에 참여하였다(수보티나 2008).

V. 결론 : 생태 조사의 종합과 전망

크로우노프카인들의 이주는 얀콥스키 문화 주민의 잔재와의 동화, 생활 보장 시스템 및 물질문화의 쇠락, 이주한 지역에서의 주민 수 및 인구밀도 감소와 관련이 있다. 이러한 변화는 크로우노프카인들이 이주의 과정에서 새로운 조건에 적응하기 위해 치른 것으로 평가된다. 크로우노프카 주민들은 핵심지구에서 가장 적응에 성공하였는데, 이 지역에서 그들의 후손은 확실히 발해국(698년) 형성기까지 살아남았다.

자연조건의 변화에 따른 문화적응 과정에 대해 우리가 실시한 복원작업이 주변 지역에서 일어났던 사건들과 얼마나 일치하는가? 앞서 언급한 바와 같은 기후 한랭화 기간의 마지막시기(기원전 8~3세기)에 있던 부정적 생태변화는 농경민들을 핵심지역으로부터 길림지역으로 이주토록 유발시켰다. 또한 약 기원전 5~3세기에 러시아 연해주에서는 크로우노프카 문화 내에 한카 그룹과 크로우노프카 그룹이라는 2개의 그룹이 출현하였으며, 마찬가지로 북한의 두만강 유역에도 취락지가 출현하였다. 크로우노프카 문화와 가까운 중도문화의 출현은 한반도의 북한강과 임진강 유역에서 있었다(수보티나 2008). 이와 비슷한 시기에 야요이 주민들의 이주가 북큐슈 섬에서도 있었는데, 이들의 물질문화는 크로우노프카 그룹과의 접촉의 징후들을 보여준다. 우리의 견해로는, 상기한 모든 농경민들의 이동변화는 자연변화에서 비롯되었으며, 변화의 핵심은 농경 자원의 감소였다. 이밖에도,

틀림없이, 이주는 자연변화에 따른 커다란 2차적 사회적 사실들을 유발시켰다. 계속적으로 관찰되는 것처럼, 서단산(西團山)문화 주민들의 사회적 복합도의 증가는 비선형적이다. 관찰된 사회적 변화의 전환기는 자연환경의 변화와 일치하며, 따라서 이는 자원의 감소에 대한 사회의 적응 반응으로 설명할 수 있다.

기원전 3세기 이후 한랭화가 심화되었던 초기 단계에 농경자원이 보다 많이 감소함에 따라, 많은 사회문화의 변화에서 분명하게 관찰되는 적응 반응이 나타났다. 이 시기에 부여국의 형성기까지 서단산문화의 주민들에게는 사회구조와 문화의 복합화가 보다 빠르게 일어났다. 이것은 틀림없이 주변 주민들의 이주과정의 활성화와 압력을 유발시켰으며, 해안지역 크로우노프카 주민 이주 초기에 일어났던 사회적 사실 중의 하나일 것이다. 한랭화의 심화와 함께 야요이 주민들도 안정된 농경자원을 찾아 이주를 시작하였다. 주목되는 점은 한랭화가 최고조에 달한 약 기원전 2~1세기에 고구려가 형성되었고, 부여와 야요이 주민의 사회구조의 복합화가 발생했다는 점이다. 이 시기에 목단강 유역에는 동강(東康)문화의 출현이 관찰된다. 유사한 상황은 이외에도 많이 있다. 이러한 자연적 변화의 경계시기에는 다양한 문화적 변화가 관찰되며, 이들은 세계의 여러 지역에서 있던 적응 반응으로 해석될 수 있다.

이와 같은 연구 결과, 크로우노프카인들의 이주의 출현과 진행은 동아시아에서 일어났던 발달된 농경민의 전체 이주 과정 중의 하나로 볼 수 있다. 이주의 동기에서 고려해야할 기본적인 두가지 사실은 사회문화 환경과 상관관계를 갖는 기후의 변화와 향후 연구할 가치가 있는 지수인 단순한 주민의 증가이다.

이러한 조사연구는 양적, 질적인 정보의 증가를 통한 고고학 자료의 보다 깊이 있는 연구로서 그 신뢰도를 높일 수 있을 것이다. 또한 이들은 동아시아 주민들의 문화 적응 과정에서 밝혀지지 않은 양상들을 복원할 수 있고, 이미 알려져 있는 고고학 자료와 사료들을 해석할 수 있는 새로운 가능성을 제공한다.

단결-크로우노프카 고고학 문화 후기농경 주민들의 문화적응 과정에 대한 연구에서 아직 해결되지 못한 일련의 문제들이 남아 있다. 지역-편년적 취락그룹 형성의 정확한 기원이 아직까지 알려져 있지 않다. 무엇보다 이것은 한카 유적들의 시기와 특성들에 대한 기원을 설명하는 것과 관계된다. 우리의 이해는 세이퍄트노예-1 취락지(오클라드니코프 A.П. 발굴)의 1기의 주거지 발굴결과와 주변 주거지에 대한 트렌치 출토 자료들 그리고 주변유적에서 수습된 자료들(보스트레초프 Ю.E.)로 한정된다. 유적 주변에는 세이퍄트노예 지구에 있는 유적들보다 훨씬 더 큰 취락지들이 알려져 있다. 또한 두만강 유역, 해안지역, 아누치노 등 각 그룹들의 취락지 역시 조사가 이루어지지 않았거나 약간만 조사된 채로 남아 있다. 이들 그룹들의 유적들을 통해 해안으로의 이주과정에서의 사회문화적 변화양상을 세부적으로 이해할 수 있을 것이다. 크로우노프카 주민들과 한반도의 중도식토기문화 주민들 간의 상호관계 역시 아직 불명확하다.

또 다른 문제는 크로우노프카 문화가 어떻게 그리고 언제 사라졌는가와 관련된다. 어떤 자연적, 문화적 과정의 결과 이러한 소멸이 일어났을까? 옥저에 관한 사료는 크로우노프카 유적의 가장 늦은 연대인 2~3세기와 맞으며, I 천년기 초에는 크로우노프카 특징들이 올가, 말갈 그리고 발해문화에서 계속되고(샤프쿠노프, 젤만 2002: 101, 106; 니키틴, 젤만 1998), "과거 옥저의 땅"에 대한 기억은 발해 시기와 그 이후까지도 남아 있다. 이 모든 것은 완만한 적응 과정을 보여주는 것이며, 연구자들의 관심을 크로우노프카 문화의 말기 취락지로 이끈다. 아마도 이들은 문화의 가장 가장자리 지역에서 발견될 수 있을 것이다.

위에서 말한 것과 관련된 또 다른 문제는 크로우노프카 주민들과 부여국의 상호관계는 어떠했을까 하는 것이다. 사료에 의하면 258년경 옥저는 몇 년 동안 부여에 종속된다(부틴 1984). 부여 확장의 이유는 불명확하지만, 이유 중의 하나는 농경 자원의 감소를 야기했던 1천년기 초의 기후 한랭화였을 것으로 추정할 수 있다. 연해주 지역의 크로우노프카 지역에 부여가 남긴 고고학적 증거는 아직 없다. 어떤 주민이 한카 그룹의 주민을 대체한 것일까?

이 문제에 대하여 우리에게는 향후 검증이 필요한 몇 가지 추론이 있다. 내 생각에 부여의 확장은 다음과 같은 고고학 자료로 도식화 할 수 있다. 즉 한카 그룹의 서편에는 세이퍄트노예-3 형식의 유적들이 있다. 알려진 몇몇 유적은 거의 파괴된 취락지이지만, 한 유적은 완전하게 보존되었으며, 조사되었다(보스트레초프 1984; 보스트레초프 1986). 우선 주거지 구조에서 크로우노프카 문화와의 유사성이 관찰된다. 그러나 이 취락지의 토기들은 전체적으로 기술적 요소에서 크로우노프카와는 차이가 있는데, 이 취락지에는 크로우노프카의 특징의 하나인 그루터기 파수달린 토기 유형이 알려져 있다. 이를 근거로 다른 유사성이 없음에도, 이 유적을 크로우노프카 문화로 귀속시키는 잘못이 벌어졌다(보스트레초프 1986). 세이퍄트노예-3 취락 유적의 사회적 성격들은 한카 그룹에서 알려진 것들과는 차이가 있다. 세이퍄트노예-3 취락지에 남아 있는 사회는 상당히 크며(주거지 53기), 세이퍄트노예 골짜기의 언덕위에 미리 계획된 설계에 따라 취락지를 축조하였는데, 이들은 방어를 추정케 한다. 이것은 부여 영역에서 세워졌던 "힐탑(hilltop)"형식의 유적들을 연상시킨다(Byington 2003: 276-277). 도래한 주민들은 그 이전 주민이나 이웃주민들보다 더 조직적이고, 공격적이며, 계층화되어 있었음이 분명하다.

이와 같이, 크로우노프카인들-옥저에 대한 현재 알려진 사료와 고고학

자료에 근거하면, 이들 유적들이 크로우노프카인들-옥적의 땅에 있는 부여 주민의 확장에 대한 유일한 증거로 추정할 수 있다. 이후에 세이퍄트노예 골짜기를 기반으로 크로우노프카 지역에 말갈문화의 대형 취락지(쿠르쿠니하-4)가 형성된다. 세이퍄트노예 골짜기의 인구 수용능력에 대한 앞선 연구에 따르면, 앞에서 언급된 취락유적들 중에서 한 시기에는 단지 하나만이 존재할 수 있었다. 이것은 세이퍄트노예 골짜기의 크로우노프카 단계이후 계층화된 사회의 출현을 포함한 이주의 문화적 연속성을 보여주는 것이다. 이에 대한 유일한 증거들은 한카 지구의 서북부에서만 보인다. 크로우노프카 토기의 이용증거를 통해 볼 때, 이들은 크로우노프카 주민들과 직접적인 접촉을 하였다. 그 이후 말갈 주민들이 출현한다. 크로우노프카인들의 소멸과정 복원 문제는 현재까지도 방어용 취락의 존재 가능성이라는 풀리지 않는 문제와 관련된다. 크로우노프카 문화의 마지막 단계에 있었던 확장에 대한 저항이나 동화의 결과로서, 이러한 취락지의 출현을 설명할 수 있다.

우리의 추정 복원들은 향후의 조사연구에 의해 검증되어야만 하겠지만, 이 연구들을 통해서 철기시대 일어난 일들을 복원하는 몇몇 문제들의 해결에 열쇠가 될 수 있다. 향후 조사연구의 성공의 기본조건으로는 야외조사의 질적 완성, 유물과 생태 자료의 균형을 이루게 해주는 방법론의 정착이 선결되어야 한다.

[참고문헌]

Андреева Ж. В. (안드레예바)

1960 Поселения раннего железного века в Ольгинском и Лазовском районах Приморского края. – МИА. – № 86. – С. 127136.

1977 Приморье в эпоху первобытнообщинного строя, железный век (I тысячелетие до н. э. – VIII в. н. э.). – М.: Наука. – 240 с.

Андреева Ж. В., Жущиховская И. С. (안드레예바 · 쥬시홉스카야)

1981 Находки на мысе Чирок (поселение янковской культуры Славянка–I). // Материалы по археологии Дальнего Востока СССР. Владивосток С. 311.

Андреева Ж. В., Вострецов Ю. Е., Иванов Г. И. (안드레예바 · 보스트레초프 · 이바노프)

1984 Хозяйственная адаптация населения кроуновской культуры на юге Приморья // История развития почв СССР в голоцене. – Пущино. – С. 237?238.

Андреева Ж. В., Жущиховская И. С. Кононенко Н.А. (안드르예바 · 쥬시홉 스카야 · 코노넨코)

1986 Янковская культура. М.: Наука. С. 216.

Андреева Ж.В., Клюев Н.А. (안드레예바 · 클류예프)

1987 Поселение железного века Анучино–1 (по материалам раскопок 1986 г.) // Новые материалы по первобытной археологии юга Дальнего Востока. Препринт. – Владивосток.

Аносов С. Д. (아노소프)

1928 Корейцы в Уссурийском крае. – Хабаровск–Владивосток:

"Книжное дело". 85 с.

Беллвуд П. (벨부드)

1986   Покорение человеком Тихого океана: Юго–Восточная Азия и Океания в доисторическую эпоху. – М.: Наука. 523 с.

Беседнов Л.Н., Вострецов Ю.Е. (베시드노프 · 보스트레초프)

1997   Морской промысел рыб и млекопитающих в раннем и среднем голоцене в бассейне Японского моря // Известия ТИНРО, Т.122. 117–130.

Бибиков С. Н. (비비코프)

1965   Хозяйственно–экономический комплекс развитого триполья (Опыт изучения первобытной экономики) – СА. – № 1. С. 48.

Болдин В. И., Вострецов Ю. Е., Жущиховская И. С. (볼딘 · 보스트레초프 · 쥬시홉스카야)

1984   – Хозяйство и география поселений Приморья I тыс. до н. э. – I тыс. н. э. // Комплексные методы в изучении истории с древнейших времен до наших дней / Тезисы докладов совещания 20–22 февр. 1984 г. М. С. 84–87.

Бродянский Д. Л. (브로댠스키)

1969   Южное Приморье в эпоху освоения металла (II–I тысячелетия до н. э.). – Автореф. дисс. .... канд.ист. наук 07.00.06 – Новосибирск. 21 с.

Бродянский Д. Л., Дьяков В. И. (브로댠스키 · 디야코프)

1984   Приморье у рубежа эр. – Владивосток: изд–во ДВГУ. С. 5–48.

Бродянский Д.Л. (브로댠스키)

1987   Введение в Дальневосточную археологию. Владивосток: изд–во

Дальневост. ун–та. 274 с.

1995 Неолит и палеометалл Южного Приморья – Автореферат ...д–ра ист. наук в виде науч. докл. – Новосибирск. 49 с.

Бутин Ю.М. (부틴)

1984 Корея: от Чосона к Трем государствам. Новосибирск: Наука. 255с.

Верховская Н.Б., Кундышев А.С. (베르홉스카야 · 쿤드이세프)

1993 Природная среда Южного Приморья в период неолита и раннего железного века // Вестник ДВО РАН. – №1. С. 18–26.

Воробьев М. В. (보로비요프)

1975 Чжурчжэни и государство Цзинь (X в. – 1244 г.) Очерк истории. – М.: Наука. С. 448.

Вострецов Ю. Е., Жущиховская И. С. (보스트레초프 · 쥬시홉스카야)

1980 Многослойный памятник Киевка в Приморье // АО, 1979. М.: Наука. С. 197–198.

Вострецов Ю.Е. (보스트레초프)

1984 Работы в пади Семипятнова в Приморье // АО, 1982. – М. – С. 193–194.

Вострецов Ю. Е., Жущиховская И. С. (보스트레초프 · 쥬시홉스카야)

1985 Опыт палеоэкологического исследования древних культур Приморья // Человек и его окружающая среда в древности и средневековье. М.: Наука. С. 71–77.

Вострецов Ю. Е. (보스트레초프)

1985 Раскопки жилищ кроуновской культуры на поселении Киевка в Приморье. – КСИА, №184. С. 60–63.

1986–а Некоторые демографические аспекты развития кроуновской культуры // XV Дальневост. науч. конф. «XXVII съезд КПСС и пробл. развития Дальнего Востока СССР и зарубеж. государств Азии»: Тез. докл. и сообщ. – Вып. 4. – Владивосток.— С. 28–29.

1986–б Метод ландшафтного анализа (на примере поселений кроуновской культуры железного века в Приморье) // Проблемы археологических исследований на Дальнем Востоке СССР "Материалы XIII Дальневосточ. науч. конф. по проблемам отечественной и зарубежной историографии». – Владивосток. С. 135–147.

1986–в Раскопки поселения Кроуновка–1 // АО, 1984. – М.,– С. 170–171.

1986–г Система расселения и демографическая емкость ландшафта // Проблемы социальной экологии: Тез. докл. первой Всесоюз. конф. (г. Львов, 1–3 окт. 1986 г.). – Львов. – Ч. 2. – С. 66–67.

1986–д Раскопки поселения падь Семипятнова–3 в Приморье. – КСИА, №186. С. 99–104.

1987–а Жилища и поселения железного века юга Дальнего Востока СССР (по материалам кроуновской культуры) : автореферат дис. … канд. ист. наук : 07.00.06. – Л. – 23 с.

1987–б Кроуновская культура в Приморье // Проблемы краеведения в Приморье: Тез. докл. науч.–практ. конф., 23–27 марта 1987 г. – Уссурийск. – С. 66–67.

1987–в Некоторые демографические аспекты развития кроуновской культуры // Вопросы археологии Дальнего Востока СССР. – Владивосток. – С. 34–42.

1989   Демографическая емкость ландшафта и системы расселения на юге
       Дальнего Востока: [I тыс. до н.э.] // Комплексные методы
       исследования археологических источников: Материалы к V совещ.
       21–23 нояб. 1989 г. – М. – [Ч. II]. – С. 8–9.

1996   Взаимодействие морских и земледельческих адаптаций в бассейне
       Японского моря // Приморье в древности и средневековье :
       Материалы регион. археол. конф. – Уссурийск. – С. 17–23.

2005   Взаимодействие морских и земледельческих адаптаций в бассейне
       Японского моря // Российский Дальний Восток в древности и
       средневековье: открытия, проблемы, гипотезы. Владивосток:
       Дальнаука. С. 159–186.

2006   «Поворотные моменты» в культурной эволюции древнего
       населения Приморья // Археология, этнография и антропология
       Евразии. – №3 (27). – С. 25–32.

Вострецов Ю.Е., Жущиховская И.С. (보스트레초프 · 쥬시홉스카야)

1987–а Поселение кроуновской культуры Корсаковское–2 в Приморье //
        Новые материалы по первобытной археологии юга Дальнего
        Востока / АН СССР. ДВО. ИИАЭ. – Препр. – Владивосток. – С.
        23–30.

1987–б Экологический фактор и заселение Приморья в железном веке //
        Методы естественных наук в археологии. – М. – С. 23–29.

1990   К вопросу о канах на памятниках кроуновской культуры Приморья
        // КСИА. — Вып. 199. – С. 74–79.

Вострецов Ю.Е., Макарова С.В. (보스트레초프 · 마카로바)

1987–в Исследование ботанических остатков на поселении Киевка в

Приморье // Исторические чтения памяти М.П. Грязнова: Тез.
докл. обл. науч. конф. – Омск. – Ч. 2. – С. 17–19.

Янушевич З.В., Вострецов Ю.Е., Макарова С.А. (야누세비치 · 보스트레초
프 · 마카로바)

1990   Палеоэтноботанические находки в Приморье: Препринт. –
Владивосток : ДВО АН СССР. – 24 с.

Гарин Н. Г. (가린)

1916   По Корее, Маньчжурии и Ляодунскому полуострову (Из
путешествий вокруг света) / Полн. собр. соч., т. 5. – Петроград.
298 с.

Деревянко Е. И. (데레뱐코)

1981   Племена Приамурья, I тысячелетие нашей эры. (Очерки этнической
истории и культуры). – Новосибирск: Наука. 334 с.

Долуханов П. М. (돌루하노프)

1978   Истоки миграции (моделирование демографических процессов по
археологическим и экологическим данным) // Проблемы археологии
/ Вып. 2. Сб. статей памяти проф. М. И. Артамонова. Л.: Изд–во
ЛГУ. С. 38–43.

Дювиньо П., Танг М. (뒤비니오 · 탄그)

1968   Биосфера и место в ней человека. Экологические системы и
биосфера. – М.: Прогресс. 254 с.

Леонтьев В. В. (레온티예프)

1976   Поселения и жилища кереков // Экономические и исторические
исследования на Северо–Востоке СССР. Труды СВКНИ, Вып. 67.
– Магадан. С. 153–164.

Жущиховская И. С. (쥬시홉스카야)

1984 О локально–хронологических вариантах памятников кроуновской культуры (по данным анализа керамики). // Археология и этнография народов Дальнего Востока. Владивосток. С. 72–77.

Жущиховская И.С., Кононенко Н.А. (쥬시홉스카야 · 코노넨코)

1987 Каменный инвентарь поселения кроуновской культуры Киевка // Вопросы археологии Дальнего Востока СССР. – Владивосток.– С. 4–12.

Жущиховская И.С. (쥬시홉스카야)

2004 Очерки истории древнего гончарства Дальнего Востока России. Владивосток: ДВО РАН. 312 с.

Ионова Ю. В. (이오노바)

1960 Корейская деревня в конце 19 – начале 20 вв. (историко–этнографический сборник / Труды ин–та этнографии. Т. 60. М.–Л. С. 119–158.

История первобытного общества. (원시사회의 역사)

1986 Эпоха первобытной родовой общины. – М.: Наука. – 574 с.

Клюев Н.А., Гарковик А.В. (클류예프 · 가르코빅)

2002 Особенности керамических комплексов стоянки Дальний Кут–15 в Приморье (по результатам исследований 2000–2001 гг.) // Россия и Китай на дальневосточных рубежах / Вып. 3. Благовещенск. С. 52–60.

Козинцев А.Г. (코진체프)

1980 Переход к земледелию и экология человека // Ранние земледельцы. Этнографические очерки. – Л.: Наука. – С.6–33.

Кононенко Н. А. (코노넨코)

1982   К вопросу о назначении терочников (по материалам памятников Приморья III–I тысячелетий до н. э. – СА. – № 2. С. 214–218.

Константинов П. Ф. (콘스탄티노프)

1925   Земледелие в Северной Маньчжурии // Вестник Маньчжурии. № 8–10. – Харбин. С. 2746.

Кохановский Н. И. (코하놉스키)

1909   Земледелие и землевладение в Китае. – Владивосток. 156 с.

Кузьмин Я.В., Болдин В.И., Никитин Ю.Г. (쿠즈민 · 볼딘 · 니키틴)

2005   Хронология культур раннего железного века и средневековья Приморья // Россия и АТР. №4. С. 44–55.

Кульпин Э.С. (쿨핀)

1990   Человек и природа в Китае. М.: Наука. Главная редакция восточной литературы. 245 с.

Крюков Н. А. (크류코프)

1896   Опыт описания землепользования у крестьян–переселенцев Амурской и Приморской областей. – Записки Приамурского отд. ИРГО. Т. 2. Вып. 2. – Хабаровск. 214 с.

Ларькин В. Г. (라리킨)

1964   Орочи (историко–этнографический очерк сер. XIX в. до наших дней) – М.: Наука. 175 с.

Лопатин И. А. (로파틴)

1925   Орочи — сородичи маньчжур. – Харбин. С. 25.

Лынша В.А. (르인샤)

2002   Неолит и палеометалл Иманской долины // Китай и Россия на дальневосточных рубежах. Вып. 3. Благовещенск. С. 38–40.

Массон В. М. (마손)

1976   Экономика и социальный строй древних обществ. (В свете данных

археологии). – М.: Наука. – 191 с.

Минеев А. И. (미네예프)

1984   Бамбуковая крепость. – М.: Наука.   208 с.

Никитин Ю.Г. (니키틴)

2000   Исследование памятников кроуновской культуры в долине р.

Суйфун. // Вперед ... в прошлое. К 70–летию Ж.В. Андреевой.

Владивосток: Дальнаука.   С.286–294.

Окладников А. П. (오클라드니코프)

1959   Начало железного века в Приморье. – Труды ДВФ СО АН СССР.

Сер. Историч.. – Саранск.   С. 13–36.

Окладников А. П., Бродянский Д. Л. (오클라드니코프 · 브로댠스키)

1968   Многослойное поселение Олений А в Приморье. – АО – 1967. М.:

Наука.   С. 155?157.

Окладников А.П., Деревянко А.П. (오클라드니코프 · 데레뱐코)

1973   Далекое прошлое Приморья и Приамурья. – Владивосток :

Дальневост. кн. изд–во.– 440 с.

Окладников А. П., Бродянский Д. Л. (오클라드니코프 · 브로댠스키)

1979   Древнее поселение на острове Петрова // Археология Южной

Сибири. – Кемерово.   С. 313.

1984   Кроуновская культура // Археология юга Сибири и Дальнего

Востока. – Новосибирск: Наука.   С. 100114.

Петров В. П. (페트로프)

1968   Подсечное земледелие. – Киев: Наукова думка. – 228 с.

Подмаскин В. В. (포드마스킨)

1984   Народные знания удэгейцев о флоре. Культура народов Дальнего
        Востока: традиции и современность. – Владивосток. С. 184–192.

Пушков В. П. (푸시코프)

1975   Хозяйство беглых крестьян 60–х годов XVII в. // Математические
        методы в исследованиях по социально–экономической истории.
        М.: Наука. С. 87–110.

Сем Ю. А. (셈)

1973   Нанайцы. Материальная культура. (втор. пол. XIX – сер. XX в.).
        Этнографические очерки. – Владивосток. 314 с.

Слепцов И.Ю., Сергушева Е.А., Горюшин Ю.А. (슬렙초프 · 세르구세바 · 고류신)

2008   Жилище поселения Шеломаев Ключ (Приморье): планиграфия,
        инвентарь, ботанические остатки. Культурный обмен между
        странами Северо–Восточной Азии и Российским Дальним
        Востоком. Материалы 16–й междунар. конференции Ассоциации
        культур Северо–Восточной Азии. Владивосток. – С. 383–391.

Смоляк А. В. (스몰략)

1966   Ульчи. Хозяйство, культура и быт в прошлом и настоящем. – М.:
        Наука. 290 с.

Старкова Н. К. (스타르코바)

1976   Ительмены. Материальная культура XVIII – 60 годы XX века.
        (Этнографические очерки). – М.: Наука. – 166 с.

Субботина А.Л. (수보티나)

2008   Памятники раннего железного века типа чундо на корейском

полуострове. : автореферат дис. … канд. ист. наук : 07.00.06. –
Новосибирск. – 18 с.

Таксами Ч. М. (탁사미)

1973   Традиционная и современная культура рыболовов советского
побережья Тихого Океана. – М.: Наука. 15 с.

Толмачев В. Я. (톨마쵸프)

1928   Зерновые продукты культурных растений Северной Маньчжурии.
– Харбин. 47 с.

Треварта Г. (트레바르타)

1949   Япония (Физическая и экономическая география). – М.: Изд–во
иностранная литература. 602 с.

Унтербергер П. О. (운테르베르게르)

1900   Приморская область 1856–1898 гг. Очерк. // Записки ИРГО. Т.8.
Вып. II. СПб. 334 с.

Хлобыстин Л. П. (흘로브이스틴)

1974   Жилище и его экономическая и социальная обусловленность //
Реконструкция древних общественных отношений по
археологическим материалам жилищ и поселений. Л.: Наука. С.
22–25.

Шавкунов В.Э., Гельман Е.И. (샤프쿠노프 · 겔만)

2002   Многослойный памятник Ауровское городище // Труды Института
истории, археологии и этнографии народов Дальнего Востока /
Актуальные проблемы дальневосточной археологии. – Том XI. –
Владивосток: Дальнаука. – С. 75–108.

Шаблинский И. А. (샤블린스키)

1934   Культура пшеницы в Северной Маньчжурии // Вестник
        Маньчжурии. – № 4. С. 37–46.

Шрейдер Д. И. (시레이데르)

1897   Наш Дальний восток (Три года в Уссурийском крае). – СПб.
        изд–во Девриена. 469 с.

Шренк Л. (시렝크)

1889   Об инородцах Амурского края. Т.2. СПб. 314 с.

Шпаковский В. А. (시파콥스키)

1923   Сельское хозяйство в Приморской губернии // Приморье его
        природа и хозяйство. – Владивосток. С. 69–78.

Этнография питания народов стран зарубежной Азии: опыт сравнительной
типологии 1981. – М.: Наука. 256 с. (아시아 각국 음식의 인류학)

**Янушевич З.В., Вострецов Ю.Е., Макарова С.А. (야누세비치 · 보스트레초
프 · 마카로바)**

1990   Палеоэтноботанические находки в Приморье: Препринт. –
        Владивосток : ДВО АН СССР. – 24 с.

Яншина О.В., Клюев Н.А. (얀쉬나 · 클류예프)

2005   Поздний неолит и ранний палеометалл Приморья: критерии
        выделения и характеристика археологических комплексов //
        Российский Дальний Восток в древности и средневековье:
        открытия, проблемы, гипотезы / Отв. ред. Ж.В. Андреева. –
        Владивосток : Дальнаука. – С. 187–233.

Яншов Е. Е. (얀쇼프)

1926   Китайское крестьянское хозяйство в Северной Маньчжурии. –
        Харбин. 525 с.

Aikens C. M., Higuchi T.

1982   Prehistory of Japan. – New York: Academic Press. 354p.

Byington M.E.

2007   Control or Conquer? // Journal of Northeast Asian History. Vol.4–1. Pp.85–117.

Byington M.E.

2003   A History of the Puyo State, its People, and Its Legacy. Unpublished Dr. Phil Thesis. Harvard Univ. – Cambridge, Massachusetts. – 557p.

Cassidy J., Kononenko N., Sleptsov I., Ponkratova I.

2003   Margarita Archaeological Culture: Bronze Age or Final Neolithic // Проблемы археологии и палеоэкологии Северной, Восточной и Центральной Азии. Материалы международной конференции «Из века в век», посвященной 95– летию со дня рождения академика А.П. Окладникова и 50– летию Дальневосточной археологической экспедиции РАН. – Новосибирск: Изд– во Ин– та археологии и этнографии СО РАН. С. 172– 175.

Chang K. C.

1977   The Continuing Quest for China's Origins // Archaeology. – Vol.30. No. 2. – Pp. 116–123.

Cook S. P., Heizer R. P.

1968   Relationships among Houses, Settlement Areas, and Population in Aboriginal California // Settlement Archaeology. Palo Alto. Pp. 79–116.

Imamura K.

1996   Prehistoric Japan. New perspectives on insular East Asia.
        London: UCL Press. 246p.

Habu J.

2004   Ancient Jomon of Japan / Case studies in early societies.
        – Cambridge University Press. – 332p.

Hardesty D. I.

1977   Ecological anthropology.// New York. 309p.

Hassan P. A.

1978   Demographic Archaeology // Advances in Archaeology
        Method and Theory. New York. – Vol. 1. – P. 49–103.

Kobayashi T.

2004   Jomon reflections: forager life and culture in the prehistoric
        Japanese archipelago.– Oxbow Books.–240p.

Krounovka 1 Site in Primorye, Russia. Report of excavation in 2002
and 2003 / Study of Environmental Change of Early Holocene and
the Prehistoric Subsistence System in Far East Asia 2004. Eds by
Komoto M. and Obata H. – Kumamoto : Shimoda Print Co. Ltd.,–
58p.

Nikitin Y.G., Gelman E.I.

1998   Burial ground of early medieval epoch in the basin of
        Suifun river // The Society of North–Eurasian Studies.
        Newsletter, Tokyo. – No. 10. – P. 11–16.

Vostretsov Y.

1996   Events Preceding Appearing of the First State in the Far

East of Russia // The First International Symposium of
Bohai Culture (To the 1300 Anniversary of the Foundation
of Bohai State). - Vladivostok.- P. 60-61.

Vostretsov Yu.E.

1999   Interaction of Maritime and Agricultural Adaptation in
the Japan Sea Basin // Prehistory of Food, Appetites for
Change. - London. Pp. 322-332.

Vostretsov Yu.E.

2004   Environmental changes and migrations: case study //
Interaction and transformations. Vol. 2. / Ed. By
Mizoguchi K. - Fukuoka: Kyushu University.- Pp 51-
61.

Yesner, D.R.

1980   Maritime Hunter-Gatherers: Ecology and Prehistory.
Current Anthropology. 21, 6: 727-750.

林澐

1985   「論團結文化」,『北方文物』85-1期.

郭沫若 編

1996   『中國史稿地圖集』, 北京.

이병선

1967   「압록강 유역에서 철기시대의 시작」,『고고민속』1기.

島田正郎

1952   遼代社會史研究, 三和書房.

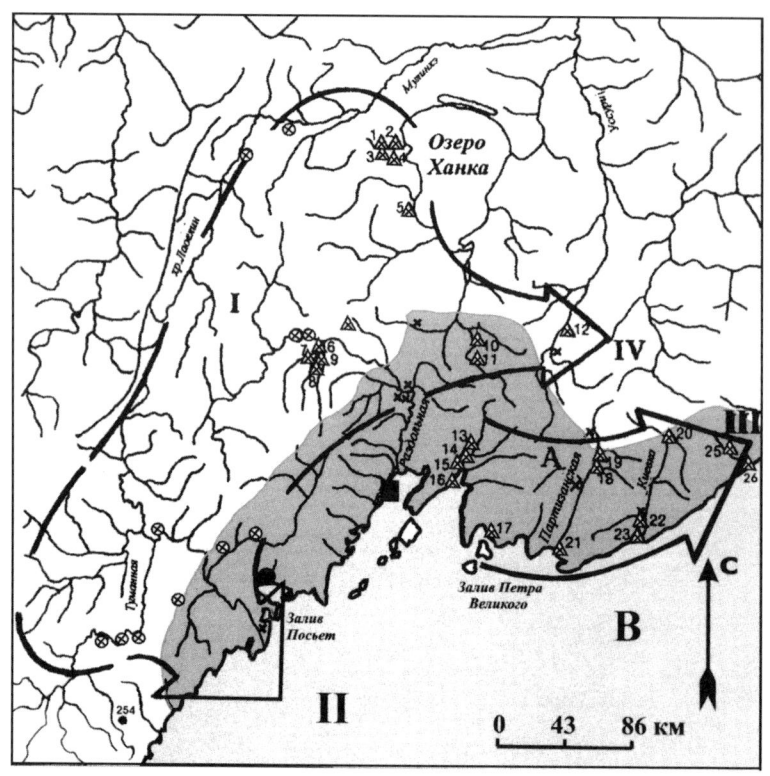

그림 1. 크로우노프카 문화의 유적 분포

1 : 소지구, 2 : 이동방향, 3 : 연해주의 크로우노프카 문화 유적, 4 : 발굴 조사된 크로우노프카 문화 유적, 5 : 단결 문화 유적, 6 : 얀콥스키 문화 분포, 7 : 페샨느이-1 얀콥스키 유적, 8 : 자이사노프카-2 얀콥스키 유적

지역별 유형	한카호					크로우노프카							내륙형								해안가					
	1	2	3	4	5	8	7	6	9	1	1	2	5	4	3	8	19	22	20	25	16	17	21	23	24	26
입지환경	+	+	+	+	+				+	+	+	+	+	+	+	+	+	+	+	+	+	+	+	+	+	+
둥근 구릉	+	+	+	+	+											+	+								+	+
길다란 구릉	+	+	+	+	+						+					+	+									
높은 대지						+	+	+	+	+	+	+	+	+	+	+	+	+	+	+	+	+				
침수지						+	+	+	+	+	+	+	+	+	+	+	+	+	+	+						
해변가 섬																									+	
참나무 숲	+	+	+	+	+	+	+	+	+	+			+	+	+	+	+	+	+	+			+	+	+	+
초원	+	+	+	+	+	+	+	+	+	+	+		+	+	+	+	+	+	+	+		+	+	+	+	+
활엽수림	+	+	+	+	+	+	+	+	+												+					
침엽–활엽수림	+	+	+	+	+					+	+	+	+	+	+	+	+	+	+	+	+	+	+	+	+	+
강의 지류, 시내					+			+		+	+															
강										+	+	+	+													
강의 하구						+	+	+	+																	
강 지류의 하구						+	+	+	+				+	+	+	+	+	+	+	+	+	+	+	+	+	+
바다로 흘러가는 강													+										+	+		
도서																								+		
해안 灣													+	+							+	+	+	+	+	+

그림 2. 크로우노프카 문화 유적의 지역별 유형과 생업에 따른 입지환경

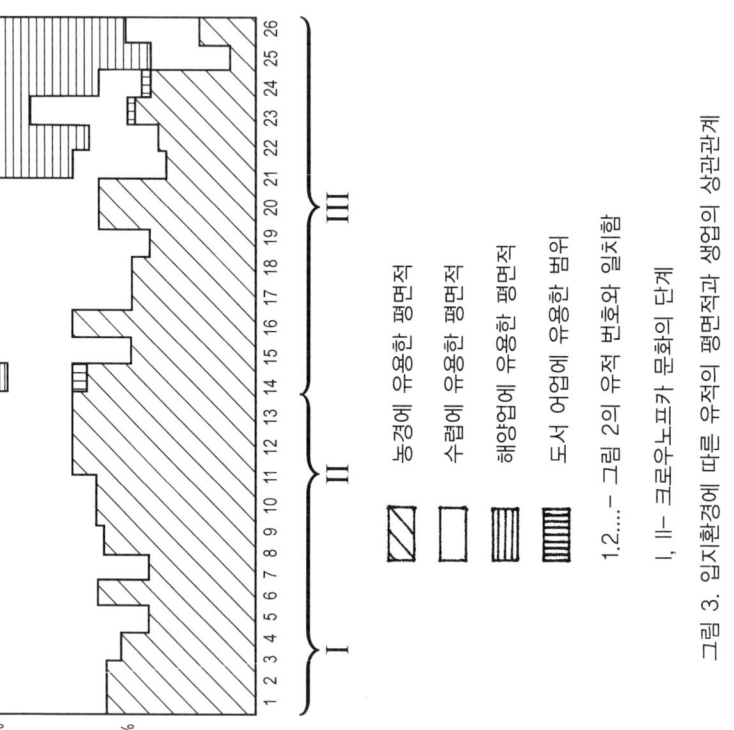

그림 3. 입지환경에 따른 유적의 평면적과 생업의 상관관계

농경에 유용한 평면적

수렵에 유용한 평면적

해양업에 유용한 평면적

도서 어업에 유용한 범위

1,2..... 그림 2의 유적 변동와 일치함

I, II- 크로우노프카 문화의 단계

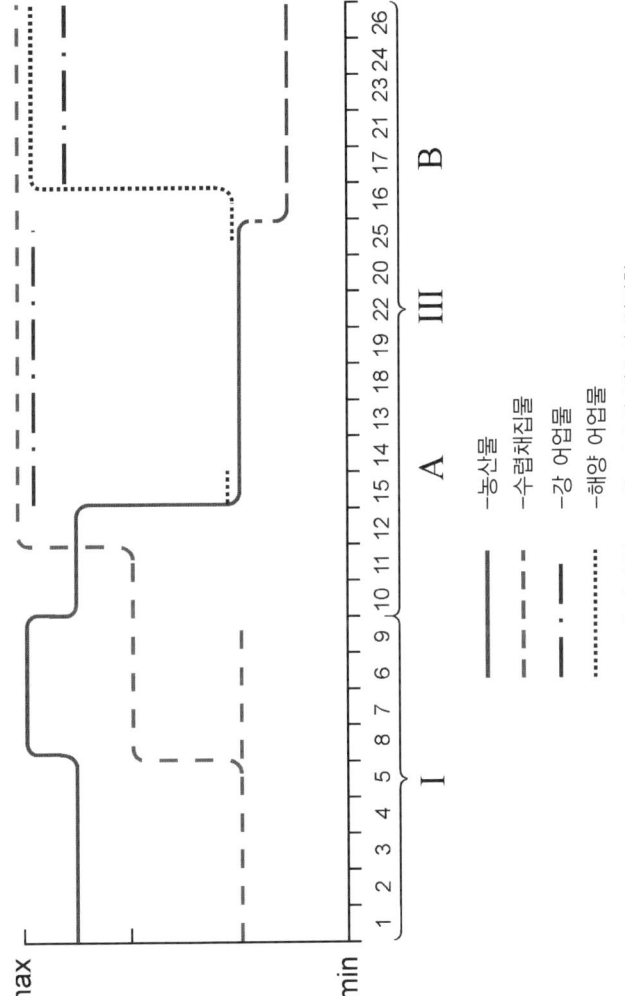

그림 4. 크로우노프카 문화의 단계에 따른 천연자원물의 구분

1,2...유적변동는 그림 1,2,3의 변호와 일치함.

max

min

max — 농산물
— — — 수렵채집물
— · — 강 어업물
········· 해양 어업물

1 2 3 4 5 6 7 8 9 10 11 12 13 14 15 16 17 18 19 20 21 22 23 24 25 26

I   A   III   B

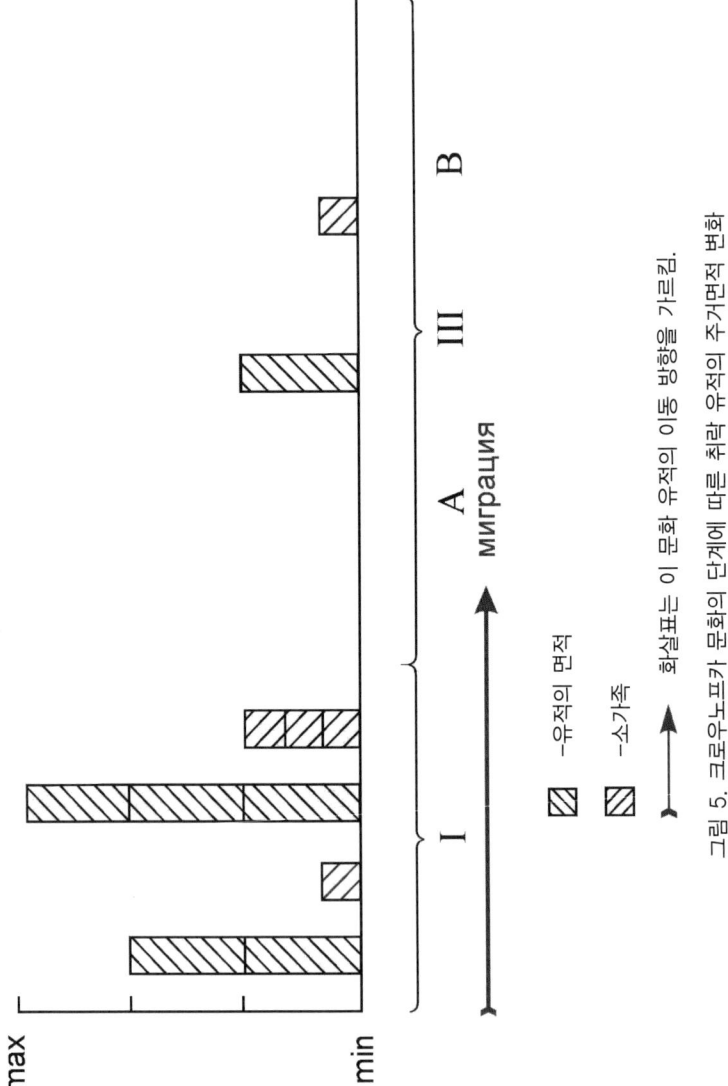

그림 5. 크로우노프카 문화의 단계에 따른 취락 유적의 주거면적 변화

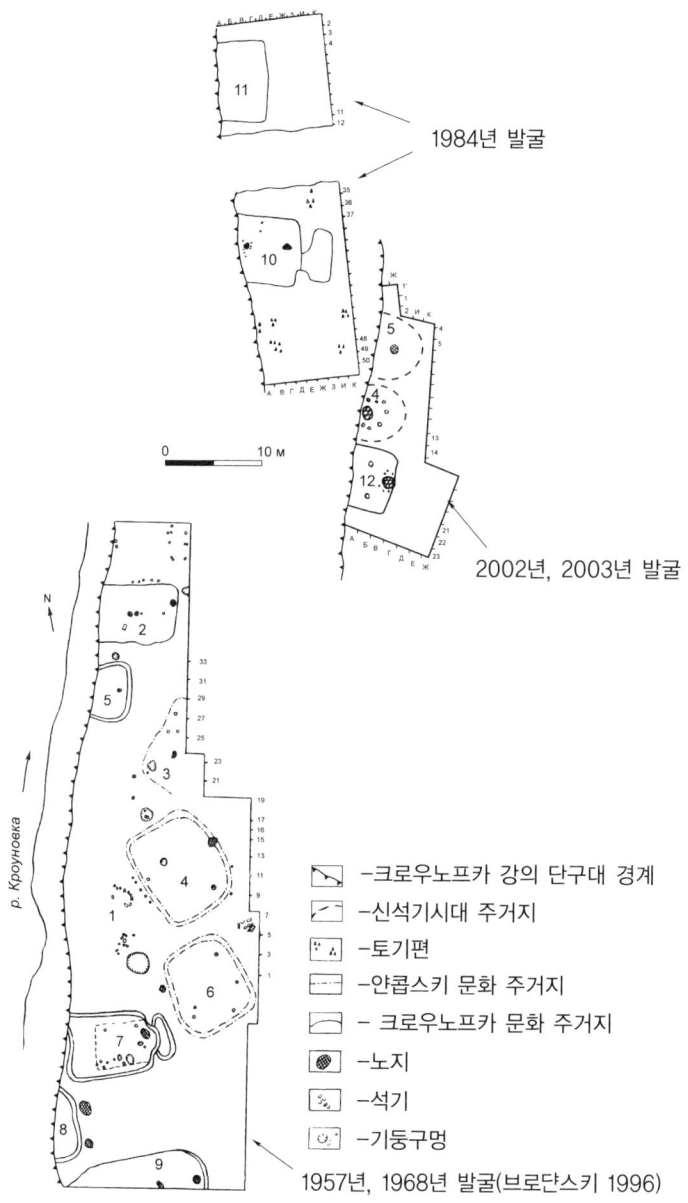

1984년 발굴

2002년, 2003년 발굴

0   10 м

p. Кроуновка

N

⊿ ‒크로우노프카 강의 단구대 경계

↗ ‒신석기시대 주거지

▦ ‒토기편

⌁ ‒얀콥스키 문화 주거지

◠ ‒ 크로우노프카 문화 주거지

⬤ ‒노지

▦ ‒석기

⌣ ‒기둥구멍

1957년, 1968년 발굴(브로단스키 1996)

그림 6. 크로우노프카-1 유적의 전체 평면도 (발굴 조사된 연도 표시)

크로우노프카 문화를 중심으로 본 연해주 초기철기시대 농경의 확산 | 347

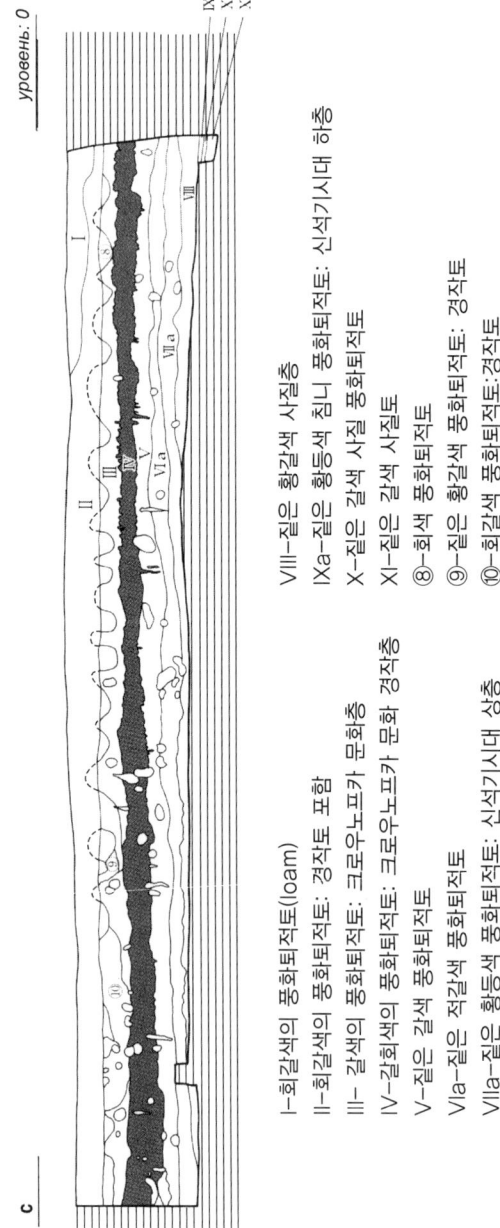

уровень: 0

Ⅰ-회갈색의 풍화퇴적토(loam)
Ⅱ-회갈색의 풍화퇴적토: 경작토 포함
Ⅲ- 갈색의 풍화퇴적토: 크로우노프카 문화층
Ⅳ-갈회색의 풍화퇴적토: 크로우노프카 문화 경작층
Ⅴ-짙은 갈색 풍화퇴적토
Ⅵa-짙은 적갈색 풍화퇴적토
Ⅶa-짙은 황등색 풍화퇴적토: 신석기시대 상층

Ⅷ-짙은 황갈색 사질층
Ⅸa-짙은 황등색 짐니 풍화퇴적토: 신석기시대 하층
Ⅹ-짙은 갈색 사질 풍화퇴적토
Ⅺ-짙은 갈색 사질토
⑧-회색 풍화퇴적토
⑨-짙은 황갈색 풍화퇴적토: 경작토
⑩-회갈색 풍화퇴적토:경작토

그림 7. 크로우노프카-1 유적의 2003년도 발굴 증위

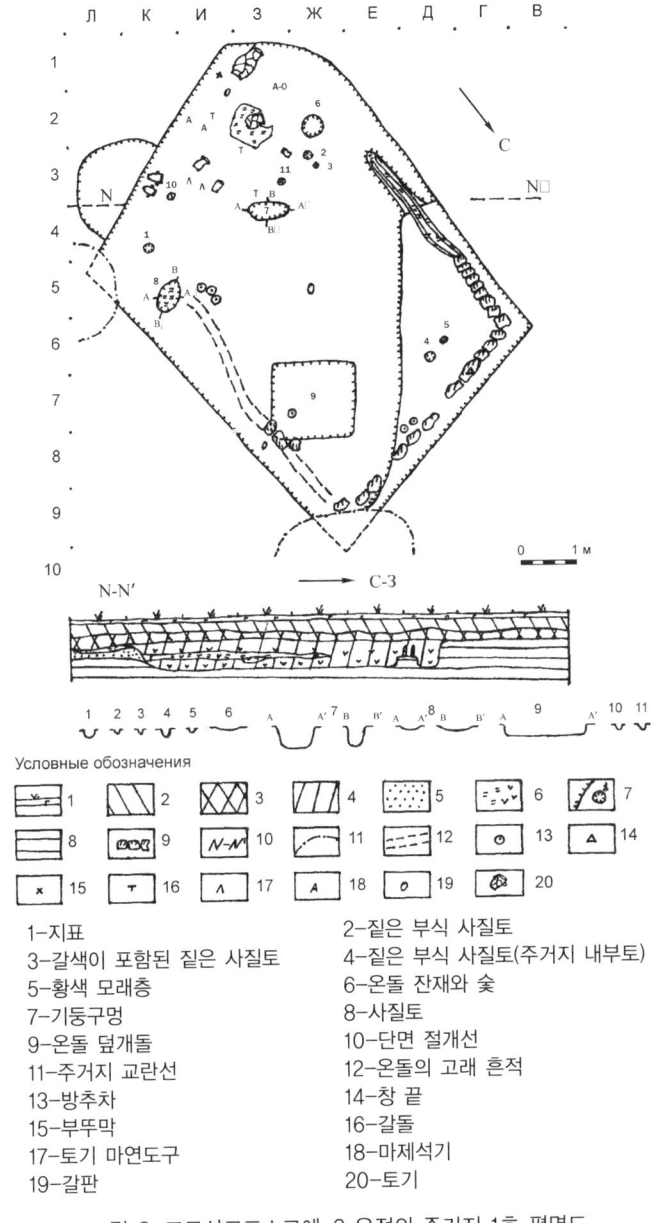

Условные обозначения

1	2	3	4	5	6	7			

8 9 10 11 12 13 14

15 16 17 18 19 20

1-지표
3-갈색이 포함된 짙은 사질토
5-황색 모래층
7-기둥구멍
9-온돌 덮개돌
11-주거지 교란선
13-방추차
15-부뚜막
17-토기 마연도구
19-갈판

2-짙은 부식 사질토
4-짙은 부식 사질토(주거지 내부토)
6-온돌 잔재와 숯
8-사질토
10-단면 절개선
12-온돌의 고래 흔적
14-창 끝
16-갈돌
18-마제석기
20-토기

그림 8-코르사코프스코예-2 유적의 주거지 1호 평면도

도표 1. 크로우노프카 문화 주거유적의 기능에 따른 양적분석표

기능	석기					자갈제 도구										철기		토제품	
	이음낚	끌	숫돌구	유견석부	지석	마연돌	갈돌	공이돌 유물유경	찰기돌	찰기미구	마연구·연제기돌	갈기운돌	찰기미구	공이돌	찰기미구	승	낫	토제비율판	유물수
세미파트나야-1 1호		1			1				3						2			3	3
2호												1	1	1	2			3	3
크로스키프스코예-2 1호					1	1	3		3		1	4	1	1	2				6
10호					1	3	1		1		1	4							7
크로우노프카-1 11호				1		1			1							1			
12호				1	1				1				1						
라즈돌나야 라즈예즈드 1호	1		2	1	1	1	3	2	2	1			1	1	1				
키에프카 1호					1	1									1				3
2호	2					2			1										2
6호							4								3				
5호	7					2	12	1	3		2	1	6	4	27		1		4
3호	1					2		1	1						1				
4호	3		1			2	6	1	3	1		1	9						1

도표 2. 주거지 및 주거유적에서 발견된 곡물씨앗류

주거지 / 식물	세미파트나야		크로우노프카-1			코르사코프스코예-2	라트나야라즈예즈드	키예프카				
	I	II	10호	11호	12호	1호	1호	2호	5호	6호	3호	4호
기장 *Panicum sp.*								+	+	+	+	
피 *Echinochloa sp.*	+	+	+									
강아지풀 *Setaria sp.*			+		+	+		+	+	+		
보리 *Hordeum sp.*	+	+	+	+	+	+		+	+	+	+	
창포 *Acorus sp.*			+									
밤나무 *Juglans manshurica Maxim*								+		+		
개암나무 *Corylus sp.*										+		
여뀌 *Polygonum sp.*	+		+	+			+					
수영 *Rutex sp.*			+				+					
맨드라미 *Chenopodium sp.*	+		+				+	+	+		+	+
창명아주 *Amaranthus sp.*			+	+			+	+				
패랭이 *Caryolhyllaceae gen.*	+				+							
십자과 *Cruciferae gen.*							+	+	+	+	+	+
갓 *Brassica Juncea (L.) Czern.*	+		+	+			+	+	+	+	+	+
완두 *Vicia sp.*				+							+	
왕머루 *Vitis amurensis Rupr.*	+	+										
물망초 *Myosotis sp.*				+								
갈퀴덩굴 *Golium sp.*	+			+								+

도표 3. 이용했을 것으로 추정되는 초본류

종류	효과
기장	식용 (낟알, 가루); 사료용 (알곡 – 조류, 돼지 및 가축); 줄기 같은 부산물– 사료 및 연료; 곡물 – 주류의 제조.
피	식용 (낟알); 사료용 (알곡 – 주로 조류, 드물게 가축; 사일로c); 주정제조; 곡물이나 기장의 잡초.
강아지풀	식용 (낟알), 사료용 (알곡, 잡초); 알곡 – 주류제조; 기장과 기타 곡물의 잡초.
보리	식용 (낟알); 사료용 (알곡 – 조류, 가축); 줄기 – 자른 짚으로 만든 벽돌, 연료, 깔개; 알곡 – 주류제조.
창포	여러 종류의 약초; 식용 (根莖, 새싹); 살충제
밤	식용 (열매)
개암	식용 (열매,기름); 常用 (촛불의 기름; 껍데기 – 황색물감; 줄기 – 직조용)
여뀌	약용 (물에 개서 바르기, 진통제); 파와 종자의 잡초; 상용 (황색물감)
여뀌	약용 (다양한 병), 짓이기거나 물감으로 (뿌리) 종자의 잡초.
수영	식용 (어린 싹); 약용 (다양한 병); 짓이기거나 물감으로(황색물감)–뿌리
맨드라미	식용 (씨앗, 새싹); 사료용 (씨앗, 밀기울, 새싹); 색소 – 적색물감(풀); 종자의 잡초
창명아주	식용 (낟알, 가루); 사료용 (씨앗 – 조류, 풀 – 돼지);
	모든 종자의 잡초
패랭이	식용 (새싹); 사료용 (풀);
	종자의 잡초
십자과	잡초
갓	식용 (씨앗 – 기름);
	사료용 (풀);
	종자의 잡초
완두	식용 (씨앗); 사료용 (잡초)
왕머루	식용 (열매);
	약용(폐렴, 초기 결핵, 신체허약,빈혈)
갈퀴덩굴	종자의 잡초

도표 4. 키예프카 주거지를 만드는데 사용된 수종(樹種)

No. 주거지	주거지 면적	수종							
		느릅 나무	까치박달 (자작나무 일종)	물푸레 나무	아무르참나무 (мелкий амурский)	참나무	버드나무, 백양	밤나무	오리나무
2	23	+	.	+	+		+	+	
6	26					+			
5	23					+			
3	15			+		+			+
4	10,5		+	+					

도표 5. 해안지역 주거지의 인구수 추산 결과

유적명	주거지번호	면적	화덕수	온돌이 시설된 화덕수	3.6㎡당 1인으로 계산한 사람수	1가족을 5인으로 가정했을 때에 1인당 점유한 면적
	1	13	1	3	3,6	2,6
	2	32	3		9	6,4
	4	16		1	4,4	3,2
	6	16	2		4,4	3,2
올레니 A	7	9		1	2,5	1,8
	9	15	1		4,1	3
	10	8		1	2,2	1,6
	21	12	1		3,3	2,4
	22	8	1		2,2	1,6
평균		14,3			3,9	2,87
므노고우도브노예 I	1	12			3,3	2,4

유적명	주거지변호	면적	화덕수	온돌이 시설된 화덕수	3.6㎡당 1인으로 계산한 사람수	1가족을 5인으로 가정했을 때에 1인당 점유한 면적
키예프카	1	24	1	1	6,6	4,8
	2	23	1	1	6,3	4,6
	6	26	1		6,1	4,4
	5	23			6,3	4,6
	3	15	1	1	4,1	3
	4	10,5		1	3	2,1
평균		16,4			5,5	4
페트로바 섬	1	33	2	1	9,1	6,6
	2	16	2	1	4,4	3,2
	3	14	1	1	4	2,8
	4	23	2	1	6,3	4,6
평균		21,5			5,9	4,3

도표 6. 주거지의 면적과 내부에서 발견된 토기의 수(키예프카 유적)

No. 주거지	면적	토기개체	전체 토기의 총 용적
1	24	21-25	145
2	23	13	73
3	15	12-15	191
4	10,5	8	
5	23	13-15	
6	26	3	

도표 7. 크로우노프카 주거유적에서 확인된 수혈들의 면적

유적명	No. 주거지	수혈의 직경	수혈의 넓이	수혈 가로/세로의 비율	현존한 주거지 면적	추정 주거지 면적
세미퍄트나야- I	1	8	6	0,7	48	
크로우노프카- I	1					
	2	8,5	5,8			58
	5	4	5,4			58
	7	10,4	5,8	0,5	60	
	8	2	5,7			60
	9	14	7	0,5	98	
	10	5+3	6,1		30+9	74+9=83
	11	5	5,6		40	115
코르사코프스코예-2	1	7	5,3	0,75	36	
올레니 A	1	3,7	3,5	0,9	13	
	2	4	8	2	32	
	4	4,8	3,9	0,8	16	
	6	4,5	3,6	0,8	16	
	7	3,2	2.8	0,8	9	
		2,9	2,2	0,7		
	9	4,5	3,3	0,7	15	
	10	3,5	3	0,8	8	
	21	4	3	0,75	12	
	22	2,9	2,7	0,9	8	
므노고우도브노예					12	
키예프카	1	5	4,8	0,9	24	
	2	5	4,6	0,9	23	
	6	5,3	4,1	0,8	22+4	
	5	1,6	2,8			
		5,1	4,5	0,88	23	
	3	3,9	3,8	0,97	15	
	4	3,3	3,2	0,96	10,5	
페트로바 섬	1	6	5,5	0,9	33	
	2	4	4	1	16	
	3	3,9	3,6	0,9	14	
	4	5	4,6	0,9	23	
소콜치		6,2	4,3		26	

도표 8. 연해주 농업생산에서 수확량의 변이성

농경종류	단위 주거지당 수확량 (단위는 헥타르 당 100kg)	
	한카호그룹	크로우노프카그룹
밀	10	14
보리	10	14
수수	12	20
고량(高粱)	12	20

색 인